思想觀念的帶動者

文化現象的觀察者

本土經驗的整理者

生命故事的關懷者

Master

對於人類心理現象的描述與詮釋
有著源遠流長的古典主張，有著速簡華麗的現代議題
構築一座探究心靈活動的殿堂
我們在文字與閱讀中，尋找那奠基的源頭

家是個張力場

歷史視野下的家庭關係轉化

Home Vortex:

Family Transformations from a Historical Perspective

夏林清——著

王淑娟、江怡臨、朱瑩琪、李丹鳳、范文千、鄭麗貞——共同著作

目錄

II· 結構之內、城鄉之間

III· 政治意識型態的暗礁與伏流

IV· 歷史皺褶裡的匯流與斷裂

V· 視家為田野的工作路徑

【序】

讓貼地皮走天涯的故事行動化解家庭張力

丁乃非／國立中央大學英美語文學系教授

> 歐洲批判家庭理論所看重的階級，性別與文化權力的社會壓迫與女性主義的解放論述，不在研究室裡，也不在遠方學者的身上，它們就在有血有肉、有怨有恨、有情有義的家人關係中。我們每個人都是社會差異的承載者，「結婚是戀愛的墳墓」不單是指柴米油鹽的難題，更是指這眞實、複雜且變動的家人關係，需要看得見星空的好眼力，接納住不同習性，聽得見靜默細聲與涵容差異的新的能力。
>
> ——夏林清（2012：343）

這本《家是個張力場：歷史視野下的家庭關係轉化》集結了夏林清老師多年以「斗室星空法」（詳導論）工作的作品，收納的是一種以她的話語、解壓縮式的知識探勘路徑、以家戶為社會田野的方法和歷程紀錄。書中有幾個關鍵詞：母子盒、拼裝車、解壓縮。敘事過程裡，階級、性別、家，既是方法，也是拆解重新遇見的對象；既是工具，也是時刻轉換的目標。

家庭經驗解壓縮

不同與一般的學院論述規範，本書讓得以進入、介入制度之知識生產領域的、不同社會位置之「家人」（包括夏林清自身），透過自己與學校、運動、社團、社群的頻頻互動，一邊拼貼，同時又反思「家」各個環節與層次的可能和不可能。拼貼的過程（以及讀者的閱讀過程）既不漂亮也不完備，書裡各式各樣的「不合格」家庭，就是族類繁多不及備載的「家」。這些所謂「家」，文化資本、物質資源皆不足，長期困囿於「我的家庭真可愛」的「正常」情感修辭暴力，只得地底存活，各自為政，卻在書中得以拼貼輪廓，朝向複雜情感的重新記憶、填補、表達或不表達，構成斑駁的網狀解放圖。

家的場域，轉化著感情、情緒、身體、知識，既解離，也是熔爐。以母子盒的概念為方法（詳導論），夏林清帶著學生一起不斷進出來回，除不停自我追究，也探視周遭的各種他人。隨身攜帶的知識武器，不合用即放手，或是轉作他用，探險過程不曾興起要全身而退的念頭；自我與家內其他成員的相互攻堅，既不可能計算、預測的其目標，也是必經過程。這個知識的方法和路徑確實是一種手工業，在知識生產全球化、分類計價的商品化時代，以母子盒的方式進出、揉捏、衝撞與細細看待台灣各式各樣拼裝車家（族），既費工、費時、費力又費心。

當家（族）解壓縮成為有血肉、有縱深的關係，便成了深刻的歷史社會故事。在這樣的故事當中，也就是書裡夏老師不同時期學生的論文裡，姐弟、父女、父子、母女、夫妻、（外）祖父、母、養女後母等關係間的恨與暴力、決絕與漠然，都得以既高度個人化、偶然化，也非常結構性地出場。說出來或是選擇沉默，溝通與否，都可以有各自放置與（不）對待之空間與時間。透過記憶、記錄、等待、書寫，構築一種未來的閱讀進行式。不論就參與者、書寫者、閱讀者，母子盒的拼裝車承載的種種，得以解壓縮到未來的無限時空。

這是對家人、族人之間長期的恨、怒與暴力的一種對待方法。負面情緒導致的暴衝是病又不是病，重要的是經歷、存活、記憶、（不）說、多層次、多角度的故事，終至得以拿出來曝曬。公共化或是一種星空，足以滋養突圍斗室的奇特耐力。

隨著二次大戰、中國內戰，台灣從日本殖民轉進美國庇護之國民黨威權統治，美式自由經濟與民主社會不只是口號，也成了淩駕現代知識的價值與生活感情模範。以美國作為指標，多語言又強制執行國語化的台灣統合了，以國語發音之美國夢，成了統治與被統治之間的公約數。對家庭的想像也不例外。到頭來，小學課本和成人眉宇間不斷複頌的家國夢，壓垮逼瘋最底層、最沒有條件的家庭關係和成員。

階級、性別與暴力的曝曬

本書曝曬了扣連階級和性別於勞動家庭關係中相互作用而產生的暴力。難以啟齒的情感得以在故事逐漸開展，沒有立即的「診斷」和「命名」（不正常）；也沒有斷定的「解釋」和「評價」（何時，可不可能，正常），有的是人們對於身處世界核心價值陰影之下，不合格、不溫柔的感情關係和知識生產反覆地自我修訂。

本書也曝曬了對於「家暴」輕易翻譯的知識論暴力。汙名經驗如何可以不再被輕易冠上專家的診斷名詞，診斷又該如何僅僅止於描述和參考，才不至於淹沒人們生活脈絡及其複雜歷史過程，而壓扁任何可能給予其他解釋和意義的時間與空間，是值得我們注意的。

在歷史發展上來看，家庭從來不只有現在小家庭模式。台灣像是一部拼裝車，在世界資本主義的系統中，以「家」做為勞動力的提供單位，用一種拼裝車的形式去銜接資本主義世界的生產環節，市場化的消費經濟則讓拼裝車披著小轎車的外殼（夏林清，2012：240）。

這本《家是個張力場：歷史視野下的家庭關係轉化》的敘事方法，讓拼裝家庭關係裡外，對於性別、年齡如何和階級、統治緊密牽繫，以及人與人之節點如何成為體制暴力的傳遞卡榫、穴位，都得以暴露。本書堅持不輕易脫離台灣、東北亞區域近百年的戰亂與強制治理之母子盒，不論多複雜、難堪，或許都提供另一種迂迴潛行、貼地皮走天涯的故事行動方案。

【導論】

家庭田野中的勞動身形與歷史訊息

> 我出生在一個家庭，屬於這個家庭，屬於某個歷史上特定的時期，處在一個不明確的地點和歷史傳承背景中。但是，我與其他的因果關係相遇、交錯。每個人，男或女，都是如此。我們一起代表了許許多多能相容的各種可能。
>
> —— L. Irigaray, *To Be Two* , 2001,p.57（朱曉潔譯）

家人之間的關係是一種承擔社會差異結構的涵容體。出現於十九世紀後的歐美，但主導了當代心理、教育、社工專業論述的小家庭理論與方法，大多沒有面對這件事。過去三十年，我一程又一程探究這個課題，並透過《斗室星空:家的社會田野》[1]一書，把此一過程反映出來的**實踐進路與知識取徑**做初步的梳理呈現。

上路：台灣解嚴前的離「家」青少年

我二十到三十歲專業生涯的起步，是與三群十幾歲的離家青

1 夏林清（2012），《斗室星空：家的社會田野》，財團法人導航基金會。

少年來往而發生的，因著他們與「家」的分離，我認識著「家」。

暴衝叛逆小子身後的底邊家庭

一九七〇年代中期，救國團受美國志工熱線啟發，開設了青少年輔導中心「張老師專線」，我是第一屆五到六名專任張老師之一的九號張老師[2]。一九七四、七五年的台北市，都會街區繁榮發展，由學校常規逸離出來的青少年，則是被貼上「問題化」標籤的頭號群體，彷彿青少年安分被馴服了，社會就會更安定。我與一群志工共同負責長達三週、集體住宿的蘭陽暑假青少年育樂營[3]之輔導工作。育樂營涵容了不服師長管教，由學校送來、少年警察隊抓來管束的與混跡街頭幫派的青少年（全為男性）。我憑著自身內藏的反骨，和青少年有來有往、情義相挺，陪他們走了一遭十五、二十時的反叛時光。這對我並非難事，但相應的「家庭訪視」，則是一程又一程疲困的摩托車之旅——老舊城區底邊的黑道家庭、城角聚落的貧窮家庭，與山巔荒涼路邊的崩解家庭！青少年強勁如脫兔的身形所逃離的，乍看是他那或嘮叨難忍，或愁容相看的父母，實則是被粗暴快速的工業化與都市化所拖掛於邊緣，因而生存不易的成年男女。對我來說，「家訪」並未帶來主流力量所委託的撥亂反正之效，反是讓我撞見自己「無

2　「張」為華人大姓，「老師」具親切的文化意涵，所以取名「張老師」。不論專職或志工均以號碼稱呼，以避免直接個人性稱謂可能帶來的私人化關係。

3　以「蘭陽」為名是因當時育樂營是借用宜蘭礁溪軍隊所管理之「明德訓練班」中所在地進行的；「明德訓練班」是為軍中的管理各種不服軍紀與難以管理的軍人所設置的。

知」的起始點。我的父母是內戰移民族群中，非軍公教的邊緣知識青年，一無土地房屋恆產，二無穩定軍公教薪資保障，知識創造力是我的家庭資糧[4]。我的家和這群青少年的家，分處台灣不同社會處境內，不同的家庭處境所承載的差異狀似互不相干，也不被活在其中的人們所辨識，然因工作的投身，而被自己拉出的一組對偶式張力關係中，我撞見了不同處境中的巨大差異，於是，**承認「無知」成為反身觀看與知識探求的起點**。一九七六年春夏之交，我因想更進一步了解這些少年，進入桃園少年輔育院教了一個學期的英文，三個月雖短，但給足了我對教化教育的一線體悟[5]。

認命勞動、心懸農村家人的工廠女工

一九七六年，我第一次出國唸書。當時蔣介石、毛澤東與周恩來先後逝世。反抗戒嚴禁制思想的潛在能量，是我出國的十一個月中「冒險犯難」的動能——在賓州州立大學校園內，我經歷了台灣留美學生保釣運動中「記名字、被打小報告」的政治經驗[6]。離家萬里，還遭到「國家」威權伎倆對付，我體內浮沉著

4 我的父母均是抗戰中從軍抗日的高中青年學生，在重慶時，加入國民黨軍統轄屬之下的電訊業務工作（解讀密碼）；抗日後，父親有意脫離軍統工作系統；來台後，他帶領一小群離散來台的年輕人，先後成立正義之聲與台灣第一家民營的正聲廣播電台。（夏曉華，《種樹的人》，可在 books.google.com 搜尋全文。）

5 這三個月，我沒能教完英文課本，帶吉他去教唱「離家 500 哩」與聊天就是課堂活動；由一九七七迄今，我一共與三位這一班的學生相遇與聯繫。

6 一九七六年，台灣留學生中的保釣運動已趨尾聲，當時賓州州立大學被國民黨學

的恐懼與憤怒，也使我如乘風破浪般拉開了對左翼歷史的視域。「左」是台灣戒嚴所遮蔽住的一隻眼睛！左眼張開後，一九六〇年代歐陸社會運動思潮與七〇年代美國反戰運動，對當代社會科學的衝擊也就有跡可循了。

七〇年代後期的台灣社會，開始移植美國心理輔導的知識與方法，以因應伴隨工業化與都市化而浮現的個人與群體的身心適應問題。一九七六年，國民中學開始進行職業輔導，生涯與職業輔導被國中學校教育結構成一門課程，「課本」便是一個個團體輔導活動，成了老師們「照表操課」的一個環節。然而，承載住這新興進步生涯輔導表象的，正是由鄉村學校輸送到工廠的青少年勞動力，成群的少女也包上灰藍頭巾，成為工廠女工。

一九七七年，我在桃園大園鄉紡織工廠與台北縣電子工廠裡，與離家群居於擁擠宿舍內的女孩們相識。在紡織場內我是女工；在電子廠內，我是女工宿舍輔導員[7]。

對「家人」的懸念與改善家境的期待，是認命勞動的動能，學校教育的規訓與工廠的威權管理輕易相應扣合，這一接軌機制管束了青少年的生命力。僅有的逸離躍動，展現在被標籤問題化

生稱為光復區，因為左翼學生的活動已十分少。我因為兩位哥哥早我數年出國，所以一路由西雅圖華盛頓大學，再到波士頓哈佛大學停留了一陣子，才到賓州州立大學。在其他校園參加台灣左翼留學生的活動後，我在賓州州立大學主動尋找並參與吸引我的活動（如去看《草原小姐妹》黑白影片和組了一個唱民謠的合唱團），這些參與行動就使我暗暗地被打小報告的學生關注與記錄了。

7　一九七七年七到九月，我在桃園大園鄉一家紡織廠做了三個月女工，同年十月左右則接了台北縣精密電子工廠女工宿舍輔導的一個項目（夏林清〔2004a〕，〈一盞夠用的燈：辨識發現的路徑〉，《應用心理研究》，二十三期，頁 131 ～ 156。）

的男工載女工摩托車出遊的「鑰匙圈」現象[8]。女工的「家」在遠方農村，「家人」在心中，「家人關係」承擔了工業機器快速轉動的「分離」；「回家」總在年節趕路間，弟妹長大，父母老去，青春體能耗損！數年後，多數女工便相繼往結婚養家的生命之河走去。

雛妓少女秋風夜雨

一九七八年，我帶著一小群學生，在收容未成年從娼少女的台北廣慈博愛院工作了一整年。

在廣慈「糾正式」收容中心的樓層裡，我在虛應文章、了無生氣的技術訓練課堂中，遇見麻木漠然的眼神和哈欠連天的抗拒。但唱歌是一種自由空間，她們教我唱會了台語老歌《秋風夜雨》。在糾正式的規訓空間中，唱歌、在樓梯間聊天成了具流轉力量的「輔導」方法，隨我進入工作的純真無知的大學生們，也逐漸度過因娼妓汙名而深埋的不實恐懼。

一九七九年，教我唱《秋風夜雨》的小鳳來輔仁大學找我，那時她已在新莊一工廠工作兩個月。她在電話中，要我到校門口接她，因為我若不去帶她，她不敢走進校門；不是她膽小，而是大學校門是一種位階的表現。兩、三個月後，因家中需錢，她離開工廠重操舊業。**她轉了一個小彎，命運也沒有改變**。

8　在工廠聚集區居住的年輕男女工人，假日相約出遊的一種方式。男工們一人騎一台摩托車，與女孩們聚合後，將車鑰匙放一堆，由女孩各自選一把鑰匙的方式來決定誰坐誰的車。

「糾正式救援」讓女孩們站在「我不正」的集體地標上，在「學習轉行走向正途」的合法名義下，**身體休息成了這三個月最實質的利益**。她們身後，或極度貧窮，或混亂困頓的家庭，是她們離開後便很難再回去的地方，但她們泰半撐起貧窮家庭的生計所需。

年輕的我，由離家青少年的家外遠端回看她們身後的家，「家庭」所承載的階級、性別與政治社會作用力道，反而在拉扯、迸裂與牽掛的張力中益發醒目。

什麼是「家」？

讓我先還原素描「家」吧！

家是一個人被生與養的關係場，孤兒可能沒見過名之為父母的那對男女，但他得以長大定是有一組或多組關係（包括曾肉身交錯相會的性活動伴侶／父母），交相承擔起保護與照養的工作。

特定的一組人之間的關係與這些關係的作用方式，構築了生存與發展的生活現場。家庭生活是這種生活現場的俗名。

家的生活不只是家屋內的互動表象，各分東西、四出謀生的家人**關係場域**所承載的是：看不見卻從未停息發生著實質作用的、社會關係作用力的一種現場。

家人（或親近的養育者）關係是承載生長與發展活動的一個簍子！這個簍子十分有彈性，它可以十分寬廣地不受限於時空，也可被社會條件約制到緊密束縛與硬化扁窄！

於是，在家人勞動身形、話語交錯與混雜氣味交相編織流轉之間，性別、階級、歷史政治的**刻痕薰染紋身**！

過去三十年，我一方面在大學、研究所教授西方家族治療相關的專業課程，另一方面，在台灣不同社會教育的現場研發如何分享家庭經驗的方法。我們所發展的方法是，**針對疊落在家人關係中的、社會經濟與歷史政治作用力道的經驗刻痕，創造分享共學的交流環境**。創造這種分享共學環境，目的在於促動人們所承載著的家內折磨與苦痛經驗得到辨識與轉化的機緣。家庭經驗的苦楚，主要來自於「家」是每個人生命初始信靠與依存之所在，卻同時也是文化規範與社會體制操控力量的作用交會處。因而，對個人身心與精神發展來說，「家」的經驗絕不應被物質化地區隔和占有，導向個人主義式的私密理解。「竹籬村落、群居共學」的意象是我們呈現家庭經驗不同案例故事的目的，雖然這樣的生活意象與「工業化」的粗暴恰恰大相逕庭。

沉默無語與情緒暴衝：家內差異結構的承載

> 沉默是自然、生命、差異的捍衛者，它防止相同物之間或內在的殊死爭鬥。[9]
>
> —— L. Irigaray, *To Be Two* , 2001,p.65（朱曉潔譯）

9 L.Irigaray, p.83，朱曉潔譯 頁 97。

家人之間，沉默是常態。當然，你可能因為得不到相應的了解而傷感，甚或因家務生計而爭執，但很多時候，「沉默」是差異得以共存的安定承載力量；也有些時候，「沉默」是因為沒有機會與條件對彼此的經驗作辨識——自己也說不明白，就只能先靜默了！有些時候則不是失語，而是知道關係中存在巨大的差異，便等待著變化的機會。沉默不語的身體與心靈並非寂靜不動，呼吸帶著空氣穿梭體內，調節著身心所遭遇的世間磨練，家人關係間不易了解的、無力接近的，甚或難容的汙名傷痕印記，都可以涵容在沉默呼吸著的身體內，緩慢地求存發展。時常，我們是在沉默中與家人共處一室，「家」就如我們共享的身體與心靈，呼吸的氣流在彼此間來來回回，家人每日進進出出，或早起晚歸，或日夜輪班，或大門不出卻仍忙亂不堪；為五斗米折腰，進入金錢遊戲拚搏鬥狠，成為勞動機器重負傷痕，這些都如影隨形地一寸寸鑲嵌進身體、心靈之中。「家」的經驗從不私密，更不能用社會機制將之隔離排除，扭曲封存！

與**沉默無語**相對的，是以**暴衝式的**吵架表達激烈情緒。家人間的鬥嘴吵架，有如氣血欲通過經脈穴點堵塞處所需的衝推力。每個家庭成員都是獨特的，有如小小聯合國，卻常被要求似一個整體來表現。因此，吵架鬥嘴是欲生息相通的碰撞，但極為激烈的情緒暴衝與一再重複發生的劇碼，則是關係動力中交相束縛的塊結。美國研發展出的家庭治療方法，主要針對關係動力中的溝通方式「如何」製造問題提出對治之道，泰半被框限於醫院與治療室內，未能回頭反省這樣去脈絡化的理解與簡化的對待之道。然而，大陸與台灣卻在這二十年中，成為挪用心理治療法蔚為風潮的最大市場了。人人都需要被尊重，但被尊重的不應只是生存機會，人的有限性及其處境都更需要得到尊重。「尊重」會帶來看見與辨識的空間，因此，「家事」需要被尊重，家人間的關係與其生活條件的特定狀況都需要被尊重，讓「家」得以以其各種怪異的方式存在。

當差異與矛盾在有限的身體、心靈來回擦撞時，家人的「關係」如何才得以不壓縮僵窄、非斷即傷？這是本書的主題，但本書探討的「家人關係」不是社會化角色的設定與模式，也不是順應社會規範的家庭發展方式，而是一種能**承擔起個人殊異性與差異結構的社會關係作用力的「關係空間」；視「家人關係」為此種關係空間的發展機會與場域，家內苦痛舒緩處即社會差異的涵容增長處！**

超載拼裝車上的社會母子盒

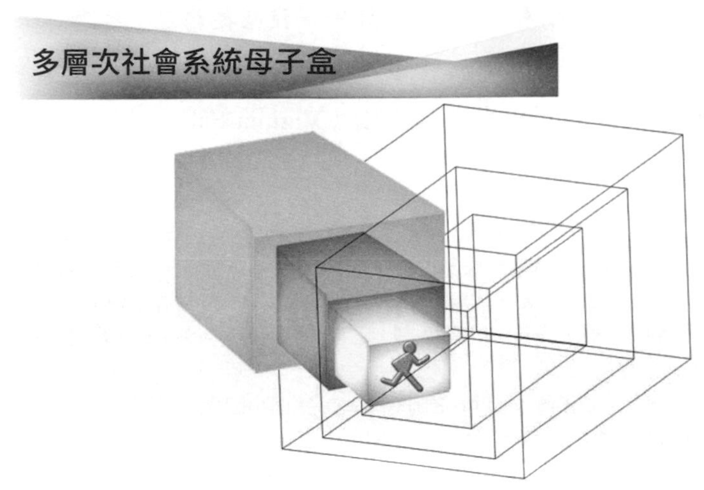

一九七〇到九〇年代間的台灣家庭，恰似包著小轎車外殼的拼裝車，工廠生產線與外包家庭小工廠具伸縮彈性的鏈接運作，將千家萬戶納入了工業化的進程。只是拼裝車上了高速公路，在生產與消費上全力奔馳，導致零件鬆脫，險象環生，燃油不足，形神耗盡。於是，「家人關係」像是膠皮紐帶，在承擔著工業化機器高速運轉的巨大張力同時，也綑綁了工人之間以及工人和其家人的關係。除了工業化勞動力的軌道式力道外，家庭做為一個社會內部的基本單位，還同時承擔多層次、多面向社會系統的作用力量。「母子盒」（Chinese Boxes）的概念，鮮活地將交錯疊置與滲透到「家庭」內的社會力量（social forces）意象化了：

> 「母子盒」是用以形容人的經驗世界具有階層性、遞迴性。人與體制系統的關係就如母子盒，每個個體都是各種層次之組織的一部分，而每個社會機制都被更大的社會機制包覆，並以遞迴的方式包覆下去。所有系統和反饋迴圈都像母子盒一樣層層自我包覆[10]。

我由一九八三年參加薩提爾（Viginia Satir）的工作坊後[11]

10 原文：「將這些層次看成是一盒包一盒的母子盒——系統內的系統再包含系統。盒子全部包起來的時候，我們可以視其為一個整體；全部拉開的時候，就能看出不同的節點、階級或層次。整體與部分是兩個不同的視角，卻也互補的觀點。」詳見《變的美學》，丘羽先譯，心靈工坊出版；布萊福德．齊尼（Bradford Keeney）著，一九八三。

11 一九八三年，薩提爾應吳就君老師邀約，在台北陽明山教師研習中心，主持了兩個梯次的「家之生」工作坊，中國心理衛生協會是主辦單位，我當時負責議事組的工作。

便一路探索著家內溝通困境與固著化的互動模式，與家外部之社會體系與社會運作機制的共連性。

我們若只在身心適應與病理醫療的視框中了解家庭和家人關係，勢必無法由時空兩個維度，參與進入一特定社會的內部張力場域，**人文社會科學的專業實踐**[12] **若不能如此辨識，便不能綱舉目張地研發出在地的專業方法與知識；**

夏林清與薩提爾

本書的書寫，就是希望協助教育、心理與社工專業工作者，能以家庭經驗為土壤，**「看得見，識得了」家人關係所承載著的多種差異結構**。若專業工作者不能辨識台灣與大陸家庭在過去數

12 夏林清（譯）（a2004, b2007），〈反映的實踐者——專業工作者如何在行動中思考〉，台北：遠流。北京：教育科學出版社。（Donald A. Schön 原著 , 1983, *The Reflective Practitioner*）

十年中，社會存在與生活經濟、政治條件的演變對家庭內部經驗發生的作用方式，就只是淪為歐美資本主義化小家庭理論與方法的搬運工，也助長了專業證照制度的錯用與浮濫。

勞動的身體、壓縮的情感

用相套疊的社會系統來放置、理解家庭經驗，很容易看見父親與母親，做為男人與女人，也同時是謀生養家之勞動者的身心刻痕。勞動的身體無所不在，身體與心靈承載著不同形式的勞動刻痕。然而，在經濟起飛年代中，受父母保護、只需唸書求高分的孩子們，身心有著怎樣的經驗刻痕呢？顯而易見地，當唸書成了配合考試機器的操作動作時，青春無法得著勃發機會的身體，也會示演著令父母幫不上忙的弱視、虛胖或乾瘦、憂鬱躁亂。倘若此時，父母或外出打工，或鎮日勞動，他們的勞動滄桑又是如何轉置入家人關係中呢？一九六〇到一九九〇年代的台灣和一九九〇迄今的大陸相似，百業蓬發，全民拼經濟，回家放下書包，參與家庭代工與機器生產的上線勞動，是很多人共有的經驗。例如我的學生李易昆[13]，在成年後回看青春年少在學校書包與家庭機器間，因壓扭而漲溢的怒氣而辨識出自身的「情緒性」時，遇見了失聯甚久的奶奶：

> 我過往所迴避的焦慮與恐懼就像荒廢許久的田地，

---

13 李易昆，輔大心理系博士，由一九九九年迄今負責新北市蘆荻社區大學。一九九九年我創立蘆荻社區大學擔任校長一職，帶領一小群創校工作團隊成員，建立了立基於社區的成人學校。

如今我得回過頭來將其結塊硬化的土壤耘開，讓埋藏其中的陰暗得以面見陽光。這樣的勞動沒有異化，而是結合了我亟力發展我自己的動能，我投入我自己的耕耘中，是意之所趨，我之所在。

在田裡勞動的意象讓我想到我阿嬤。我年幼時愛跟奶奶下田，不知道是奶奶想休息，或是爲了來看看我這個在木瓜樹下玩耍的小金孫，她常會來木瓜樹下喝水，然後說『田裡的事是作不完的，作不完還是要作』。我已不確定她是對我說，或是對她自己說，但我記得她的面容沒有怨嘆的意思。

阿嬤的勞動不急躁，田園厝內總有那麼多事要作，阿嬤讓我覺得能作盡量作，作不完也沒關係，因爲一定作不完……相較於早餐店或電容器加工，少作一位客人就少賺五塊錢，機器每停下了一分鐘就少二十五個成品，這種勞動眞是緊迫盯人。她雖然也是辛苦的勞動者，但阿嬤的勞動，與我所來自的勞工家庭所感受到的勞動大不相同。」——李易昆（2013，頁 55）

小金孫是阿嬤田中往返農活中，勞動生產與生命延展的愉悅表徵；然而，這一愉悅的連繫在李的青年期是失落去了！

歷史的碎片、振動的情感

關係所承載的情感經驗、所涵攝住的，絕對是多層次的社會脈絡痕跡，只是關係中的行動者並無足夠的資源與條件去體察它們，這使得不得不發生碰撞的「情感」，被迫粗糙簡化為「情緒」。這些片片段段的情緒，被「壓縮」存置於身心內部及互動慣習中。然而生命雖不可逆，但人可以透過參與社會活動得到變化與發展的機會。

「家」的社會性，可以由家人的勞動方式與工作生活來理解，家庭經驗裡所蘊含著的歷史政治訊息，則常如碎片般嵌存於家人互動關係，或個別家庭成員未明白表達的記憶裡。記憶、思維與情感的扭曲、隔離與壓抑，是常見的型態。個人能否透過家中的歷史、政治經驗碎片與大歷史相應參照，端賴個人是否能探詢在父祖輩的片段訊息中所可能映射的歷史行跡——意即，我們經由家族歷史訊息張開了對歷史政治的感知之眼。

當我們張開感知之眼，對自身文化中的歷史訊息會更有感情，對世界各處的歷史政治演變也會更關注；我們的情感會與歷史中的許多事件共振。一個成熟的工作者要有意識地發展豐沛的情感與細緻的辨識力；不論學院或社會培訓機構，培養一個好的工作者不能只一路搪塞知識，而要創造一種關係的條件，支持他開始覺識清明地啟動一條自主的道路，發展成為實踐的探究者的路徑。

立基實踐的解殖路徑

完成本書的動力之一，來自過去二十多年往返大陸、台灣，聽年輕學生談起脫鉤失聯的父祖輩，以及眼下的經濟生活與婚戀難題。當我們視「家」為一社會田野，學習去理解家人「關係」所承載的社會性經驗時，我看見年輕人的身上帶著中國自一九四九年以來三代成年人的影子，這使得年輕人的婚戀問題無法被簡化為「現代女性自己做決定」的抉擇。由社會的結構性機制來看，中國大陸迄今所經歷的政治、經濟變動，對三代成年人而言猶如一個**轉動即整層扭轉**的魔術方塊！國家建設可因政治操作而整層板塊移轉，活在其中的無數個體，則是這結構性扭轉的承擔者——活著就必得承接，個體有限的身、心無可避免地扭結求存發展。許多大陸年輕人，對於從「解放」到「文革」時期父母長時分居異地感到不解、困惑進而指責，而他們的父母做為一整代分偶婚姻關係中的成年男女，則長年存壓在或裂解分離、或矛盾凝結且不易言說的經驗包裹中。上兩代成年男女的堅韌與悲愴，如何能成為生命的「傳承」與社會的文化資產，而不是被「代溝」一詞化約地掩埋？

這本書主要意在鼓勵工作者們，能開拓「**家即社會田野」此一心理教育方法的實踐進路**。人文社會科學的工作者們，如何在我們所安身立命的社會內部看見世界他方，但能**不貪婪地不以「接軌」式的想像與簡化的語言**一味攫取國家資源，誤植、套用歐美知識，膨脹了工具理性邏輯對人文底蘊的傷害？三兩成群的工作者，資深與資淺者伴隨同行，就地戰鬥，進行「陣地戰」式的實作活動與實踐項目，凝聚心神，研擬進路。工作者踐行的路徑首重進入田野，進而謀求細水長流與滴水穿石的累積，文化的再生與轉化，靠的是人立於天地之間那股站樁功夫的定力。

【第一章】

林谿萬里清

記父、母系血脈的歷史溯源

文／夏林清

在夏家埠的家譜儀式進行中，與感知夏氏父系傳承同時湧現的，竟是對嫁入鄭家的落户安定感！我同時認受了每年過年拜完菩薩拜鄭氏祖先時的那份實在的連繫。

台灣是一個移民聚居的美麗島，島不大，但歷史處境卻轉折、複雜而特殊。由百餘年帝國殖民、戰爭與資本聚散移動的痕跡來看，台灣人民共同居住的社會共同體，有著三道深深的人文歷史刻痕：**一八九五年到一九四五年的日本殖民統治、治理；一九四九年國共內戰演變迄今仍待解的統獨難局；以及一九五三年韓戰後的冷戰世界格局**。

冷戰結構中的「戒嚴」是一種雙重屏障的遮蔽，在台灣一九四〇、五〇年代長大的我這一代人，在生涯中幾乎都可觀察到不同的個人或群體主體在生成過程中是如何與這三道刻痕糾結，以各種身心方式表現。然而承受刻痕，甚至因之身心壓扭形變的人們，卻鮮少有機會與歷史真實資訊往復對話、探究。

戰爭離散

我出生在白色恐怖肅清大致完成，冷戰防線底定後的一九五三年。在美國防禦羽翼與國民黨白色恐怖後的「富足台灣」長大的我，年少時甚至不知「冷戰」為何物。我的整個青少年與青年期的成長激素，則是英國披頭四（Beatles）與美國瓊・拜亞（ Joan Baez）的音樂，在這些樂音詞曲中，我觸探到了一九六〇年代的歐洲學生運動與七〇年代的美國反戰運動。在訊息被消音的戒嚴年代，歌聲與歌詞恰如風中柳絮，足以激勵了在戒嚴社會中冒險的心靈。

我的父母由我年輕開始，就一路支持我的工作，對我在台灣工人運動與性工作者除罪化的運動參與亦一路支持到底。他們都是在抗日戰爭中中輟中學學業而從軍去的那一代人；十六、十八歲因抗戰離家，抗戰勝利後，又因國共內戰來到台灣。他們這一代人，上接五四年代，知曉國共相生互鬥的歷史，在艱難的生活中砥礪志氣與理想。戰爭導致的家人離散之苦，在平日忙碌的工作和生活中是看不見的，醉酒後始流洩而出！

我爸，夏曉華，在我三、四歲時，偶爾因工作應酬喝醉酒，回家後很難馬上入睡。他總是嘔吐，吐完爬上了床側身躺下，流淚哭嚎，用手敲擊床板呼喊著「媽媽！」。我媽這時便指使我爬上床，躺在我爸的懷裡，於是他便在一手敲床板、一手環抱著我的過程中，慢慢平息了哭泣，滑入了熟睡。三、四歲的我則放鬆但清醒地假睡著，等他睡著了，我再爬出來。三、四歲的我，像是一只溫潤的小抱枕，在醉酒後的嚎哭聲裡遭遇著我爸承載的戰爭離散之苦。

抗戰初期，處於青年時期的父親全身投入反抗日本的侵華戰爭，我兩個雙胞胎姑姑和奶奶均於抗戰中死亡。我爸五音不全，小時我聽他唱過的唯一一首歌就是《打倒列強》，我媽，左柏華，也是高中就參加了抗戰工作，對日本這個國家，一直有著抵制的情緒。侵華「戰爭的殺戮」代表著我母親的日本經驗。

我的婚姻，則帶領我走入公婆均能聽說日語的閩南語家庭。剛結婚的頭幾年，家人歡聚偶爾唱起《桃太郎》時，我會頓時掉落進入了「戰爭殺戮」與「皇民治理」展現日本軍國權力的兩種對立情感，心坐在張力中！

三、四歲的我，學會假睡當一個慰藉父親悲痛的小抱枕；三十多歲的我，學會安坐在外省媳婦的位置，和樂融融地跟隨著哼唱日本歌曲。歷史政治的刻痕是家人關係中存在但隱而不顯的差異，家人關係承擔起了當中不易化解，甚或可能激化對立的訊息。家人關係因而被要求涵容差異，承載斷裂，從而能培養出轉化的能量。家人關係的情義就在於它能以各種形式，或明、或暗、或激烈衝突、或隱忍矛盾的方式共生共存。政治歷史的經歷與刻痕在代際傳承中則似伏流、如斷絮，接續這些訊息的機會亦得敏覺用心，始能感知、覺醒、掌握。做為一九四九年後，台灣俗稱的外省第二代，我在父親走後七年，做了一個如似七年撿骨習俗的夢。二〇一〇年年底做了夢，年後（二〇一一年二月）就返回浙江上虞領回了夏氏明德堂的一木箱家譜。

上虞夏家埠之旅

寫於二〇一一年二月十七日（元宵節）由杭州飛成都旅途

二〇一一年二月十五日（初十三），我們兄妹三人在一祿堂妹陪同下由杭州到上虞上浦夏家埠，八點半就到了村裡！

夏家埠沿曹娥江畔的堤防路往內走，一邊是王山、青山，一邊就是曹娥江。曹娥江是聽爸提過的，小哥說二〇〇二年，我人在紐約缺席的那一次，爸到了上虞卻不知如何找到夏家埠，無功而返回紹興吃飯去了！這次是我回應小昌叔叔的要求才來成！小昌叔叔與薪友公公（長我們四輩）數次造訪安吉小叔家人，唯因大陸騙子不少，大家防禦心強，直到一年多前一虹堂妹判斷小昌不像騙子，才將我電話給他！幸好自己回應了，也應是爸暗中施力吧！這一趟旅程是無意尋根卻瓜熟落蒂的薪傳之旅！

薪友公公花了十年領著禹門和小昌，竟完成了二十冊家譜。我們三人接下「明德堂」木箱的那刻，移民歷史感的定位之錨定定地落下！我父我母這一代因國共內戰而來的移動，在這之前，我一直經驗的是「離散」與「接續」的關係，然而曹娥江畔的「夏家埠」之行，卻帶來落户安家血脈相連的移民歷史感！這一歷史感是兩股力量的編織、拆解與再組合，也是靈感知與魂回返的無形力量伴隨著兄妹三人返老家接祖譜的歷程。

靈的感知，魂的回返

二〇一〇年十二月吧，我夢見爸爸卻未見其形貌，二〇一一年一月十三日我比哥們早半天到杭州，一人打坐時，立覺就是這夢的顯示，年前十二月做的夢境是：「我一人由外地工作完趕回家，一下車站就馬上趕往像似殯葬處的大廳。走進大廳時心想大哥、小哥都在家裡。入得大廳，錯錯落落幾撮人在祭祀祖先，我拿一牌子找領頭管事之人要找爸爸，他說：『你爸的骨頭正在清洗乾淨中，老大、老二怎麼還沒來！』」

此話一完，我旋即醒來。年初五，我們三兄妹去廟裡祭爸爸，我告之大、小哥此夢，他們照例取笑我一頓！

二〇一一年一月十三日我隨身帶了兩本爸寫的自傳書《種樹的人》，是刻意爲大哥、小哥帶著的，我先在書上找到爸於兩處提及的上虞老家，一是爸對於奶奶曹茶英於她母親過世時，因未能回上虞奔喪而痛哭的兒時記憶，二是爸於抗戰時請舅舅致書上虞訂親之表妹，因擔心戰爭亂世，而退了與表妹的婚約！

十三日下午我先抵杭州再度翻讀到這兩段時，流淚！此次杭州行有高先生同遊，高有見無形之眼力。十三日晚上，高先生笑說：「你爸有跟來喔！人有三魂，一魂投生去，一魂在墓地，一魂與祖先同在！你爸在看他晚上要睡誰的房間！」大哥夏鑄九聞言有些驚嚇。

十四日我睡到四點即清醒。坐起打坐，淚突流不止，我確知爸、爺與奶在啊！這次眞是來對了啊！晨起早餐時，高說：「你爸昨夜去夏鑄九房裡。」

夏家是曾祖父人統遷出夏家埠至孝豐，在爺手上發達起來，成了孝豐人稱之茅店王（指茅竹生意做得興盛），但奶的兩個雙胞胎女兒（我姑）均死於抗戰。抗戰孝豐中彈，所有家當店鋪燒光光，奶曾痛苦失聲說：「如果曉華（我爸）在就好了！」爺奶與爸這兩代人夠苦的了，然而即使高先生鬼言鬼語地點綴著，我這兩個哥哥仍然嘻笑如故！十四日一天大家在小雪中遊了西溪濕地，晚上我把兩本書送到他們房裡。

十五日凌晨醒來，得一夢中夢：「小哥告訴我他夢見爸爸，我看見在他的夢境中爸站在遠方，笑著似要由懷中拿出三個紅包給我們。」

早餐，告訴小哥，他嗤之以鼻，卻抱怨昨晚他們房太熱，他和二嫂君男都醒了好幾次，沒睡好！大哥則抱怨我害他一夜重讀《種樹的人》直到兩點多，不過他至少承認了自己都忘了爸寫的很多細節，並說「他們那一代辛苦啊！」

父女靈知相通，父系傳承接招

十五日的老家上虞之行家譜發放的儀式場景，被夏鑄九戲稱如莫里尼電影一般的荒謬眞實。

我們一車五人由高速公路下來，問了三次路才轉進曹娥江畔的堤防路，夏家埠在山與河之間，二〇一一年了，但這江南小村竟未展現富裕農村之景！

八點半，我們提早到了。一進村，一排賣菜攤後即是村委辦公室，門外紅條祖譜修訂捐款芳名錄與辦公室牆上村委名單全姓「夏」，我們三人覺得好玩極了！因爲這輩子也沒一下子見過這麼多夏姓人啊！小昌先生急忙趕來，帶我們轉進一清空的菜市場，原來因要舉行儀式，菜販都暫時被請出場了。菜場的後面就是修譜辦公室，小昌讓我們進入坐下，我們關心的第一個問題是：「這村多久了，夏家人何時在此的啊？」小昌介紹的薪友公公說：「已八百多年了，由宋朝時避金人禍就來了！我們這一支的祖先萬七公是和萬八公兄弟兩人覓地隱居，找到這裡就定居下來的。」

我們三人只有張口結舌，驚訝與興奮地翻閱有著我們名字的家譜影印本！找到夏鑄九是一九四七年舊家譜登錄在案的最後一名。小昌先生指著身後一排排木箱說：

「有二十冊家譜！等下可拿走一箱！」

九點半過不久，儀式正式開始，身穿草綠制服的村樂隊奏起樂來！夏鑄九似入寶地似地場前場後跳來跳去照個不停。台上一排人演講開來，我們一句也聽不懂，堂妹一祿原以爲可爲我們翻譯，卻發現她也聽不懂！

一片鄉音中，我們只知「夏」竟然發「娥」音。

老家鄉音聽不明，但我深深沉沉地被撼動了，淚由眼角溢出，這眞是齣人間極爲喜悅的好戲碼！負責修譜的薪友公公、禹門及小昌可是認眞工作了十年才有我們在此接過家譜的福分啊！

台上說要回送我們一幅畫，因爲我先生鄭村棋[1]贈了一幅對聯，我領回一幅「牡丹富貴」。稍後，小昌一箱箱唱名發送家譜，我們三人一起去接，大哥排前主接，小哥站中央，我站右側，轉過身三人捧著「明德堂」照完相後，大哥和我同時鬆了手，小哥一人實實地抱住了大木箱，下來後不斷抱怨我們兩人，我倒覺得也像是冥冥中的力量。大哥應是想到八九成確定會留在美國的夏陽，小哥與小鼎則是目前在台北的夏家父系男丁的承繼者！

---

1 畢業於國立中興大學法商學院（今國立臺北大學）社會工作系，美國哈佛大學教育學院碩士，專修組織發展。曾任輔仁大學企管系兼任講師、中國時報記者、工人立法行動委員會召集人、勞工教育資訊發展中心創辦人及台北市政府勞工局局長。早期活躍於基層工人組織運動，而後曾活耀於電視與廣播政論節目，公開主張從階級角度看問題，慣用小老百姓／統治階級來分析問題。也不畏反共的台灣氣氛，以共產、社會主義角度看現況，一直挑戰資本主義制度與現在的台灣民主制度。

我在整個儀式過程中，篤定地經驗了，爸、爺與奶的魂是回來了！

我這兩個哥哥，一個風流易發昏，一個灑脫毒舌派，聽著我們聽不懂的上虞鄉音時，大哥滿場飛似快照攝影師，小哥狀似不耐毒舌欲吐，我轉頭認眞對小哥說：「你接下這一箱，我們在台灣的移民就有個歷史來處，我們和草根綠一樣有來處的！爸爸與祖先就可在客廳的菩薩佛桌旁放個祖先牌位了！」也不知小哥聽到了沒，但他似乎安定下來了。

十五日入睡前打坐，我竟如爸剛走守喪時痛哭出聲！成功地爲爸爸傳遞信息給大哥、小哥，於是父系傳承根植台灣的移民歷史完成。我在爸的魂返回列祖列宗處後，清楚經歷「分離」！打坐時如見自己做爲台北夏家幼女來投胎時，靈由空中來，望見地上歷史長河中如蟻群般移動的人群。拜一九四九年國共內戰之賜，我父與我母雖均孤單地離鄉在外，卻能拚搏地成就明辨是非、清朗傳家的我們三兄妹！

落戶安居

在夏家埠的家譜儀式進行中，與感知夏氏父系傳承同時湧現的，竟是對嫁入鄭家的落戶安定感！我同時認受了每年過年拜完菩薩拜鄭氏祖先時的那份實在的連繫！做為一個一九四九年移居台灣的「外省人」第二代，「祖先」的面目多是不詳的。大多數一九四九年來台的外省人均是因抗日及國共內戰而少小離家，父母輩以上的家族歷史是模糊的，祭祀祖先的禮儀也常被輕忽或省略。在那個動亂離散的年代，能活著就已不易！其實這份**離散的失聯感**正是每逢年節在鄭家祭拜祖先時，**我的「外省」感的來源**；當這份失聯在返回「祖譜」中得到安置時，我竟發生落戶安居之感！在夏家埠領取祖譜儀式的過程中，我同時發生了一個**認受的心理歷程**——心中浮現了老媽和老爸（鄭父母），對做為鄭家媳婦的安定感增加，亦不再對台灣閩南家族中日據時代的文化記憶有一層隔離式的抵制感。生命有來處，知祖先血脈，反倒對移入另一家族的血脈之內，不孤單且更形相融了！

二〇一八年清明節，在芝山岩夏家接續上虞明德堂，我們在客廳正中央安立了祖先牌位與佛龕。

左家的家難與分離四散

二〇〇七年，我帶八十六歲的母親左柏華與八十四歲的大舅，去武漢與八十二歲的大阿姨淑華及七十歲的小舅丞安再聚一次；武漢是他們姊妹兄弟出生與長大的城市，只缺了一九七〇年因病早逝於成都的小阿姨左季華。

外婆彭孟盈，民前十二年生於湖南岳陽南邊的向家莊，幼年讀過私塾，是喜讀書的識字女子。左家來彭家提親，在一對姊妹中，選擇姊姊（我的外婆）。這一被相中的姻緣打斷了她唸女子學堂的機會。

不如外婆喜歡唸書的妹妹去了女子學堂，但不久就唸不下去回家了。外婆的這一怨嘆，在外公娶妾不歸的婚姻生活中，轉變成回返娘家、依兄生活撫養五個孩子的堅毅力量。外婆於一九一九年左右嫁入左家，再由岳陽遷入漢口長安里的左家中，我媽和大舅的兒時記憶盡是武漢一九三一年的長江發大水與外婆家（岳陽向家莊）的田園野趣。父親的缺席與不顧家，是姊弟倆共同的憤恨與否定。這對姊弟曾經在武漢想登報聲明與父親脫離關係，被知情的舅舅攔下，也曾一起擠上了抗戰號召青年從軍要開往延安的車上，卻被另一做記者的眼尖親戚拉回家去。事實上，一九三七年七七事變迄今，左家都受著戰爭最直接的衝擊。二〇〇七年，我爸走後，我們兄妹三人一起帶著媽與大舅走了長長的旅程，由杭州先到南昌小舅家，再會合大阿姨，一起回到我們的外婆家，也是我媽與姨、舅們的外婆家！小阿姨的兒子陳憲與陳健也分別由成都與深圳飛岳陽。媽與大舅離開岳陽外婆家時，分別是十七歲與十五歲，離開七十年後，才於二〇〇七年第一次回去。媽與大舅因唸書與參加抗戰離鄉，大阿姨則因最乖巧聽話，戰亂中被留置於武漢姑媽家照顧長輩，因而未隨外婆返回岳陽娘家，同時也失去了讀書的機會！

抗戰後，我媽與我爸在南京結婚，大哥出生，外婆依居顧孫，在國民黨一路撤退遷移的過程中，已從軍的大舅失聯不知去向。外婆覺得左家獨苗應留在左家，小舅與小阿姨便被送至外公彼時工作的南昌！在外公與後母的家中，小阿姨一直護著小舅唸書與長大，這是一九四九年隨我爸到台灣的外婆是沒有機會知道的！

小時候，我依外婆而睡，外婆那雙纏過很短一段時間、腳趾並未變形的白纖雙腳是我入睡的靠枕。白天，外婆時而開關抽屜觀看小照片上失散的兒女，時而靜默無語，那種哀傷思念的情感張力想來是無聲無息地席捲了我，否則如何說明我由一九九六年到成都找著小阿姨一家，以及二〇〇七年推動岳陽外婆家的旅行動能？

一九四九年移民台灣的外省家庭第二代，絕大多數是沒有爺爺、奶奶與外公、外婆家的，因為他們全在大陸。我幸運地擁有和我們一起住的外婆，我們三兄妹是外婆與媽合力照顧大的，在媽與外婆這兩代女人身後暗影中重疊著一個男人，媽偶爾一、兩次被我問到就是拒斥的怒氣，外婆自己從未提及，倒像是早已離婚、一身清淨的婦人！外婆肝癌去世時七十六歲，我剛剛大學畢業，媽媽的害怕與哀傷好些年才緩緩度過。二〇〇七年南昌、岳陽行，我有心創造條件，讓媽和大舅有機會拿起對父親的恨，且在心頭能放已身亡的父親一馬！只是我卻沒料到聽到的故事是那麼不堪的慘痛。

外公左仲篪一九六〇年代逝世於南昌，一開始我們聽說是曝屍於荒郊野外，連屍體也找不著。小舅一直與外公和後母居於南昌，小阿姨自己唸完初中就入了南昌郵政局工作，省吃儉用支持小弟唸完高中，小舅因而做了小學教員，文革時還兩度帶學生上北京並往外串連，然而我爸的國民黨背景，當然仍是拖累了小舅遭批鬥。外公在死前，一直在南昌郵政局任職，據說可能是因妻子挪用了郵局款項，外公於是被關，在勞改過程中死亡，死時無家人知道，小舅是事後知道，屍體也沒見到。

媽媽在返鄉前一年左右，有一天說她夢見她爸爸被關在一個黑黑的籠子中，睜著眼睛看著她，她看見他那個樣子，很害怕！二〇〇七年八月炎熱夏天，我、大舅、媽與小舅媽坐在南昌文港小巷弄一間舊屋內，聽小舅媽的表姊，當時唯一看到外公被活活打死的見證人，說著這外公死亡的故事，大舅終於說出了：「我們原諒他！」我則震驚於夢中情境的顯現！

早逝的小阿姨

小舅是抗戰時期陪在岳陽外婆身邊的唯一孩子，小阿姨左季華則被送到育幼院住宿讀書（因為完全免費）。一九九六年我到成都，憑著小舅給我的線索，找到了小阿姨一家。小姨丈（老陳）和阿姨是在南昌郵政局認識的，小姨丈原籍福建，在南昌郵政局工作時曾擔任工會主席，是個認分工作的老實人，對政治學習與入黨之類的積極性表現不強烈；但小阿姨反而十分投入各項工作，一直努力爭取成為黨員，卻至死亦未能如願！小舅口中的小阿姨是他的保護神，由在南昌與後母同住時洗衣做飯，再到初中尚未畢業就報考郵電學校訓練班，一路工作支持著小舅到高中畢業！對我來說，小阿姨是強烈牽動我情感的親人，我們夏家兄妹三人在台灣被外婆帶著的時候，小阿姨與小舅是失去了母愛的。換言之，我們三兄妹享受了兩位母親的愛，而被內戰與家變分離的這對小姊弟，是姊代母職照顧著弟弟的。

一九九六年在成都市郊郵電學校大院小區中見到小姨丈全家，小姨丈由房裡拿出小阿姨的骨灰盒；一九七〇年即過世的小阿姨，就在一個小盒中陪著姨丈度過了二十六年！稍後陳憲大表弟，印了一份小阿姨一九五九年的一本日記。小阿姨病逝於一九七〇年十二月，在一九五九年的那本日記中，則記錄了耳朵疼痛流膿、身體不適的開端。

一九五九年在成都郵電學校大院中生活的左季華，負責圖書室與托兒工作的規劃和推動，大院生活有老陳出差的繁重家務勞動、兩個頑皮孩子的照料、看電影、學習小組的活動和自我檢討的心聲。在一九五九年的中國，左季華參加了機構的「躍進大會」（見一九五九年二月二十三日日記），記錄了參與勞動的身體疼痛與幫老鄉割完麥子的喜悅（見三月三十日與五月九日日記），也不時寫著自我檢討，並與老陳一起檢討彼此的生活記要。左季華做過托兒所園長、圖書館管理員，還指揮過合唱團，大表弟記憶中的母親全心全意投入各項活動與工作，積極地朝向黨，在組織中熱情地幹著活。

也是這一年，季華阿姨的耳朵開始生病了！

> 不好的事情臨到我身上來了，今天耳朵痛……下午就有些支撐不下，但沒有人代班……（一月十一日）
>
> 耳朵又病了……（五月十六日）
>
> 愈來愈痛了！……（五月二十一日）
>
> 下決心進院動手術（五月二十三日）
>
> 進手術室……（五月三十日）

六月底出院的小阿姨，九月四日再次寫到：

> 耳朵又流膿了！……醫生說得含含糊糊……

剛拿到小阿姨的日記時，我高興地複印了兩份，一份給媽，一份自己看。媽一直沒看完，媽說：「太苦了，我看不下去！」我則停在一九五九年二月六日小阿姨對母親（外婆）的思念中：

> 明天就是陰曆三十晚，記得幼年時在家裡過年的情況，母親是那樣的忙碌，我們卻是那樣的快樂，衣物全部換新的了，今晚我也仿照著母親，也和所有母親的心一樣，爲了孩子們能愉快的度過春節，正在趕製衣服，夜深人靜，所有的電燈都黑了，唯有我在燈下做針線，母親的心啊，爲了下一代她可以犧牲一切，疲勞又算得了什麼呢？寫到這裡不自覺地唸著媽媽，她老人家還不知在何方？祖國解放這麼久了，她卻沒有享受祖國的溫暖，只有解放了台灣才能尋找她的下落！

外婆與離散的三個孩子，終究來不及在生前再見面！我卻不只享受了外婆的愛，更在接續斷裂家人關係的來回行動中，進入了戰亂衝突與關係傷痕皺摺內裡所承載的差異空間，何其有幸！

小阿姨左季華逝世於一九七〇年，我的母親則在二〇一一年自然往生於台北芝山岩家中，原以為二〇〇七年夏天，我已完成了讓媽和大舅放下了對父親的恨意的功課；沒料到，十年後卻因為我所遭遇的一場無妄之災，一股無形的力量竟推著我與媽媽這支左氏家族完成了一段意外的旅程。彷彿是我原無意尋外公，外公卻空中傳訊牽引我。

無妄之災藏天機

二〇一六年夏天，六十四歲的我因為學生寫的一篇不實網文的誣陷[2]，遭遇了強烈的網路霸凌與傳媒的錯誤報導；身陷風暴中，我選擇了沒犯錯誤絕不低頭的態度，事件因而延綿了兩年。一位關切我的出家師父，一吉師父[3]，左思右想後說：「你發生這事，實在沒道理！我看看是否是祖先的狀況，你給我你父母三代人的出生、死亡與墓葬地的資料，特別是你媽這邊，因為你是女的。」這一查，就只有外公是死沒見屍，更無墓地。一吉師父說：「你查查問問吧！」我向一位大陸好友發出求助訊息，沒料到，只兩個轉訊不到兩週，外公出現了！手機微信傳來：

> 夏老師：左先生，湖南籍人士，一九六四年元月五號下午五點，腦溢血去世，時年六十二歲，來自臨川文港公社。因無人認領遺體，葬於新建縣朱港農場。屆時可以幫忙請農場工作人員引導前往墓的祭奠。

二〇一七年十月十六日，陰雨，二十餘人五輛車（台灣四人、武漢阿姨家五人、外公小老婆兒子海濤家六人與南昌文港小舅家九人）由文港出發直奔新建縣朱港鎮贛江監獄，尋找原勞改農場

2　二〇一六年五月二十九日，輔大心理系朱姓學生在臉書上寫了一篇近八千字的長文，控訴夏林清利用社科院院長的職權河蟹吃案，意圖掩蓋二〇一五年六月二十八日系上發生的「疑似性侵案」，引發巨大的輿論風暴，輔大校方不敵輿論壓力，認錯受罰，撤換心理系系主任和社科院院長（我），甚至為平息眾怒，將我停聘一年。後來台北高等行政法院一〇七年訴字第四〇一號判決中，法官在事證及程序上都認定輔仁大學（教育部核准）停聘夏林清是違法的，應撤銷停聘決議。後續在一〇九年一月的民事判決中，法官判定朱生五二九網路文章中關於利用權勢吃案、阻撓性平調查等等內容均與事實不符。

3　一吉阿闍黎，唐密師父，社團法人，台北市悉曇吉祥成就會創辦人。

舊墳場，祭奠五十三年前葬於此處的外公左仲篪先生。

媽的恨與外公的悔

這一次由淑華姨、小舅、小舅媽說的記憶資訊來判斷，媽應是見過外公的小老婆彭麗娟，因為據小舅媽說她和小舅結婚後，看見左仲篪和彭麗娟吵架後，用手重重捶打自己的頭，對著媳婦雪梅（小舅媽）說：「後悔啊！丞安（小舅）的媽好啊，現在這個不如她啊，以前我帶她（彭麗娟）回武漢，她（左彭孟盈）當面沒給人難看，等人走後，才責備我。」所以，做長女的媽，應是在場且經歷了強烈的憤怒的。那一年，彭孟盈在家帶著五個孩子，當左仲篪領著與自己同姓彭的女子踏戶登堂時，她是何等傷痛羞辱啊！難道這個男人遠在外地工作，在煙花巷中求慰藉時，「彭」的姓氏中是疊落著兩個女人的身影嗎？從小把我帶大的外婆彭孟盈是內斂的女人，情緒收整到像是在考驗你的細微體察力；我被她溫養長大，卻沒能感受到她藏於內心的傷痛。

我由媽與大舅那所聽到的外公是不負責、沒拿錢回家，抽大菸喝酒後還怒打孩子的父親。我媽對她父親的憤怒，我們做孩子的倒是知道的，但我們仍失之輕佻地對待了！從前每每聽聞媽與大舅欲登報與父親左仲篪解除父子關係的往事時，我都視之為少年人的反叛，這顯然就輕忽了家人之間關係的糾結情傷。當左仲篪因工作調動而短暫居住於不同城市時，左彭孟盈帶著五個孩子定居武漢，也有一、兩次，妻兒會短期移居或探望。大舅記得他上小學前全家短暫住過南昌，大阿姨淑華腦海中則存留著一幅美好畫面：「媽媽帶我們去巴東看爸爸，哥姊走在後面，爸爸牽著我的手走在前面。」淑華阿姨帶著笑容的憶念，在大舅這邊是另一景況。因工作四處被調動、與妻兒聚少離多的爸爸，回到武漢家中時，喝酒夜歸處罰犯了錯的孩子跪在大門口，不認錯就不准起來。責打與長跪是父親留給死不認錯、倔強的兒子的刻痕；至於媽，則幾乎從未提過與父親左仲篪的任何互動！二〇〇七年，我帶媽和大舅到南昌時，彭麗娟的兒子海濤想趕來與同父異母的兄姊見面，小舅代為詢問可否？媽是拒絕的。二〇一七年，媽已離世六年，海濤再次探問，我說了聲好。

四散的左家

外公在郵政局工作，都沒拿錢回家？

二〇一七年十月初我要來大陸前，九五高齡的大舅突然電我說：「小林，你猜不到我打電話給你吧！我一個人在家，沒人講話，很無聊！」我和女兒小塔第二天找大舅聊天時，大舅竟說出了更正我錯誤認識的具體訊息：左仲篪因郵電工作常調動工作地點，每月四十餘元，會寄三十元回武漢的家，好幾次是大舅去領的錢；大舅說：「他和那個女人好上是在抗戰發生前，有了那個女人後，就沒再寄錢回家了！」小舅媽這次還說：「你外公就是太老實，所以工作才一直調來調去，別人不去的地方就調他去做。」做為一個不時被調動工作地點的男人，不只左仲篪的婚姻與家，整個左家都在洪濤般一波又一波的抗戰與內戰中離散。淑華姨說：「左家就全部四散五裂了！」排行老三、小我媽四歲的淑華，一聽我說找到外公埋葬處時，立刻決定攜子女來南昌會合。「外公死於文革」顯然是我之前的誤認，但由六四年到文革十年，南昌左家是度過了不容易的日子。在文港的小舅丞安也一直以為他爸是找不到埋屍處的。一九六四年，外公因勞動兩年後，死於勞改場，小舅與舅媽口中的彭麗娟是脾氣差且只一昧寵愛保護自己兒子海濤的後母，海濤讀小學時，小舅已當了小學教師，彭麗娟會不顧是非地責難小舅，甚至出手打小舅。繼母的偏心，也促使小阿姨左季華為了照顧小舅，初中一畢業就入郵政局工作，存錢給弟弟讀書用！小舅在文革時只做了三個月的造反派，就被保皇派鬥下來了，接著也下放了；當然，我媽在台灣的事實是那時心中的恐懼，也是現實的顧慮，所以他燒掉了自己的日記，以免思母之情的心事紀錄給自己和家人帶來災難。紙可瞬間灰飛煙滅，但那肉眼看不見、雙手摸不著，但確實存在的母子關係，情感思緒仍流通，穿越空間。我想，小舅那些自己燒掉的日記，應如季華阿姨一樣，在安靜的夜色裡，記下了思母情！

小舅對他母親的憶念比小姊姊多了幾分懊惱，因為他是大姊和姊夫婚後都帶在身邊的那個小弟，也曾陪著母親在南京和漢口帶著小外甥（我大哥夏鑄九）。一九四八年，國民黨撤退台灣前，外婆與我媽尚不知大舅在何方，外婆做了個割捨的決定：她送幼子丞安回到南昌父親身邊，因為大舅生死不明，小兒子可是左家的苗啊！四九年要撤退前，想必是因為外婆思子心如焚，我爸還特別請人跑到南昌去接丞安小舅再返南京與母姊同行，時間肯定是極為緊促的，接人的人就只有那一點點停留時間，小舅卻去打球不在家，等他玩完回家才知此事。這一遺憾嵌存於小舅心中多年！

左彭孟盈那時才五十多歲，從此離開了三個子女與她思念的岳陽娘家，在台北芝山岩夏家帶大了我們三兄妹。我是與外婆睡同一張床長大的小外孫女，成年後才知外婆拉開抽屜看著小照片的動作，承載著對子女的憶想，以及不隨意流淌、收斂於內的情愛與失落，等到媽也過世六年後的二〇一七年，經驗了親人間的相連是不受限於生死，並能於家人關係中，發生著感而通之的情意力量的。

隱藏與諱言的黯傷

隱諱於外公背後的「那個女人」彭麗娟，是只比我大哥大一歲的海濤的媽，大舅口中的「那個女人」，在文革中，和兒子海濤一起下放農村。聽說那時她似已精神錯亂，會對著政治運動中宣講的大喇叭喊叫回罵；海濤在承受不了政治運動與母親狂亂的雙重壓力下跑走了！彭麗娟的死更為淒慘，據說去世數日後才被發現，草草埋於河灘，大水一來就沖得不知去處了！二〇一七年十月十六日於集體墳場旁田埂上，嚎啕大哭的七十一歲海濤是五十年不知父母葬於何處的孩子。他在細雨冷風中嚎哭，稱自己為「不肖兒」，當夜就夢到了爸爸：「昨晚我夢見了爹爹，他遠遠的看著我們！大家一起叫著跑過去。我看見他笑臉上流著淚花轉身走了。腳下一片泥水小路，我哭叫著追著，看不見了！」

二〇一七年十月十八日，我離開文港，夜宿江西南昌師大白鹿會館：半夜，朦朧如寐中見到媽媽，四、五十歲時模樣，一張淡淡笑著的臉望著我；接著再聽見彭麗娟尖厲的聲音，但未見其臉面形影。醒來兩次，感知滄桑訊息流淚入睡，兩代女人夢中各自傳訊。從小在左仲篪身後暗影中的「那個女人」，終於有名有姓地出現在家族人的場域中了。然而，此刻的我，不會很簡化地用「道德汙名排除」來放置因外公兩段婚姻所帶給大陸與台灣兩地親人間的黯傷！黯處有傷痕，心中窩藏著的印記是會伺機而動，若隱若現地為自己亦為他人謀得生機。

婚姻男女與家族親人間的糾葛關係，該怎麼認與不認呢？

大彭（外婆左彭孟盈）與小彭（左彭麗娟）是左仲篪先後的兩個妻子，冠夫姓的左彭孟盈是台灣的身分證上的註記，我一直認為她是自己用實際行動（攜子女回娘家）做成離婚事實的女人，這次聽了有關外公多一些的事實資訊，並第一次看到老照片中的左仲篪後，我更明白些她晚年肝癌發作的身心鬱積。照片雖模糊，但見得到左仲篪的高個子與好看臉面，以外貌論，這對夫妻是相稱匹配的；共同生養了五個孩子的夫妻情義也非丈夫攜另一女人回家，就可立刻情斷義絕的。然而，這男人想來是懦弱的，帶彭麗娟回家是想取得諒解？要求取包容接納？武漢左家那兩、三日怕是外婆與已懂事的孩子悲怒攻心的家難景況。兩岸的隔離保護了彭孟盈免受左仲篪第二段婚姻之累，婚姻斷裂與戰亂離散之慟鬱於肝內，當然也無機會知道左仲篪的懊悔。夫妻情傷義損是發生了的事實，我媽做為家中長女，此一家難則是另一種不易轉化的情緒黯傷了！

二〇〇八年，我趁去武漢工作之便再帶媽與大舅探望阿姨，三姊弟到法租界小區散步，一路辨識抗戰前的左家居處，原租借區房屋倒仍有不少老屋，三老一路聊天，大舅突然對媽說：「姊，你到酒家上過班，你還記得嗎？你初中一畢業就和你同學去酒家上班，你都是黃昏換了旗袍去上班，晚上回來還給我們帶糖果，後來被媽發現就沒再去了！」我媽笑著回說：「我不記得了！」我則驚呆了！

原來，一九九八年，因台北公娼抗爭而舉辦的第一屆性工作權力與性產業政策國際行動論壇會場，坐在台北市議會大廳會場最後一排的我媽左柏華，並不只是來支持她女兒所參與的抗爭事件而已。她心中埋藏經年，從未對家人提過的短暫酒家上班經歷被牽動了？或許，我媽為了家庭生計到酒家上班之事，亦是外婆稍後決定帶著孩子返回岳陽向家莊依兄而居的重要因素；回到岳陽，我媽始得以繼續她的高中學習。

空谷絕響，情義白蘭

一九九八年，我參與了台北公娼抗爭的第一屆性工作權力與性產業政策國際行動論壇，當時，我的母親左柏華坐在台北市議會大廳會場最後一排，直到二〇一七年那日的散步，我才意會到她之所以坐在現場，也可能是因為心中埋藏經年、從未對家人提過的短暫酒家上班經歷被牽動了！

左柏華從未提過這段往事。我發現此一經歷還有另一次隱隱地在作用著，那是二〇〇五年，我帶她同往台東，陪同前公娼白蘭返家探母的時候。

白蘭出身被貧病侵襲的底邊勞動人家，她的賣身，則是撐住家庭免於崩塌的一根頂樑木。十二歲時，因母親生病舉了債，二姊帶著白蘭一起北上打工。十三歲時，做搬運工的父親由車上摔下，腦傷成殘，母親在阿姨慫恿下帶白蘭到台北娼館簽了約。十六歲，三年約到期，大哥結婚須聘金，再次續約。白蘭當然知道家中一波又一波金錢花費需索，是靠著自己被綁約才得以度過的，但她心中怨憤媽媽的決定。綁約後的第十年（一九八六年），約滿畢業了，同一年白蘭父親過世，白蘭開始轉入工廠當女工，結果工廠倒閉，老闆跑路了！成年的白蘭，自己決定申請公娼執照，到了文萌樓。一九九七年公娼抗爭[4]事件，白蘭從不遮臉，雖不擅言辭，但一路積極參與，緩衝的兩年中，她開過檳榔攤，或幫人洗碗等。二〇〇五年，酗酒過度昏迷受傷後，清晰表達想回家的願望。二〇〇五、二〇〇六年連續回家兩次，二〇〇六到二〇〇八年白蘭大哥與母親相繼逝世，二〇〇九年白蘭返回台東祭母。二〇一八年，五十五歲的白蘭於文萌樓逝世。[5]

對日日春社群夥伴們來說，白蘭就是我們的姊妹，她的成年再從娼，到走過廢娼再到選擇於文萌樓內往生的一生，是在一個我們共同創發打造的社群家園中度過的。

二〇〇五年，我帶母親左柏華前往台東，陪白蘭返家探母，

4　一九九七年九月六日，時任台北市長的陳水扁廢娼，引爆公娼抗爭，並以歸綏街公娼館「文萌樓」做為抗爭總部，展開「娼影隨行」的反廢娼運動。一九九九年五一勞動節，公娼自救會轉型成立日日春協會，並在二〇〇六年爭取到文萌樓古蹟指定，並長年經營活化。然而，二〇一一年，身為不動產公司負責人、專營大稻埕容積移轉買賣的新屋主林麗萍，以三百三十萬代價買下文萌樓後，卻旋即提告迫遷，致使日日春與文萌樓陷入長達近七年的文資爭議與訟爭。因為新屋主持續提告，也沒有任何為古蹟維護負起責任的表現，協會六年來要求文化局依文資法第二十八條啟動強制徵收古蹟，將文萌樓收歸公有，訴求政府角色應在私有產權與文資公益衝突時，用更積極與主動的手段介入，徵收是捍衛古蹟公益的最好方式。遺憾的是，無論是郝龍斌任內的文化局長劉維公，或柯文哲任內的倪重華、謝佩霓與鍾永豐，均未朝徵收文萌樓的方向積極作為。全案在文化局長鍾永豐任內定讞，亦於二〇一七年十月二十日被強制執行完畢，縱容私有產權破壞古蹟價值，導致文萌樓成為沒有公娼精神與生命力的空殼。

4　〈白蘭：底邊生命鬥士，文萌樓娼魂永存〉，日日春關懷互助協會新聞稿。

母親坐在白蘭家門藤椅上，看著日日春一夥人忙進忙出時，喟然讚嘆地說：「白蘭現在是幸福的！」[6]

左柏華於十五歲荳蔻年華，在武漢上過幾天酒家小姐的班。白蘭十三歲被賣到萬華娼館，二十三歲申請了合法公娼執照。八十四歲的左柏華眼中的「幸福」，其實是當時四十二歲的白蘭與母親淚眼對質的現場。白蘭十三歲從娼，心中始終怨責母親何以將自己賣給娼館，四十二歲時，總算走過了多年懸疑不明的心

6 《老查某不死：白蘭前傳》紀錄片，導演及剪輯：蔡晏珊。內容簡介：將八年來不同影像紀錄者記錄的白蘭生活片段剪輯。白蘭，十三歲因家貧從娼，十年被綁，吃盡苦頭，直到做合法公娼後，每天過著只做兩個客人，養一群流浪貓的單純日子。三十六歲廢娼後，開檳榔攤失敗，長期失業，天天喝酒度日，六個月前昏迷，診治後是小腦萎縮重度失智。一個善良可愛的女孩如何在八年過程，變成今天言語、行走困難、記憶喪失……，而現在義工每天幫她把屎把尿，又在經驗什麼！

底痛處！

結語

每個人都有父系與母系兩支血源的來處，戀愛與婚姻從來就是以一種安定的束縛，要求一對差異性可能極大的男女，生養子女、照顧家人。夏曉華與左柏華這二位青年人，因著投身抗日結為夫妻，國共內戰則使得左彭孟盈與大女兒的小家庭共住於台灣，一輩子再也沒見到在大陸的三名子女與孫輩。此種戰爭導致的「隔離」不必然是「對立」。面對政治歷史性的跨越隔離行動，會是生命得以翻攪重構的能動性。

我於父母生前即陪同他們分別探訪隔離數十年的弟妹親人，卻並未料到於父母往生後，反而意外地接上了他們生前均未能得知的祖輩們的訊息。於夏家埠領到祖譜安置芝山岩家中的安定感，與南昌小舅家族親人尋覓到外公葬身處的滄傷感，均似歷史長河中蕩漾而來的波紋。我順水而游地感知著父系與母系血脈中的歷史性，家庭如社會歷史的一折射鏡，它能帶領我們得以上星空、觀長河！

面對外界，每個人對於家庭經驗說與不說，是個人選擇。但無論說與不說，家的經驗是世代歷史記憶與社會處境所共存的一方田野，承載著許許多多值得我們探究的事。

I
情緒解壓縮與家庭衝突

家不會沒有衝突，父母爭吵打架亦不少見。孩子在父母激烈爭執的現場，或是在另一端（櫥櫃後、床底下）躲著，或是受不了了奪門而出，抑或是衝入戰局支持弱者對付強者，都是催化人成長的在世體驗。許多時候，這一催化劑如一粒埋藏在土下的種子，好些年後才萌發芽苗。包裹著、收藏著的情緒就是一顆階段性被凍住的種子，當情緒的解壓縮歷程展開時，特定經驗事件的記憶會浮顯，哪怕只是一個場景，亦足以啟動返身回觀的心理重構歷程。使用「情緒解壓縮」一詞，旨在視情緒如一藥引[1]，當個人情緒得以釋出時，絕不能只視之為宣洩的作用，而是要牽引出家庭成員身心記憶內的矛盾情感與衝突事件，所以稱之為「解壓縮」。記憶解了壓縮，「事件」是重新發生理解的素材，「接納」是在理解過程中逐步發生的情感性態度，而不能是泛道德勸說。理解與接納是寬厚相待的條件。

衝突不可怕，懼怕衝突、壓抑掉對衝突的記憶才是一種損失！當壓縮著的情緒得到釋出的機會後，記憶片片浮顯。我們要允許自己帶著矛盾不適感，緩步當車，無須急

1 中醫認為「藥引」猶如嚮導，它將諸藥引向某經絡臟腑及身體部位進行針對性的治療。也就是說，「藥引」的特殊作用是引導藥力直達病所。

於界定問題出在哪裡，亦不見得需要馬上去學習什麼溝通技巧來改善問題。壓縮著的情緒釋離而出，返回經驗事件，讓自己今昔參看、和自己對話、與朋友聊聊天，轉化的過程就被催化而生了！

【第二章】

恨的爆衝與轉化

盈豐行的故事

導言／夏林清

文本、後記／王淑娟

老師以爲那個母豬是最髒的人了，就沒有再往下問，哪知道還有一隻大母豬，七天才洗一次澡，就是我……

【導言】
情緒濃烈的伴讀文

夏林清

王淑娟，由台北護專畢業後轉插班入輔大心理系與研究所畢業，民國九十九年移居花蓮，於東華大學就讀博士班並同時從事社區工作。早些年，我曾與淑娟於新北市蘆荻社區大學共事幾年，淑娟工作務實，不辭辛勞，生活樸實且能吃苦；但當與工作夥伴在緊密的協作中發生矛盾時，混亂的情緒順著淚水流洩難停。這時，若與之共事的夥伴，恰恰又對眼淚中無以言明的情緒較難面對時，可想而知，工作團隊也需要發展出在關係中對話的能耐。閱讀淑娟的家，盈豐行，故事的一個重點也就在於，強烈的憤恨與怨怒的情緒包裹，是如何返身拆解與一路逐漸轉化；「恨」很難被面對與認受，更容易被道德化的說法否認與排除，暴衝的行動、不明但難止的淚水，都需要覺識分辨的轉化過程。如果作為讀者的你，時而也會經驗到自己說不明的情緒，或是有清楚問責對象的激烈情緒，那麼盈豐行中的淑娟就是你的伴讀了！

【文本】

盈豐行：一段二十人大家庭的奮鬥史

王淑娟

一九六三年九月，母親與兄姊攝於自家矮房門口

從小到大，我的內在潛藏著許多情緒，不能說、無法說，包裹著的情緒讓我無法靠近家。這些情緒包含了家內同父異母手足間的踩踏，對母親的性道德汙名，以及家人爆衝式情緒所帶給我的衝擊。

「三字經」是我們家男人不高興、吵起架來或攻擊別人時常用的言語，父親罵母親、同父異母哥哥罵母親、父親罵不聽話的兒子，尤其當年正雄哥哥跑去賭博時，父親更是拿著扁擔、口出惡言，不堪入耳的辱罵方式讓人難受。

而母親悲傷時「啜泣式，一股腦兒全部倒給你」的說話方式；忙碌顧雜貨店的二姊暴躁、權威命令式的說話方式，我都默默承擔、累壓。這些難受的情緒讓我想到家就怕、不敢靠近。一九九八年，三十五歲的我第一次寫下我對家的疏離。

艱難的期末報告

我的疏離與我的家

爸爸又住院了！每年到了冬天，爸爸都得去新光醫院報到，每次都是感冒引起的肺炎。一到病房看到爸爸，我就問他我是誰，這是我們全家人的遊戲，因爲爸爸已九十四歲，我們怕他記性不好，總是用這樣的方式刺激他，要他記住我們每個人的名字。爸爸想了好久，說：「阿惠」（他把我當作姊姊），在旁的家人都說爸爸的記性實在太差，當一旁的「慶協」（我的先生）也問爸爸他是誰時，爸爸馬上鏗鏘有力地用國語說：「程慶協」。對於爸爸這樣的表現，我一點都不覺得意外，因爲我已經好久沒問他我是誰了，也已經好久沒回家了。自從結婚後，「慶協」輕而易舉地取代了我在爸爸腦中的記憶，我似乎一點都沒有在乎過，因爲我是多麼多麼討厭他、討厭我的家。

小學一年級上健康教育課時，老師問大家：「每天都洗澡的人舉手。」當時約有十多位小朋友舉了手；老師又再問：「兩天洗一次澡的人呢？三天的人呢？」舉手的人愈來愈少，當問到五天洗一次澡的人時，有一位同學舉了手。記得那位同學是單親家庭，她媽媽在菜市場賣菜，就在她舉手之後，老師叫她站起來，對大家說：「○○○這麼髒，五天才洗一次澡，以後大家就叫她母豬。」從此以後，母豬便成爲那位女同學的綽號，她是我們班骯髒的代表。我呢？在那堂課我沒有機會舉手，原因是：老師以爲那個母豬是最髒的人了，就沒有再往下問，哪知道還有一隻大母豬，七天才洗一次澡，就是我。

其實，在我家不只我的身體是髒的，我的爸爸、媽媽、兄弟姊妹們一直都是髒的。他們總是爲了生活整天蓬頭垢面，跑著去送米、跑著去買菜、跑著去做任何事，忙得沒時間吃飯、洗澡。爸爸也說：「常洗澡多浪費水」、「沖式馬桶眞不好，大便不能當肥料」、「上完大號後不能馬上沖水，要等三次才沖，才省水」。在他小小的抽屜裡，總塞滿著一張張已擤過鼻涕的衛生紙；當我們要將它丟掉時，他死也不肯地說：「衛生紙旁邊沒被鼻涕黏住的還可以再擦，不許丟」，他甚至因爲一個月沒洗澡，而被我媽媽抓著進浴室……。多麼骯髒的家庭，多麼骯髒、頑固的爸爸——這就是我的家。

我的同父異母哥哥——正雄，死於肝癌。他四十九歲過世時，媽媽有很深的自責，她說她的孩子（她早將他視同己出）沒有一個是在她手上（媽還在世時）離開的，唯獨他，大概是這輩子哥哥殺生太多吧。在我有記憶以來，哥哥總是在清晨穿著黑雨靴、滿身是血地回家，因爲他的工作是在蘭州街豬宰口——「殺豬的」。因爲哥哥爲了要多賺錢養家，白天送木炭，下午、晚上賣西瓜，連半夜三點都得去殺豬賺錢，殺完豬又開始繼續幫爸爸賣木炭。

當媽媽生了七個孩子，偷偷跑去裝避孕器，被爸爸知道後，媽媽遭受將近兩個月，在街上、在鄰居面前的毒打。爸爸說：「孩子愈多愈好，我們的家族要大，山賊才不敢來犯」（都已經在台北了，一九五七年了，他卻還在想幼年時山上的土匪）、「女人怎能到醫院脫褲子給男醫生看，不知羞恥的女人！」媽媽說：「我們家已經養不起孩子了，再多個孩子會把我們家拖垮。我們已經沒米吃了，孩子都沒地方睡了，都睡在半掩的大衣服抽屜裡。」鄰居們偷偷湊錢，要幫媽媽到法院告爸爸；媽媽帶著四、五個孩子，走到台北橋上要跳淡水河自殺，隔壁一個阿嬤告訴媽：「跳死了，孩子去哪裡找媽媽？」於是媽媽又帶著孩子走回那個「兇暴、殘忍的丈夫，一貧如洗的家」。從五、六歲有記憶以來，媽媽一直在當會頭、一直在標會、一直被倒會，姊姊常帶著我去別人家討債，一次又一次總是不嫌麻煩。當有廠商來要債時（當時家中開雜貨店），媽媽總是躲在廁所裡，要姊姊騙債主說媽媽不在。有一次我不清楚那人是來要債的，告訴債主媽媽在廁所，結果被姊姊罵了一頓。小學寒暑假，小哥哥、小姊姊和我總是被媽媽逼著去後火車站補一盒又一盒可以讓小孩付錢抽牌的貨，賺取下一年的零用錢。平常或過年我們兄弟姊妹給媽媽錢，媽媽總是每天一直數、一直數著，但那些錢似乎很少爲她自己花過。

「我的家庭眞可愛，整潔美滿又安康，姊妹兄弟很和氣，父母都慈祥……」小學沒有一頁課文寫到我的家，課本裡沒有一張圖案像我的家，歌詞中我更找不到我的家；我在腦中不斷地幻想著，我想找尋著跟課本裡一模一樣的家。我找到了！我找到了！那是屬於最受老師疼愛的孩子們的家；每天孩子都洗澡，家中有鋼琴、乾淨、全家人永遠和和氣氣的家。於是，我開始喜歡結交受老師疼愛的同學，我每天下課後都去那些人的家，想感染一些些家的氣息，偷一些屬於別人家的歡樂，也慢慢地開始認同「不是我家」的家。

高中時，我選擇了必須住校的耕莘護校，原因無它，只是很想離開我的家！結婚後，我終於可以眞正逃離我的家！我開始可以建造一個乾淨、快樂、充滿希望的家。慢慢地，我的野心更偉大了，我更想找一個有綠色庭院、有尖形屋頂、離我家很遠很遠，可以完全忘記以前的我是誰的地方，需要有綠卡才能坐飛機飛到的家！

去了美國之後，我才知道自己不喜歡那種家——那種有著尖形屋頂、有著綠地，但沒有根、與外界毫無瓜葛的家。我開始擔心自己會突然死去，沒有人知道我是誰，也沒有人關心我、安慰我……。對了，我開始想起小時候的媽媽、姊姊們，我開始想念起那個原本不值得一提的家！家還在那裡吧！我要回家，我寧願住那種沒有尖形屋頂、沒有花園，但有親情聯繫的家！一起在痛苦中度過，一起挨餓，兄弟姊妹們共乘一輛三輪車，一起在颱風過後撿破爛去賣錢，那也是一種溫暖、一種情感！我很生氣，爲什麼自己花了這麼多時間，離鄉背井到了美國才知道，我是藉著與家的抽離，可以繼續做自己的工作，過著幼年無法過的「中產階級」生活，認同屬於「中產階級」表面上乾淨的、快樂的、充滿品味、希望的文化！但是，那種每天穿著西裝虛僞應酬的人我見過；有個空殼子的家，形同末路的夫妻我見過；只管賺錢、不管人命的醫師我見過，這些不就是中產階級的文化嗎？那怎麼會是我從小睜大眼睛尋找的家？那眞的再也比不上現在我眼中的家人、我的家！

「多麼骯髒的家庭，多麼骯髒、頑固的爸爸」——這是我擁有共同標記的家；「多麼不道德，只要錢、罔顧人命的殺豬人家」——這就是我努力求生存的家；「受盡凌辱的母親，兇暴、殘忍的父親，一貧如洗的家」——這就是我的家；「愛標會又學不乖、愛錢、只入不出、小媳婦般的媽」——那就是我不向環境低頭的媽！

當全家人爲了求生存、找生路，顧不得身體的骯髒時，這些骯髒具有家人一起共體時艱、節約能源的意義，也成爲家人頑強生命力的標記；就如同傷疤之於老兵，那是他頒給自己最好的勳章。中產階級是把意識型態寫在腦子裡；勞動階級者的生命力則實踐在他們的行動上。

「只要有錢讓整個家能活下去，她就贏了」，這是媽媽求生的哲學。於是，不斷標會賺錢、省吃儉用、小媳婦樣的忍氣吞聲，都成了她對抗艱鉅環境的最佳策略。沒有那時那麼有現實感的她，哪會有現在的我們？我卻用她那些原有的生存策略來貶低她、攻擊她！一個沒唸過書的媽媽，居然能記住家中雜貨店裡每一項物品的標價！若生命也能有學位的話，最該拿博士的就是她！她用她的生命打底撐起她的孩子們，而我卻在爬起來後鄙棄她！

「恨」的出口

〈我的疏離與我的家〉是怎麼寫出來的呢？其實它是我最難寫的一份期末報告。一九九七年之前，我懷抱著過中產階級生活的夢想，並努力追求它，包括：一路唸書到大學、找到經濟不錯的老公、移民過美國、擁有房子、兩個可愛的孩子，以及時髦的性諮商治療者的工作位置。我實在不敢回頭與我的原生家庭相認，因為一相認，我的中產階級生活就難以走下去。

一九九八年一月學期末了，同學們大都交了期末報告，班上一位從小被打得鼻青臉腫的孩子開始去理解媽媽為什麼要打他，爸爸為什麼要離家，以及爸媽一再地離婚又復婚的道理。而另一位出生自勞動家庭的孩子，也開始看到了屬於他們家的情感和力量[1]。同學們對自己的家庭有著不同的理解，而我呢？我萬般掙扎，望著同學的報告一直苦笑。我不敢去看我的家，因為那馬上威脅到我位階上的利益。自己從小到大花了多少力氣，為的就是離開這樣的家庭，尋找更好的家、更好的位階，奮力了那麼久，以前讓人家瞧不起，現在終於可以抬頭挺胸了，屁股才剛坐下，怎麼能走？

那一週週六下午，我到新光醫院病房看父親，我問父親我是誰，父親把我的名字叫錯，心裡滿是複雜的情緒。我看到他蒼老的臉，開始回憶起上小學前，我一再地跟前跟後，聽他講伍子胥的故事，看著他吟詩，跟著他去爬山。清晨天還沒亮時，到五股山上種竹筍，看著他做桌子、椅子、蓋鴿舍，他的認真、仔細……，他的喜歡，轉化成我的喜歡，我也學到了他的認真、仔細，我還真有點像他，不是嗎？他是我童年的生活世界，這些我怎麼已經忘記，我又怎麼可以忘記？

我衝回家，把自己關在家裡電腦前三天，我一直不停地重回記憶，眼淚像傾瀉而下的瀑布，一刻不能停止，哭累了就躺在床上讓自己昏睡，睡醒了又坐起來流淚，也不知是哪裡來的力氣，擠出那麼多淚水。

在流淚間，我認輸了！任憑屋後那座高山蓊鬱翠綠，再多的綠野森林，我也不覺稀奇！我只想認真看著我山下的家，這家人

1　參見我的論文：王淑娟（2000），《對「家」之情感與意義的轉變；一個家庭教育者的重生》，第三十九頁。

為了建造這個家，沒有人有機會去爬屋後的山，只能仰望著它，看著鳥兒飛來飛去，聆聽那山中傳奇。而我卻是等他們屋子蓋好，人老了，拿他們墊腳，一溜煙爬上山去！

三天後，我把自己最難通過的家庭經驗，透過我這陣子對我家的理解，寫成了〈我的疏離與我的家〉。

在課堂分享中，我不停地哭，有些同學也跟著流淚。我說現在還是恨我爸爸，爸爸揍媽媽時的狠，是我們一家人永遠的恨、永遠的記憶。夏林清老師提醒我：「你父親用這麼獨特的方式，他九十四歲的生命，是想告訴你些什麼？……恨是一種你們家逃生的出口。」又說：「不一定要把『恨』馬上由記憶中抹掉，把恨當作是一種社會的情感，恨是被集中在家庭沒有其他出路時的一種情緒化的出口……」

二十個孩子的大家族

務農家族

父親王查某生於西元一九〇六年（民國前六年），出生於五股鄉德音村外寮山上。祖先於乾隆末年由福建乘船來到台灣，本想在台北市大稻埕或萬華附近落腳，但一看周遭荒草遍野，到處是水，不適農作，於是找到了遍地是紅土、適合農作的五股外寮山上，族人開始以種茶及甘薯維生。

曾祖父王媽接與曾祖母陳快生了三男五女，女兒全部送人當養女，而自己領養了一個童養媳李匏（我的祖母）及養子王添丁

（我的養祖父），而父親的生父王興（我的祖父）原是王家長工，與祖母生下三個孩子，老大是個女兒，出生不久就送人當養女，後來跌到大尿桶中死亡，父親排行第二，接下來又生了一個兒子王德成（我的叔叔）。王洪勸，本名洪勸，四歲來到王家當童養媳，因為當時洪勸的生父死亡，洪勸的母親無法養孩子，所以把她送來王家，原本是要給父親作媳婦，後來父親與呂惜結婚後，才跟王德成送做堆，成為我的嬸嬸。

當時是務農年代，人力就是重要的勞動力。曾祖父母眼見家中長工王興（我的祖父）與從小抱來的童養媳李匏（我的祖母）已生育三名子女，擔心兩人一旦辦理結婚登記，家中的童養媳李匏就會被帶走，無法留在家中繼續工作，於是偷偷將李匏（祖母）與王添丁（我的養祖父）辦理了結婚登記，李匏也就無法被王興帶走。後來，王興（祖父）被王家趕走，二十四歲時死亡，當時父親才三歲。

父不詳與王先進

父親從小就跟著祖母相依為命，我的養祖父王添丁與我的祖母感情並不和睦，養祖父愛戀著村中寡婦，時常往別人家裡去，且從不負擔勞動家務，是村中有名的浪蕩子。嬸嬸王洪勸形容養祖父：「衣袖穿得長又長（表示不用做事），只是回家來吃飯。」

從父親懂事以來，父親身分證上的「父親欄」總是畫著「———」（父不詳），這件事讓父親很是感慨，既沒有生父的照顧，養父又終日不見人影。他時常被同伴嘲笑是私生子。

身為私生子一直是父親心中的痛，年輕時為了生計奔波勞碌，一直無法查明身世，到了年老時才有時間，輾轉詢問較年長的族人，至五股鄉公所查遍戶籍資料，直到八十歲時，得知他的生父叫「王興」。我記得父親在祖先牌位前一邊流淚、一邊笑的景象，彷彿一個老人家尋得了八十年前繫在他身上的臍帶，一時之間，他的皺紋上注入了新的光彩！

父親小時候一直在山上放牛、放羊，養祖父不讓他唸書，叔公（父親的叔叔）王山豬告訴養祖父：「你不讓他唸，我要讓他唸。」父親十歲時才有機會到來回須步行四個小時的泰山國小就讀。嬸嬸王洪勸說當時村中只有三個男生能唸書，父親是其中一個。父親非常愛唸書，每每邊看管牛隻邊讀書，書中滿是紅色毛筆字的圈點，六年後第一名畢業，老師以「王先進」來稱呼他。

一九二一年父親小學畢業後，問了叔公（父親的叔叔）他可不可以繼續唸書，叔公說再看看，之後沒有了下文。得不到叔公的金錢資助，無法繼續求學，之後透過叔公介紹，先在基隆一家日本人經營的船具公司上班，後來才到日本人經營的三井煤礦公司擔任礦場書記的工作。

嬸嬸王洪勸常說父親是個很有規矩又很孝順的人，到三井工作，一領到薪水，信封都不拆，下午就拿錢到山上給祖母。夏天才剛到，父親就剪冬天的布，要給祖母做衣服。祖母很會做事，掌管茶園大大小小的事，而養祖父在山上只負責賣茶葉，收了錢從不交給祖母，於是祖母發不出薪水，父親覺得祖母在山上實在太辛苦，到基隆工作不久，就把住山上的祖母、阿里（父親的同母異父妹妹）及嬸嬸三人，接到三井宿舍同住。

嬸嬸王洪勸說山上日子好苦，每天吃蕃薯；個子還很小、還盛不到飯時，就要幫忙做家事；家事做不完還要被嚇唬，要在喉嚨裡頭插筷子。說到三井宿舍，是嬸嬸最愛！嬸嬸是個山上孩子，當時十五歲才跟著父親下山，看到了外面的世界，三井倉庫好大，下雨天可以在裡面玩，不像在山上整天要忙碌做粗活——養雞、養鴨、養豬、看牛、挑水種菜！又說：「你爸爸很疼我們，飯都幫我們盛好，每餐吃白飯，我們一直盛，都不怕沒飯吃；你爸爸都幫我們一根一根挑魚骨頭，因為山上的孩子哪裡吃過魚，你爸爸深怕我們噎到。」

父親在三井時認識第一任妻子呂惜，二十二歲結婚。呂惜非常好賭，可以為了賭資欺瞞鄰居，說她的親戚死掉，需要錢安葬；可以三餐不顧、棄孩子在家，免得賭博時，孩子在身旁礙手礙腳。當時屬於童養媳的年代，呂惜把四個女兒都送人當養女，自己帶著四個兒子（後來共生下五男五女）。她常遭父親打罵，因為父親常需要幫她還賭債。

我的母親是養女

母親王莊英一九二二年生，其父黃進，其母黃周却，基隆市七堵人，到青銅坑種田、採茶為生。莊英的生母共生了六個孩子，莊英排行老五，其生父去青銅坑種田，生活艱苦，為了養活一家大小，無力照顧幼兒，於是在莊英出生第三天即將她送給當時正在青銅坑做礦工的莊陽、蔡美桃夫婦當養女。

每次說到這裡，母親總是一再嘆氣，她埋怨生母狠心，把親生的孩子送人。後來母親自己生養了八個女兒，無論怎麼辛苦都沒有把女兒送人，她說吃好、吃壞，孩子總是在自己身邊看得到。

莊陽、蔡美桃夫婦住在望古村深山，其父母（我的外曾祖父）那一代有三十多甲地，原本種稻、種茶維生，日本人來了以後，一九二六年在平溪鄉嶺腳附近發現煤礦便開始開採，我外曾祖父母那一輩的莊家人，決定棄農作到礦場工作，因為可以賺更多錢。

莊家養父母的家境比生父母家好，也很疼愛莊英。其養母蔡美桃，剛面臨第一個孩子莊秀兩歲得白喉而死的苦痛，又沒能再懷孕，於是把莊英抱回家來吃奶。兩、三年後，接連著蔡美桃又生了一個兒子莊元永，出生三天後就死亡。蔡美桃只好請來清水祖師的令符，且準備一副豬肚加以祭拜，叫作「換肚子」（換子宮），換了肚子才能留住孩子，後來在一九三〇、一九三三年接連生下了兩個女兒莊桂及莊乖。

由於居住望古村深山，到十分國小唸書來回需三小時路程，又沒有同伴同行，母親無法去唸書、不識字，小時候就要做很多家事，八、九歲時人還不夠高，就必須拿椅子墊腳杵米、去殼（用八斤重的槌子一直使勁地槌，去掉米殼），煮稀飯、餵豬、養鴨、種菜並照顧妹妹。

沒唸書、不會寫字一直是母親很大的遺憾，婚後開雜貨店需要計帳、記貨品價格時，她無法書寫，總是用腦筋硬記著。記得我唸小學時，母親還說老師教什麼，你回來就要教阿母，總拿著一張紙練習寫簡單國字。其實，生養那麼多孩子，母親哪有時間唸書，等到孩子大了，十個孩子都唸了書，她還是只會寫她的名字及歪七扭八的數字。

礦坑遇父親

當時嶺腳盛產煤炭，母親在十六、七歲時便開始到礦坑洗煤炭賺錢，慢慢地就換成到礦坑外剷煤、推運煤車，只做一年多便不敢做了，因為運煤車好危險，每次下坡時整輛礦車快飛掉似的，常常車速太快就會把整輛煤炭車弄翻了，而且母親又怕鬼，她說天黑了整個山谷黑漆漆，她一個人推著車，好恐怖。接著便去做水洗煤炭，一天賺三百八十至四百二十日元，後來覺得工資太低，十九歲到二十四、五歲間，則到礦坑內剷煤及將坑內炸開的石頭搬運出來，此工作較危險，所以一天約有七、八百日元的工資。

母親在二十歲時認識父親，父親當時三十六歲。呂惜的妹妹白氏桂及妹婿蔡石勇在平溪買下「永昌炭礦」，要父親幫忙做會計，於是父親就來到平溪擔任坑外書記，負責礦工白米及煤的配給。母親說當時父親管很多工人，很凶、有威嚴，每次跟爸爸要配給的煤炭，爸爸都會說炭那麼重不要用，要母親自己去撿柴。每次領配給米時，母親都不敢跟父親要，都等到父親下班後才找別人要。

當時祖母、父親、呂惜及一堆孩子俊英、麗珠、俊德、正雄都住嶺腳，祖母李匏幫忙帶孫子，呂惜也進礦坑推礦車，但她很愛賭博，常常只做半天就不見人影。姨丈蔡銘秋[2]當時負責管理工人，常對呂惜說：「你常常不見人影，可以不要來工作了！」

2　蔡銘秋為莊桂招贅的夫婿。

父親與蔡銘秋同是管理階層，父親常得去求情，蔡銘秋才又讓呂惜工作。呂惜的好賭讓父親非常惱怒，夫妻感情並不和睦。

有一天母親推礦車的友伴開玩笑似地說，要為父親介紹女朋友，說出了兩個女孩的名字，其中一人是母親，問父親喜歡哪一個？父親說另一個女孩較漂亮，母親莊英較溫馴，其實父親較屬意母親，但他回答母親的友伴：「莊英與她媽媽感情那麼好，莊英的媽媽哪裡捨得讓莊英跟我在一起？」有一天母親的友伴跟莊英說，其父母都不在家，希望莊英晚上來陪她過夜，而母親的友伴也約了父親到她家，母親說當時她是鄉下女孩，什麼都不懂，而且平常看到父親就怕，父親一進房門她哪敢反抗，於是我的父母發生了性關係。之後，母親莊英在二十一歲時與父親生下大哥，當時父親與呂惜仍在婚姻關係中。母親說著說著哭了起來，她說生平她最討厭踩踏別人家庭的人（第三者），但就是在這種狀態下懷了大哥，後來才會讓呂惜的孩子那麼怨恨。

父親跟莊英的養祖父莊陽是同事，父親負責坑外，莊陽負責坑內。下班後，父親常藉機到莊英家跟莊陽喝酒。當時鄉下晚上沒有燈，黑漆一片，喝醉酒後，趁大家熟睡之際，父親就會偷偷留下來跟母親一起睡。當時養父母都沒發現，好一段時間後才在某天清晨，發現父親怎麼睡在莊英房間；父親仍持續地去找母親，呂惜也知情；母親說當時呂惜並不反對他們在一起，因父親與前妻呂惜之前曾去算命，算命的說父親有兩個老婆的命，且自從父親認識母親之後，就不再因呂惜賭博而打罵她，所以呂惜對母親很好，告訴母親：「我們一起吃、一起穿」，還剪布給母親做窗簾。

監獄、離職、喪親

爸爸離開嶺腳的永昌炭礦，來到五堵日本人所開的「南海興業會社」當書記。會離開平溪，其實是因為我的同父異母大哥俊英進了監獄。

一九四四年某天永昌炭礦的洗澡間著火了，後來查明燒洗澡水的炭堆離洗澡間太近，工人用炭燒洗澡水時火太旺了，火星蔓延開來。礦場老闆蔡石勇向警方報案說是俊英點火的，俊英被抓去關，當時日據時代法律非常嚴格，爸爸很憤怒地跟老闆吵了一架，於是離開了永昌。爸爸辭去工作，在嶺腳火車站碰到媽媽的親戚，告訴父親五堵缺一個礦場主任，爸爸就一個人先跑了去。稍作安頓後，才把呂惜、孩子一起接去。

來到五堵，接二連三地家中親人一個個死去。先是大兒子俊英在獄中得瘧疾，獄中通報家屬得帶回去，出獄沒幾天就去世。之後，呂惜參加其姊姊喪禮，看了棺木「封釘」後中了煞氣，全身發黑，找醫師也無法處理，第三天連同腹中七、八個月大的孩子一同去世。呂惜過世後，祖母在家幫忙照顧孫兒，為了做草鞋去刈草，在山上摔了一跤，不小心跌倒後過世。

兩年中，共死了四個人。媽媽說，這時的父親可憐極了，又哀又窮，先是哀傷大兒子入獄，後來是親人一一死去，爸爸窮到兩眼無神、走路嘆氣，窮到沒有棺材本。

媽媽是後母

一九四六年呂惜死後，祖母李匏曾問母親要不要到五堵，不然父親想娶一個已經不能生育的女人。母親當時沒說話，心想不可能有人會想嫁父親，因為父親的孩子太多，當後母很辛苦。起初父親沒下聘，母親怕會讓人覺得她是跟人家跑，後來父親已下了聘，但母親仍然不想跟去五堵。因為五堵家中人口眾多，父親、祖母、明璧、麗珠、俊德、正雄、正峰都在家，若跟去五堵一來會增加父親負擔，因為父親是主任，不一定會讓母親工作，況且父親過去常常這個月薪水，上個月已先預支完。如果母親不能工作，家中經濟就更不好過；二來是留在平溪，母親還可以自己賺錢養孩子；第三是母親覺得祖母太節儉，不想與之同住。

而一九四七年祖母也過世後，五堵家中五個孩子乏人照顧，於是父親再度央求母親來五堵。母親說，看到父親加上親人一一死去的窘境，也念及呂惜生前待母親好，於是答應了父親，到五堵幫忙照顧呂惜的孩子。

當時母親在嶺腳，大哥正喜五歲，大姊美玉才剛滿月不久。外祖父母沒生兒子，孫子輩也沒男孩，所以非常疼愛小外孫正喜，曾想把正喜報為自己的兒子，被戶政人員制止；母親也不知道到五堵能不能過活，於是把正喜留在嶺腳讓外祖母照顧，只帶著剛滿月不久的美玉去五堵。

母親不識字，不認得去五堵的路。當時父親上班，找來好友黃森林去接她。母親抱著手中剛滿月的大姊，向鎮上探頭的人一一告別，沉重的步伐伴著懷中大姊的哭聲，她頭也不回使力地踏上火車，隨著那一陣哀長的汽笛聲，她知道這一去青春歲月不再，告訴自己再多的苦也不能訴，這是她自己選擇的一條不能回頭的路！隨著火車的遠離，那煙囪裡濃郁、杳渺的煙已飄向遙遠的天際！

母親到五堵，家中呂惜生的五個孩子怯生生地看著她，她現在是前五個孩子的後母，懷中剛滿月孩子的媽。本來給呂惜妹妹白氏桂當養女的十三歲麗珠，常遭養母打罵，又因為俊英縱火事件，父親與蔡石勇結怨，麗珠就偷跑回家住。十一歲的阿璧是唯一沒有送人當養女的女兒，接著三個兒子俊德、正雄、正峰分別是九歲、七歲及三歲。

在五堵四年間，母親接連生下了淑貞及明霞，只能靠著父親當礦工書記的薪水養家活口，當月薪水早就在幾個月前預支光了。母親每天辛勞工作——挑水煮飯、提著尿布和破衣去井邊洗衣，在尿布堆、菜園裡、煮飯、借錢及一大群孩子的生活中過日子。

母親來到五堵，並沒有急著跟父親辦理結婚登記，生下淑貞、明霞都報為私生子，生活忙碌，也不知道跟爸爸是否住得慣，所以遲遲未辦理。直到一九五六年，大哥正喜上初中時，為了讓正喜改姓王，父母才辦結婚登記，正喜、淑貞、美玉、明霞的父親欄才有了父親名字，也才從姓莊改姓王。

一九四五年台灣光復，日本人慢慢撤離台灣；一九五一年日本人經營的「南海興業會社」礦場解散，父親丟了工作，能去哪裡？一九四九年叔叔王德成先到台北賣煤炭，父親投資了幾百元，但叔叔愛賭博，錢都花光了，於是父親想到可以自己來台北賣煤炭。

父親最後還去收了許多南海礦業的錢，當時國民政府呼籲民眾，要把日本人遺留下來的錢交回給政府。父親說：「沒交回，萬一被政府抓走，家中一堆孩子沒得吃，怎麼過？」後來，幾千元全部交給國民政府，姊姊說當時的人一天才賺幾塊錢而已。

錢！錢！錢！若我們家有了幾千元，那該多好，我們不是很窮嗎？全家人直感慨那些錢為何沒有落在我家！堂姊王金鑾直說爸爸實在笨又膽小，大哥說父親清廉不貪，我想爸爸是為了全家人的生存而只好保守，否則他去坐牢，一家大小生活怎麼過？

日本人走了、礦場解散後，父親帶著妻小八人賣了所有家當，包括幾隻鵝、父親留下來要蓋房子的木頭，才湊到一千六百元。母親說當時來台北賣碳需要兩千元，錢不夠還是得走，於是一家人離開了死了四個親人的傷心地——五堵。母親說，住五堵的日子雨總是下個不停，陰雨、晦氣、潮濕，連人的心也滴著雨。

這家人的命運，怎麼陽光一直不露臉！還不如離開，離開那晦氣、陰雨，摸黑到人多的台北，等待明天的陽光！母親說當時不知哪裡來的勇氣，帶著一群孩子硬是要找路。

台北街頭赤腳小販

一九五一年父親來到台北，在重慶北路三段五十七號落腳。租了約十坪大的房子，外面空地隨便用木頭圍一圍便賣起了煤炭，母親也兼賣米，叔叔王德成幫忙父親挑煤炭，挑煤不到一、兩年就得了肺結核，一九五五年農曆大年初一過世。

到了台北，父親從原本坐辦公室的礦坑書記脫下了鞋子，變成赤著腳、頭戴斗笠、肩挑扁擔賣煤炭的粗人。有回父親一如往常，滿身汙黑肩挑煤炭賣給別人，一進門才認出對方是父親的小學同學，那人叫「黑石」，腳穿皮鞋，坐在家中躺椅，開著電風扇猛吹。父親把斗笠戴得更緊，臉壓低，深怕對方認出他是誰。父親是班上第一名畢業，而今流落街頭赤著腳賣煤炭，他心有不甘又慚愧！

父親賣煤炭十七年，一九五一年初上台北買犂甲拖煤炭，再用扁擔挑煤炭到人家家裡，一九五六年才買了三輪車，直到一九六八年台北市禁止燃燒生煤，無法再賣煤炭。一九六六到一九七〇年家中仍持續賣焦煤、煤球一陣子，一九七一年改賣木炭，一九七二到七三年台北人都改用瓦斯，連木炭也沒賣了。一九六八年父親慢慢退休，改協助盈豐行雜貨店的開店、送貨、綁酒瓶等雜務。

大家鋌而走險

真是貧窮的年代！我們窮、小偷窮、運煤司機窮、流氓窮，大家都鋌而走險！父親唯一的弟弟王德成病了好久，早已不能挑煤炭，在一九五五年大年初一清早走了！狗吠、哀號，真是不祥的預兆！當時政府規定肺癆死亡一定要用火葬，出殯那天風雨交加，我們家中竟然遭小偷，偷走了毛線衣和衣服。淑貞姊姊說那個年代一般人家中根本沒有錢，小偷偷不到錢，就偷衣服。

運煤的卡車司機常半夜兩、三點來敲我們家的門，賣走私的煤炭給我們。卡車司機從煤礦開出車後，會在半路上偷偷下貨，成本只要原來的一半價錢。卡車司機兩、三天來一次，爸爸就趕快向水電行葉仔調度現金。我們家也靠走私煤多賺了一些錢。

爸爸買走私煤，引來了流氓的覬望，三、五個人手一伸，想揩油。爸爸拿起扁擔，一聲吆喝，嚇得流氓相互擠眼色，急忙走開。爸爸說他可是在礦場管幾百個工人的，聲音、力氣誰能比，那些流氓真是不知道爸爸的底細。

小流氓能惹，警察可惹不得。我們家的煤炭場是違章建築，警察為了拿紅包，沒多久就會來走走。爸爸說那些小混混只要一吆喝就嚇得走；警察可是大流氓，硬是不能惹。

久蟄鄉下，必無前途

一九四七年母親帶著大姊到五堵找父親，將五歲的大哥正喜留在嶺腳，由外公、外婆扶養長大。當時平溪盛產煤礦，小學畢業後，大多數人會去當礦工。外公及所有親戚都是礦工，大哥大概也無法例外，沒想到父親寄來的一封信改變了他的一生。

當時平溪國小共八班，六年級分孔班及孟班兩班。正喜念的是將來準備當礦工的放牛班孟班。當時離畢業只剩下三個月，被正喜稱為恩師的級任老師羅發逞告訴班上同學：「你們放牛班的，小學六年即將畢業了，總不能連一封信也不會寫吧，你們在課堂上寫一封信給爸爸、媽媽吧！」。

當時正喜十五歲了，心想：爸爸、媽媽很少看過正喜，如果寫信去台北，不知父母會不會覺得很奇怪？但也總得要寫吧！當時連地址也不會寫，只寫台北市揚雅里第幾鄰幾號，什麼路都沒有寫，竟然郵差也送到了。

信中的大概是說小學六年級即將要畢業了，正喜讀的這一班是不要升學的班，但想到畢業後要去做礦工，沒有其他好的發展，其實正喜也很想考初中看看。

驚訝的是，爸爸收到信不到十天就回信了，還寄了到學友書局買的兩本參考書，一本是學友、一本複習的。他寄信到學校，信中的意思是說：你留在鄉下沒有前途，只能當礦工，你要升學我很高興，寄上參考書，你趕快去拚。正喜還記得當時他看不懂父親用的字「久蟄鄉下，必無前途」，還特別去查了字典，這句話注定改變正喜的一生。

羅老師收到信後就問正喜：「你要升學嗎？為什麼這麼晚才告訴我？」正喜說：「我心中是這樣想啦，我也不知道爸媽這麼重視！」羅老師說：「現在離考試只有兩個月，我如何能輔導你參加考試呢？」正喜答：「盡我所能考得上就考，考不上就算了。」羅老師說：「明天開始你不要來班上上課，到我宿舍來，我盯著你寫練習題。」

就這樣，正喜一早五點多起床，去老師宿舍幫老師起風爐、煮早餐。老師每天出練習題，正喜一直寫，熬過一個多月，去考省立基隆中學及基隆市立中學，結果考上基隆市立第一中學。當時平溪國小孔班有十多位考上，但孟班兩人赴考，兩人都考上。

正喜考上了，非常高興，後續口試的過程卻很曲折。考上後，要升學的同學又留校繼續準備考其他學校。有一天羅老師發現怎麼孔班都不在，感覺應該有大事，就努力打聽到原來今天是基隆市立第一中學口試的日子。糟糕，怎麼沒收到通知呢？羅老師催促正喜趕快準備去基隆，陪著他一路追趕。那時火車只能坐到侯硐（原名為猴洞），師生倆就從侯硐走了三、四十分鐘到瑞芳，在瑞芳等公路局再坐到基隆市，到基隆市再坐公車到基隆一中，報到時已經兩點多，口試到三點半結束，還好即時趕上。

多虧父親的那一封信和參考書，以及羅老師的協助，正喜才得以繼續升學。羅老師已經八十三歲了，正喜大哥都會拿著紅包去探望他，感謝過去羅老師的照顧。

之後，爸爸、淑貞陪正喜去基隆註冊，當時還去同父異母姊姊阿娥及麗珠家。父親帶正喜去買一雙長統皮鞋，還買了童子軍衣服、領帶。那是正喜生平第一雙鞋底是皮的、沒黏橡膠的皮鞋，爸爸說要買就買好一點的。正喜回憶當時的心情，從出生以來沒那麼快樂過。

上初中（一九五六年）後，正喜就跟大家一起在台北生活。

債台高築

一九五七到一九六一年間，是我們家最苦的日子。一九五七年爸媽標了幾個會，賣炭、賣米，省吃儉用，花了一萬多元買了重慶北路三段一一三巷一之三號的地。經常賣炭給父親的商家顏賜碧常讓父親賒帳，父親感激在心，於是用地契替他作保，商家顏氏倒了，我們家房子被查封，爸爸到顏家去要債，顏家夫妻落跑了，留下一群孩子沒東西吃，爸爸看了心軟，反而掏錢買東西給孩子吃。父親要不到錢，於是母親四處借錢，跟舅舅黃萬借黃金項鍊，跟明璧姊姊借三千元，用一萬多元把房子贖回。房子贖回了，為了買房子標的會又被倒好幾萬，家中債台高築。

緊接著一九五九年八七水災引發米價上漲，家中沒有了賣米的本錢，無法再做米生意。而家中能工作的三個男丁接續去當兵，只靠爸爸肩挑煤炭，媽媽則忙著照顧孩子、做家事、借錢，一家十二口幾近窮途末路。

人走到窮途末路，總是要想一些方法活下去！只要能動的人，不管年紀多大、用什麼方法，全在為生存找路！

以前經過台北橋，我會為撲鼻而來的臭味感到厭煩，埋怨淡水河怎麼這麼髒，何時要進行整治；現在同樣經過台北橋，我的心卻是沉重的，從汽車開上長長的斜坡開始，我的心會開始抽痛、我會開始流淚，這是二姊告訴我的故事。

四十年前，殺豬的哥哥正雄在當兵前，為了幫忙家中生計，每天替人搬運別人偷宰的牛，因為偷宰牛就可以逃掉稅金。當時從台北運到三重，一定要經過台北橋，台北橋上又有憲兵及警察會檢查來往的三輪車。哥哥用一輛三輪車下層放殺好的牛肉，上層放滿了煤炭作掩護，以防警察檢查。

但牛和炭那麼重，哥哥在上坡時根本推不動，唸小學的幾個姊姊都在台北橋頭，約好時間等著哥哥的三輪車，一起幫忙推上橋。姊姊說當時水泥工一天才五十至六十元，偷運牛肉一天運個幾回，可以賺好幾百塊錢。牛好重，有七、八百斤，後來哥哥拉到太累，從嘴巴吐出鮮血。我的家人就是這樣苦撐著。

前娘的孩子怨後娘

日子那麼苦，正雄每天扛木炭、賣西瓜、賣米那麼累，卻吃不到米，吃不飽。同父異母的哥哥們總是一再埋怨媽媽，一鍋粥撈不到幾粒米，更埋怨媽媽一直生女兒為何不送人，為何生了一群孩子要來拖垮大家，害大家沒得吃穿，這個家簡直是個無底洞。媽媽說，自己曾當過別人的養女，知道當養女的辛苦，也看過村莊裡的許多養女受人凌虐，再苦女兒也要帶在身邊。後來爸媽就告訴家中的女兒，哥哥做的是前線工作比較累，先吃飯；女兒做的是後線，等前線吃完才能吃。於是，在我們家，前娘生的哥哥下了桌，後面的孩子才能上桌。

除此之外，不知從何時起，前娘的孩子有一種傳說，就是「後母害死了前娘」。他們認為呂惜參加喪禮後三天內死亡，死因可疑，於是萬種猜測、推論出籠，已經當人養女的阿娥，回家來看即將當兵的弟弟俊德，除了列隊送行外，更用浴室中洗臉的毛巾擦她的雙腳，百般挑釁。他們一直傳遞著一種訊息，後母侵佔了我們家，我們也不是好欺負的。

同父異母的哥哥俊德，是讓爸媽最頭痛的孩子。偷別人的腳踏車、小轎車，扛著煤炭賣錢後，錢總是不拿回來，到處花用，爸爸便不再讓他挑煤炭，後來也因為種種因素，被父親趕出了家門。媽媽說，她剛到五堵時俊德才九歲，以前跟俊德很有話講，後來就變樣了。俊德對媽媽有許多怨恨，拿著刀、滿口髒話，罵媽媽搶人家老公，只配作婢女的命，只配幫他們洗衣服；也曾說爸爸的錢三分之二都是被媽媽拐走的，媽媽不知道撈了多少錢給這堆女兒。他們埋怨後母帶來一群孩子拖垮了全家，不然這個家不會這麼辛苦，更覺得後母害死了他們的母親，搶了別人的丈夫。

女兒開始工作

大姊美玉一九六〇年小學畢業後，知道家裡窮無法繼續唸書，馬上投入工作行列。在短暫嘗試幾個工作未能成功後，才在一九六二年三月進天美服裝公司工作。那時天美服裝在延平北路有五層樓，三、四樓是車衣部，共一百多個女工。其實當時美玉在堂姊那邊只車過腳踏裁縫車，只會車直線，本想應徵修線頭的童工，但媽媽打聽到車衣服賺的錢比較多，就帶著美玉去找老闆娘，說她女兒要來做車衣服的工作。

到了天美，老闆娘拿了一件短褲要美玉試做，一拿到褲子，根本看不懂是褲頭還是褲尾，電動裁縫車一踏針縫得飛快，心也快飛出去，頭都暈了。美玉隔壁坐了一個人叫罔市，人很好，大概跟母親同歲，她一步步教著美玉做，一件做好已經一天了，老闆娘就說這樣不行，太慢了！佔了一個位子！母親求老闆娘，說三個哥哥在當兵，讓她賺一些給三個哥哥的零用錢。回家後，母親對美玉說，看你在車褲子，我的頭都昏了！鄰居湯金藤的兒子比我們的女兒還大，還在讓他媽媽洗澡，而我們家美玉年紀小就已經工作賺錢了，說著說著母親就落淚了。

經過一個月，美玉順手多了，從早上七點半工作到晚上十一點左右才回家。爸爸都會關心地問今天做了幾件內褲？當時每天做三百六十件至三百八十件，每件工錢兩角七毛錢，後來工廠有新產品都讓美玉先試做，那時裁剪師父一個月賺三千元，美玉半個月就領了四千多元，一個月八千多元。美玉一拿到薪水袋就全部交給爸爸，爸爸感動地哭了！說一個嬰仔屁賺得比大人還要多，當時美玉心裡只想著要多賺一些錢給爸爸，不希望看到別人來家裡討債，爸爸卻沒錢還別人。

老闆娘對罔市說還好沒辭掉美玉，那時候全工廠一百多人，美玉是領最多薪水的女工。領錢日前幾天，好幾個同事要跟美玉打賭，領最多錢的要請客，美玉心想哪來的錢請客啊！同事們也想約美玉跳槽，至延平北路衣服訂做店、孔雀成衣廠或天鵝牌成衣廠工作，美玉想了想就作罷，因為如果跳槽到別家成衣廠而不適應，到時會兩頭空，家裡的負擔不是更重了嗎？想想也就放棄了。

假日同事常邀美玉去郊外玩，但美玉從來不去，因為她要在家幫妹妹做衣服，讓她們有新衣服穿。美玉從十六歲（一九六二年三月）做到二十三歲，共做了七年，跟姊夫林祖田結婚前一天（一九六九年二月十一日），才辭掉工作。

從幾個罐子開始的小雜貨店

二姊淑貞一九六一年六月小學畢業就開始當女工，去穿了三個月的塑膠花，又到大龍峒覺修宮對面去做了兩個月的日曆，當時工資一天十元，但老闆跑了，沒拿到工資。只好又到五代成衣廠，一天工資也是十元，心想工資這麼低還要幫人家掃地，做了一天就不想做了。

正巧鄰居阿乖的小雜貨店是個違章建築，隔壁家要蓋房子，它擋在路中間要被拆掉，留下幾個糖果罐給了我們，我們又去圓環買了幾個罐子，就在一九六二年初開始在一一三巷一之三號經營起小雜貨店。從一九六二至一九八二年，一開就是二十年。

一九六二年剛開始先賣糖果、抽組，那時也會蒸菱角、螃蟹來賣，剛開始一天才賣兩、三百元，後來可以賣到四百元。一九六四年開始賣菸酒，生意才好起來，當時用兩千元向對面雜貨店的阿婆買菸酒牌，因那阿婆年紀大了不想做了，而一之三號因為土地還沒有錢過戶，不能申請菸酒牌。

我們的雜貨店不但可以記帳，而且外送到家。米、碳、酒、汽水其重無比，我們都得扛到別人家裡去，我們家人粗壯的手臂就是這樣被訓練出來的。二姊淑貞是我們雜貨店的老闆娘，大小事全靠她，爸媽則是她的副手。我們讀書期間，幫忙看店是共同的記憶。

媽媽的小腿曾經因為夏天天氣過熱，可口可樂瓶子炸開弄傷小腿而縫了好幾針；二姊送貨到別人家時，大腿被狼狗咬傷；六姊颱風天跟著二姊去迪化街補貨，腳被玻璃刺傷而流血不止。雜貨店是我們家經濟的重要來源，再辛苦大家也努力撐著。

一寮豬[3]怎麼沒有一隻可以殺？

媽媽說，爸爸是個讀書人，嗜書如命。爸爸一直埋怨他的生父死得早，所以沒人可以栽培他，只能讀到小學畢業。嬸嬸說，父親畢業後就自己一邊工作一邊找私塾讀書，曾拜當時漢學名儒李碩卿為師，記得父親最愛《三國演義》，每字每句都用紅毛筆圈點。大哥說，他那麼愛唸書，也是來台北受父親的影響，爸爸賣完木炭、吃完晚飯後，最愛在屋前炭場前飲小酒，吟詩作對。

媽媽說，爸爸什麼都能省，讀書卻不能省。爸爸只有一個原則，考上公立的就可以唸，私立的他栽培不起。

初到台北，同父異母哥哥俊德小學畢業，生活太過忙碌，也沒有幫他找學校，等到想讀書時學校已經開學。父母帶著俊德到市商（初中）找老師給孩子唸書，老師說沒位子了，下次再來。父親初到台北，不知初中要考試，竟跟老師說沒位子，我們自己做桌椅，做好了送來，我們可以隨便坐角落邊，引起老師捧腹大笑。爸爸還自嘲，自己真是鄉下來的土包子。

三姊明霞說，小時爸爸常帶她經過蘭州街口的市商[4]，每次

3　此為台語發音，「一寮豬」為「一窩豬」的意思。

4　當時士商位於現在蘭州街的蘭州國中現址。

爸爸總是跟她說，長大了來唸這一所，以後進銀行工作。當時市商是很好的初中，明霞說，爸爸講的每一句話她都記住，她拚命讀書考進了市商，畢業後半工半讀繼續念北商，也進了銀行，直到現在做了四十年即將退休。一九六三年，姊姊考上市商了！註冊當天，明霞從一早就著急地一直等，雜貨店一直賣不到兩百元，直到下午註冊快結束時，終於賣到兩百元，才趕著到學校繳錢。

小時候很窮，少有機會吃烤魷魚，每次聞到街頭烤味香，總讓人垂涎欲滴。爸爸於是來個明文獎勵，只要考前三名就有一隻烤魷魚。但是講歸講，硬是沒有錢買，明霞說她的筆記本裡已經記下了幾十次前三名，一直盼、一直盼，也不敢講。有天父親很晚從瑞芳回來，偷偷塞給明霞一隻烤魷魚，明霞好高興，但家中人多不能太張揚，整晚躲在棉被裡用力嚼，怎料到隔天起床吃腫了下巴。

爸爸跟媽媽說：「要孩子多唸一點書，養了一寮豬，怎麼沒有一隻可以殺？」大哥拚命唸書，夏天太熱，家中又沒電風扇，每天早上五點就到巷口的路燈旁唸書，這個燈太暗就走到另外一頭去唸，後來考上中興大學法律系。他說，能考上大學都是巷口路燈幫的忙。於是，大哥成為我們家第一隻可以殺的豬。

爸爸的好

在母親心中，爸爸是個識字、有學識、懂漢文的讀書人，他不但人高、有學問，而且在礦場管好幾百人，是個很有威嚴的人。

母親說，雖然爸爸打過她，但只有她去裝避孕器那一年打了兩個月。除此之外，她體會出爸爸的好，她一連生了八個女兒，爸爸都沒有責備她，還讓她把女兒們留在身邊扶養長大，不像鄰居有些女人一生女兒就被打得要死要活。爸爸對兒女都一樣疼，每次扛完煤炭回到家，一堆女兒都要他抱，他很疼小孩。

二姊說，爸爸非常細心。小時叔叔得肺結核，帶著叔叔到瑞芳看醫生，二姊也會跟著去。每次出遠門回到家，二姊還在睡覺，爸爸都輕輕地把她抱到床上，生怕吵醒小孩。之後二姊結婚生子，也都記住了爸爸對她的好，讓她也會細心對待自己的孩子。

一九六九年，爸爸要選里長，不是有什麼偉大的政治企圖，竟是為了一支「電話」。當時一支電話要兩、三萬元，我們家開雜貨店需要常聯絡事情，總要跟巷口的鄰居借電話，很不方便。大哥就建議爸爸乾脆來選里長，就有一支電話。

爸爸會罵人、吼人，就是不會對大眾講話，哥哥就幫他競選。對手是一個年輕人，國民黨的，他對民眾說選里長要選年輕的，才敢闖、有所作為。哥哥說選里長要選經驗老道的，才知道民間疾苦，做里長不能莽撞，而爸爸是無黨無派的。

大哥說，選前他就有勝算，因為我們是土炭王仔，開雜貨店賣米、賣煤炭，屠宰口、米粉寮家家戶戶都認識我們。我們深入每個人的家，誰家的灶腳、米桶在哪裡我們都知道，哪有不贏的道理。

爸爸真的贏了，而且贏很多！開票那天，正喜從屠宰口爬牆回家通報，全家歡天喜地，因為我們家從此有一支新電話。一九六九到一九八二年，爸爸做了十三年里長。

我吃飯鍋中央[5]

生孩子是我們家的家常便飯；我們家什麼沒有，就是孩子最多。每隔兩、三年就有一個，媽媽生我是第十個。生了七個去裝避孕器，挨了爸爸打，只好又一直生，一直到我。

小孩接生都是爸爸自己來，拿把大剪刀塗麻油，床上鋪塊布，叫媽媽用力，孩子生下來，大剪刀一剪，斷了臍帶。媽媽生四姊時，鍋上的魚只煎了一面突然肚子痛，趕緊拿開鍋子，生怕生小孩煎焦了魚，耽誤孩子吃飯。不一會兒，生下四姊後，再回來把另一面魚煎完。到了生七姊時，媽媽懷胎十二個月，一生下來臍帶爛了，差點救不活。媽媽嚇壞了，所以輪到生我時，才開始找產婆。

媽媽生下我時已經是第十個，又馬上忙著去煮飯，下體血流不止、流了滿地，只好拿把小凳子，坐著把飯煮完，因為一大群孩子等著吃飯。產婆告訴媽媽，如果再一直生下去，子宮負荷不來，會大出血而死。爸爸只好聽產婆的話，乖乖地讓媽媽去裝避孕器。

爸爸說，我為家中帶來福氣。出生幾年後，就蓋了新房子。我小時候長得很可愛，許多人都喜歡抱我，殺豬的哥哥最愛用一手把我身體橫著撐起來轉啊轉，再放我下來，我好像是他的玩具。我也是他們的跟班，最愛跟著他們到處走，姊姊去迪化街補貨，我跟著；爸爸最愛騎著腳踏車去大橋頭買魚丸，我坐在前座；爸爸蓋鴿舍，我跟著鋸木頭；哥哥去打棒球，我跟著到延平國小，

5　「我吃飯鍋中央」為最先吃飯的人，不愁吃穿之意。

一九六七年，淑娟、父親及我家載煤炭的三輪車

在旁邊吆喝、加油。

我的出生像是換了一個年代，雖然衣服破舊，但還有得穿，姊姊也會幫我們到圓環邊去買；我只知道，我想要的腳踏車、玩具、故事書、鋼琴……都沒有，也會羨慕身旁的玩伴一個個去上幼稚園，沒有人陪我玩；我則是待在家裡雜貨店看著媽媽、姊姊做生意，人來人往，秤綠豆、抓米蟲、挑雞蛋，忙裡忙外。

哥哥、姊姊們一直忙，全家每天像是在打仗。他們帶著經濟壓力在做事，而我只覺得好玩，躲在他們身旁摻豁一腳，做不完丟著，姊姊會來收拾殘局。我常聽到母親跟姊姊在交頭接耳，銀行又沒錢了，下午又有廠商要來收款。她們很緊張，而這些操心事輪不到我，就像姊姊說的：「你吃飯鍋最中央飯的人，哪知道最後吃飯的人，沒飯吃的苦。」

開啟恨意之轉化

二〇〇〇年，我完成碩士論文並第一次完整敘說了我家的故事，並不代表我的情緒就馬上轉變了，對家的情感靠近了。我仍殘留著對父親的恨，但也開始發現「恨」與我自身強烈情緒的關聯性。

有好幾年，我在經驗我對父親「恨」的變化。我恨父親拐騙了母親、恨父親堅持要生這麼多孩子，恨父親造就了這個同父異母大家庭的痛苦。「緊抓著恨」似乎比較簡單，讓我不必去理解現象的複雜，但那對父親何來公平之有。隨著理解父親的處境，姊姊們幫忙我拼湊當年父親的痛苦，設想當年時代動盪，他必須帶著一群孩子養家活口的壓力，包括晚飯後喝小酒、痛打母親，痛打後隔天又會去買中藥熬給母親喝的矛盾心情。

撥開「身為父親的應該」，設想一個男人在動盪年代的壓力，身為礦工工頭的權威，以及當時希望女性在性方面的保守（不可以脫褲子給男人看），這些無解的情緒，讓父親用拳頭攻擊母親；而我們兄弟姊妹則是對貧窮的怨、因為遭到同父異母哥哥的欺負踩踏、因父親毒打媽媽而對父親投置了恨意。父親毒打媽媽，是他無力處理同父異母子女間因貧困共居於一屋內，相互欺凌的衝突；我們對父親的恨，是我們無法翻轉貧窮及承受了性道德汙名的出口。

姊姊們曾經最常說的是：「這些痛苦都是父親造成的！」這句話其實也是被我們過度簡化的言語。了解父母及同父異母哥哥們的痛苦，現在我無法再簡化地認同父親是主犯這句話，於是對父親的恨也失去了基礎！

其二是，「爆衝式情緒」像是我們家人彼此關係中存在的一種共有的聯繫方式，身為二十個孩子中最小的一個，我自以為比我的家人好一些，事到臨頭，才知道自己也好不到哪裡去。

【後記】
欣賞自身家庭的豐富性

王淑娟／二〇二〇

從一九九八年我寫下家庭作業的期末報告開始，到二〇〇〇年以家為主題的碩士論文，因為歷史、政治、經濟及性別等多元交織觀看的視野，我的眼界被打開了，原本被自己認定為病態的家庭，找到了理解的紋理，原先家庭裡承載的社會汙名被解構了，我的能量也因而被啟動了。

因著我自身的改變，我也希望帶動我的家人也能欣賞自身家庭的豐富性。二〇〇九年我帶動家人一起寫故事，一起完成《盈豐行：煤炭雜貨之家～ 20 個孩子的大家族》一書。我跟父親相差六十歲，我跟大哥相差二十一歲，我們雖為父女、雖為兄妹，但卻跨了好幾個世代。在書內，我那不同年代出生的兄姊、姪子們，得以說出各自跟家的關係，以及他們在不同位置的辛苦及感受。讓家的複雜、家內的衝突有了理解的視野。

延續家庭田野的工作方法，二〇一〇年我移民花蓮，在吉安鄉組織社區裡的太魯閣族，以及日本時代閩南、客家移民等多元族群。[6] 循著歷史的線路，長輩們重返了當年隨著上兩代人移居

6 這過程共出了兩本書，其一為台灣行動研究學會（2015）《太魯閣族的另一種鄉愁：花蓮縣吉安鄉太魯閣族人的移動故事》。其二為台灣行動研究學會（2017）《來去吉野村：日治時期島內移民生活紀事》。

吉安的辛苦經歷，也更肯認對這塊土地的情感及世代間的傳承。我想這是跨世代家庭及此工作方法給我的厚實基礎。

【第三章】

勞動父母的家庭帳本

兩個女兒的共振參看

導言／夏林清

文本 1、後記／江怡臨

文本 2／崔雪瑩

用「幹」字頂出一個空間，讓我和我媽可以在裡頭透氣。髒話也是她小時候家裡很熟悉的文化，是嫁了爸後，這些不入流的文化全得丟掉。

當我開始用盡各種髒字表達我的情緒後，我媽也像是被釋放似的，也開始用髒話表達不滿，我們母女倆最和諧的氣氛便是對話裡「幹」字滿天飛……

【導言】

以父為名，問責於父的距離感

夏林清

一路唸書長大的年輕人，泰半不知道家中生活收支的那一本帳。勞動階層的農民與工人父母錙銖必較，省吃儉用地存著一分一毛，他們形神耗損的身體所背負的教育成本，這筆社會帳本有誰算過？

怡臨在台灣東海岸的花蓮出生，雪瑩在大陸河南出生，兩人約相差四歲。二〇〇九年雪瑩讀到怡臨的家庭故事，夜晚父母記帳與算帳的記憶景象，帶動了她返身重新認識父親。

江怡臨目前是一個對身、心、靈關連作用有所覺識的心理諮商工作者。怡臨於台北安了一個小家庭，這個小家庭帶著爸爸同住，準備此書出版的過程中，聽怡臨聊到看顧父親、同住一屋的父母情感，感到喜悅。一個兒時就打斷父母爭吵打架，出門買藥餵食父母的女兒，在孤立無援中又是何其鎮定的行事！

怡臨半夜醒來見著父母為了帳本爭執的畫面記憶，在二〇〇九年第二屆海峽兩岸行動研究研討會上，振動到了大陸八十頭出生的雪瑩，雪瑩由二〇〇九迄今的十年中，一程又一程地與父親和母親的關係中互動。雪瑩持續進入的不只是父母、母女、夫妻與父母這幾組時而錯落、時而疊置多組關係，她亦經由父與母這代人的小歷史，在特定的時空節點中轉進接上了中國的政治歷史！

雪瑩稍小怡臨幾歲，長成於河南鄉鎮，但只需讀到女兒看見燈下父母算帳的那一個景象，就足以啟動河南女兒返身展開拆解「以父為名的問責於父」的父女關係中的那份距離感。

二〇一九年我跟隨雪瑩去到河南山上的村子，見到了雪瑩的父與母。雪瑩父母與我為同代人，當然，他們年輕時是在田間地頭與工廠勞動著，我坐進雪瑩家客廳後，這名女兒，如同怡臨般，開始進了廚房，照顧起父母與我的午餐，雪瑩父母對這名成年女兒的喜愛溢於言表！這名曾被雪瑩問責怨懟的父親，已下崗多年，竟通過網絡自學了吹奏嗩吶！我選擇以怡臨《算不清的家庭帳本》來做為串起台灣與大陸兩岸家庭田野的一個啟動點，就在於雪瑩與怡臨曾經共通的「以父為名，問責於父」的母女聯盟。父女之間曾存在過的距離感，是辛苦養家的父與母的勞動，隔離著父與女；母親在孩子幼小時，在親近的照養關係，無意間流瀉出疲憊抱怨，連結了兒女；當夫妻關係發生了短期內消化與轉化不了的矛盾時，西方小家庭理論中的關係「聯盟」的現象就容易發生，「父」成為怨懟的對象，「問責於父」也就是家人間多組關係疊置作用的後果。

我有意地使用「距離感」與「社會性距離」的概念來讓家人關係中不得不承載的，因多方面多層次社會作用力道而壓扭的關係樣態的記憶，能夠如「解壓縮」般地被還原，當記憶流瀉被還原到彼時彼地時，個人的情感包裹會發生某種「內爆」的表達，對父與母的重新理解，就有可能會在某些特定、亦常會是不經意的時機點出現！

【文本 1】

算不清的家庭帳本：勞動家庭的親密與孤單

江怡臨／台北

水泥城市家庭裡的小倆口

一九六三年，媽媽十六歲，遇到我爸時，二十二歲的爸爸正在花蓮開計程車。當時那算是新興行業，會開車的男人不多，這使得我爸平添許多帥氣。他聽說媽媽沒有東西吃，我爸會帶早餐、午餐給媽媽吃。求婚時，爸對媽說：「我家什麼都沒有，但是是種田的，所以每天都會有白飯吃。」媽就嫁了，那年十九歲，嫁到一戶什麼都沒有、就是人多的客家人家裡。閩南籍的媽媽嫁進了務農的客家家庭，身處在一個連語言都聽不懂、無法溝通的環境。

雖然我們家在花蓮務農，卻很重讀書文化。太祖晚年在家茹素修行，抄寫經文，研究醫書。爺爺很年輕就娶了花蓮富里鍾家的么女，生了九個小孩，爸爸排行老三。

媽媽的原生家庭很窮、很草根，說的是很本土、很直接的閩南語，罵起小孩來既凶狠又惡毒。這些都被爸爸瞧不起。因此，媽媽也在婚姻生活中逐漸矯正自己的草根語言，希望能擺脫原生家庭的水準，讓自己更有水準，但是在教養孩子時卻常在不經意中顯露原本的言語習慣。當媽媽罵小孩時，時常會接收到爸爸和奶奶不認同的神情。**省籍族群文化不同帶來的文化差異，從食物、語言、教養方式、生活習慣到金錢用度衝突，一一浮現於婚姻之中**。

隔年媽媽懷孕，她的記憶停留在躺在悶熱的房間裡，聽著隔壁房間傳來奶奶、二姑姑和小姑姑（她們那時唸國中和國小）的玩笑嬉鬧聲，悶熱與吵鬧聲使她憤怒，輾轉難眠。那年她與爸爸感情生變，懷孕、燥熱、語言不通與對夫家母女情的嫉妒，混合著將為人母的焦慮，在那幕記憶裡複雜呈現。

十一年後，他們搬到台北縣定居，生下了我。

國小時，爸媽的關係嚴重惡化，對彼此的折磨堪稱人間酷刑，此時哥姊都在花蓮唸書，獨留我一人面對兩個隨時都會崩潰的大人。爸爸努力工作，清晨出門、半夜回家，賺來微薄的薪水卻填不滿一大家子的花用、二手中古車的維修費和兩邊家庭的家用。爸爸指責媽媽不會算計、不會存錢，媽媽指責爸爸不會賺錢、沒有用。我經常聽到爸爸半夜回家就開始跟媽媽對吼、打架，然後兩人就會聯袂出門拜神發誓。好多年後，我常會在半夜驚醒，仔細傾聽那哭喊的女聲和怒吼的酒醉男聲是不是我家的大人，聽，辨認，然後再入睡。

小五的一個下雨午後，我聽到有人叫著我的名字，喊救命。醒來後走到客廳，看到爸爸面紅耳赤、面目猙獰地掐著媽媽的脖子，媽媽的臉色已經發白、發不出聲，整個人癱軟。我常看他們爭吵，但爸爸頂多是怒吼，不曾看過這樣猙獰的神情，實在令人怵目驚心。我站在一旁良久，靜靜地問：「你們在幹什麼？」爸爸一看到我，嚇一跳立刻鬆手。我指揮兩人各進自己的房間，不准動。接著拿了錢包和雨傘走到巷口的公共電話，想了很久，卻想不到可以打給誰求救。花蓮的親人是遠水救不了近火，哥哥（在兵工廠上班）、姊姊（在台北縣的國小教書），沒人想過要給我聯絡電話，鄰居也不熟，我幾乎是孤立無援。一個人撐著傘，看著熙來攘往的街口，十一歲的我不知何去何從，繁華的城市對照著我內心的荒涼，是一個荒謬的景況。

我在雨中走到了藥房，買了兩顆鎮定劑，老闆不疑有他地賣給我，我見如此容易，還得寸進尺地問，可不可以多買一點。老闆臉上露出狐疑的神情，我擔心他反悔，抓了藥就走。回家後我在茶杯裡各放一顆藥，端進房內給兩人喝，盯著他們喝掉。

我有一個禮拜不敢去和爸爸說話，我不敢去面對那個很可怕的爸爸。有一天，姊姊跑來跟我說，爸爸跟她抱怨我不理他，他很難過。我那天晚上才又鼓起勇氣去跟他說笑。我相信他當時必然有些愧疚，不知該如何安慰我，但最後的卻得由我來收尾，同時還得狠心撇掉內在的那份驚恐。我對自己這樣的成長經驗是心疼的。我強烈經驗到一個在都市長大的小孩，家庭發生危機時，失去一個家族所能提供的支援，沒有網絡可以協助我，關在城市鐵門內的我們，像身在一個個小監牢，不知該向誰呼救。我只得獨自面對鐵門內的爭吵及鐵門外的冷漠。

回想這對男女**走過了台灣農業社會，來到工業發展時期，從花蓮遷徙到台中，最後落腳在台北。一個做女工，一個開計程車，遠離了父母、親友，離鄉背井地獨自面對大城市的現實功利**。來到這個人生地不熟的環境，面對超乎自己成長經驗的事件、變化、困難、壓力、痛苦時，他們兩人只能相互依靠、討論，一切都只能憑著自己的本能求生，奮力抵抗逼進小家庭的那股龐大經濟壓力，那其中的害怕、不安、不確定性是多麼強烈恐懼，讓關係更緊密，卻又更加拉扯衝突。當年那個會關心對方有沒有吃早餐、有沒有吃飽的男人好像消失了。那個依賴著男人、沉默少言的女人也變了。

故事沒說的是，當年這個女人懷孕後期，心臟承受不起時，這個男人日夜加班，開著大貨車從南到北不間斷地運貨，壓縮自己的休息時間，只為多跑一趟車可以多賺一次錢，好讓他的妻子可以在醫院待產。當妻子的妹妹要來台北出嫁時，這男人陪著去婆家協商，在小姨子要出嫁的那個早上，他清晨就起床洗車、擦車，讓妻子的妹妹可以隆重地嫁出去。

故事沒說的是，當婆家需要人力幫忙時，這個女人辭掉了台北的工作，離開小孩回到花蓮去，陪著丈夫幫忙家族的工廠……

家庭圖像的視框挪動

家人衝突、打架相向

一九七七年，我在台北市出生。適逢台灣經濟起飛階段，家裡生活環境好轉，我過著跟姊姊（大我十歲）、哥哥（大我八歲）截然不同的日子——在醫院出生、包尿布、喝奶粉、吸奶嘴，白天上幼稚園，放學後自己坐娃娃車回家。

因為生逢雙薪家庭，所以跟著我的不是娃娃或小毛巾，而是一長串的鑰匙。晚上回家也還是那一大串鑰匙開門，家裡要一直到晚上七、八點才會有人回來。不過，誰回來也不太重要了，我的記憶裡裝下那間大空宅，就裝不下其他人了。我是六〇到七〇年代的名產：鑰匙兒童。開進開出都是一間空蕩蕩的公寓，鎖上鎖下也鎖不住一個小孩的孤獨寂寞。

一直到我大學畢業進入心理諮詢領域後，我不滿於我的家庭終年爭吵、打架不休，成年後努力運用各諮詢學派的想法來處理我孤獨、親密失落、家庭破碎的痛苦。

我遊走於完形學派、家族治療理論、藝術治療……，我的家是專家口中的「家暴家庭」，我是「家暴目睹兒」，我的人格和心理問題來自我家庭中的暴力衝突。在家族治療的系統理論裡，我粗略地瞥見了我個人以外的家庭面貌，這個視線裡的家人現形了，我能看見他們也有自身的期待、失落和身而為人的痛苦，但我仍放不掉「幸福健全的家庭圖像」，致使我難以接納家庭的衝突和破碎。

我的視框從原先的「家暴」到諮詢理論的「失功能家庭」，這些看待方式仍然沒能真切地貼近這個勞動家庭的複雜性，也沒能給這個家庭一個位置去描述它的獨特性。

唸研究所時，我原先帶著「不合模」的框架，讓我難以面對我家內的破碎、苦難，甚至可能還被賦予勞動者的「溝通障礙」，只能「暴力相向」的負面評價，這些壓力都令我難以開口。但是千絲萬縷的情感總不停地被勾動著，父母的片片身影在我眼前忽隱忽現，我腦中浮現出童年時的樣貌，胸口有股濃濃的情感瀰漫著我。當同學們說著他們和關係他人的情感、想法，鉅細靡遺地共同勾繪父母那個年代以及彼此成長的年代。父母的勞動身影召喚著我的情感，我對他們心疼、不捨，於是乎，我願意讓我的父母還原為「成年的男女」，讓他們如實地成為人，並接受身而為人的限制和困難。

我開始產生了想說自己故事的欲望。

從沒看見，到無法說，再到開始描述，我經驗到社會主流標準的框架加壓在我經驗裡的束縛，我的真實經驗竟然是這麼難以真實地描述，語言中總是帶著眼淚，在邊說邊哭下逐漸出現故事的原貌。

親密不是只存在和諧與舒服的情境中

當我看到爸媽反覆爭吵時，強烈的張力令我只想逃離。

二○○五年我與一個海峽對岸的大陸勞動階層的年輕男人交往，我們交往過程，強烈地拉出兩人經濟不平等的位差。他總想像我的日子比他優渥、舒服，至少賺錢容易。我們談話的內容總不脫工作、賺錢、缺錢這類話題。剛開始我還能幫著出主意、安慰、支持他的處境，時間一久，我開始覺得沉重。總愁著他的愁，苦著他的苦，思慮著他的思慮，將他的生命揣在懷裡時時刻刻地擔憂、牽掛著。我有種失落，卻不知道是什麼，只覺得自己似乎愈來愈累，也愈來愈空洞。我還在情感的甜蜜中，他卻已經脫離而面對現實生活。我，開始從這兩人關係中消失。甜蜜也逐漸隱身到某個不知名的底層，浮現而來的是面對生存的焦慮，擺在眼前的只剩生活的重擔。我還想戀愛，但是愛已化作現實生活的收支帳本。

我在這段關係中投入很深，卻也發現自己異常焦躁，結束這段關係成了我所能想到的自救之道。

我想起了國小時，常看到爸媽在日光燈管下的小茶几旁，反反覆覆地算著一本怎麼算都算不清的帳。爸爸總是會質問媽媽說，為什麼錢都不見了？為什麼家裡都不能存錢？媽媽是怎麼也說不清楚，一家五口人要吃要喝，怎麼樣也剩不出錢來存的。兩人就在客廳愈說愈大聲，而這一幕畫面也在我的腦海裡，如曝光過度般逐漸空白。

直到這一刻，像顯影般，再次浮現。

我在自己的愛情裡返身照見爸媽的親密，是被龐大的經濟壓力擠到沒有存在的空間，卻扎扎實實地存在兩人緊密的勞動關係中，憂其憂、苦其苦。兩人胼手胝足打拚出一個家庭五個人的生存空間，其中有拉有扯，有愛有恨，有痛有苦，卻怎麼也不能說，這個相互依存的勞動關係不親密。

鬥，是一種在關係裡努力的樣貌

高中那年，父母離婚，我正在適應高中生活，我們都面對很大的壓力。每天都會看到媽媽回家進門的剎那就開始發飆，然後一路罵到晚上睡覺。那像是一種狂躁，高度焦慮、煩躁和情緒化，每件事都會引起她的煩躁，需要以急切、高分貝的方式表達，對我們說著各種惡毒的字眼，以發洩她的憤怒；她一直告訴我，她因為更年期所以覺得躁熱，一熱就煩。

但她一直不能接受自己是個「被離掉」的女人，她說：「跟人家說你是個寡婦，別人會尊重你，但是你如果說你是個離婚的女人，別人會瞧不起你。」所以她一直很難面對自己的清白有瑕疵，也對未來充滿著不安和焦慮。大三時，她決定賣掉四維路的房子，搬到國泰街住，並且跟左右鄰居說自己的先生死掉了，我才知道之前她住在四維路時壓力有多大。巧的是，我們住的這層樓的鄰居幾乎都是中年女人，她們的老公也都「死掉了」，我娘像是重獲新生，開始跟鄰居關係熱絡和善許多。

高中時我沒心情理她，她的發飆抓狂總能引起我的惱怒，因此就經常上演母女對吼的場面；要不然就是她會在我面前泣訴我老子的不是、我姊的不孝、我們姓江的都愛說謊……，這也會引起我的怒火。

後來一火，我就開罵，罵她婚都離了，幹嘛不好好過日子。那種男人這麼爛，不要也罷！去喝下午茶啊！打扮得漂亮點出去喝茶、逛街啊，這不是你以前最喜歡的嗎？你可以過自己的生活，反正他也沒對你多好，離了算了。

碰到她無理取鬧時，我就會像哄小孩一樣哄她：蔡〇〇，你有病啊，你看你現在多好，想幹嘛就幹嘛，沒有人會管你了，你現在自由了。

或是無厘頭地搞笑：「你要收房租喔？那你去跟我爸要！」

或是撒嬌，或是跟她一起幹譙我老爸或其他人。我在那時開始說髒話、說黃色笑話逗我媽、直呼家人名諱。

用「幹」字頂出一個空間，讓我和我媽可以在裡頭透氣。髒話也是她小時候家裡很熟悉的文化，是嫁了爸後，這些不入流的文化全得丟掉。所以當我開始用盡各種髒字、三字經在表達我的情緒後，我媽也像是被釋放似的，也開始用髒話表達不滿，我們母女倆最和諧的氣氛便是對話裡「幹」字滿天飛。而我媽從對於黃色笑話的避諱，到最後還能在工廠裡說笑逗樂，她的枷鎖正逐步瓦解。

我開始取代我爸在家裡的工作，修馬桶、補漏、換燈管和一些需要使用勞力的工作。我補位上了一個既是小孩又是父母的位置，又像我娘的朋友、又像她的母親、又像丈夫，能對幹，也搞笑，還能施以教導。

我從爸媽的婚姻、與媽媽的拉扯、還有我服務的婦女們的生命裡看到，**這種「纏／鬥」是在關係中不輕易放棄、持續努力的模樣；是在退三步、進半步中力求推進的奮鬥，是在看到彼此差異後還願意共存的情感關係**。這種親密性絕對不是「真愛無敵」或「心靈伴侶」的概念可以套用的，而我在與她們工作的過程裡，捨棄了個人化、問題化、病理化的方式詮釋她們的處境，試圖在主流價值觀中拉開光譜，讓我們彼此糾結的情／愛、關係有了另一個安置的所在。

女性心理助人者的尋根與回歸

妓運不歸路

二〇〇七年九月六日，廢娼十週年。

看著眼前這群搖著招魂旗、蒙頭蓋面的女人們聲嘶力竭地吶喊著。廢娼日，是她們被無情政客再次出賣的另一段開始。她們不曾因為政府的「德政」過得更好，反而因此喪失了唯一謀生之路，失業、缺乏就業能力、以債養債、酗酒嗑藥、轉作私娼、自殺的公娼比比皆是。她們的生活沒有像我們想像的「過得更好」，反倒因為道德輿論的「拯救」讓這群娼妓更為潦倒。

這是我第三年參加日日春的抗爭活動，愈來愈明白，廢娼，在台灣是一個禁忌，是政客口中不可被挑戰的貞操帶，愈明白，也就愈清楚這是一條不歸路！看著一群公娼，一個個因為熬不過生活壓力走上絕路，看著一個個社會運動同志前仆後繼地參與進來，我們明知不可為而為之，因為這是道義！

我與她們同樣來自勞動家庭，只是生命的機緣引領我們走向不同的道路。我進了諮詢室成為諮詢師，她們進了房間成了性工作者，在社會階層上或許我們有所差異，但就本質來說我們同樣都是服務業中的勞動者。

翻牆（汙名高牆）越界（跨越階級界線）將我與這群女人在生命勞動擠壓裡相連結，並從細縫中凝視母親的「茶室養女」生涯，也得以理解、心疼被壓得不能翻身的貧窮父親。為求生姿態如此用力，使我的眼無法移開，無法不看那生命掙扎的苦與奮力抵制，那力量令人動容地震撼著我，我生命裡的痛苦與她們一同共振。貧窮，於我，不再只是生活困苦，那還是種滋養，讓我坐在諮商師的位子上深刻體認，我與案主此刻的距離，是命運使然，但「貧窮」卻讓我在心理上、感受上與他毫無距離。

精神反抗之路

每每進入碩士論文書寫前，我的焦慮讓我無法安然進入書寫狀態，然後我會一遍又一遍讀著我的同學瑞芸寫給父親的信：

爸：

我在二〇〇六年寫信給你。寫給二〇〇三年三月八日淩晨，在林口工業區單人床上走人生最後一夜的你。

儘管一九九八年留在台灣守著家的變化，爲的就是不想你走的時候，沒能在你身邊以我們的回憶送你，便是默然。

最後一回見你，在與媽媽聊天中，你轉頭意識清晰地看著我說：「要跟你永別了，聽懂不懂？」我知道你是認眞的，便再也沒法去看你。我拿什麼回應從小看著你想你怎麼把自己活得這麼痛苦，最後走到收容所的存在？

小時候，看著你赤掌奮力打我的臉，讓我儘管痛恨你與你資本累積的邏輯，對你說過：「要斷絕父女關係。」卻也看見你被階級規則擺玩的痛苦！打我的同時彷彿你是在攻擊自己的手。

這個當時看來矛盾，在我走上和你一樣的精神反抗之路，才徹底明白其實是共同的抵抗點。我們的肉搏戰讓我至今仍滿腹反抗的怒氣……

一遍又一遍讀著，這裡有股我說不出來的情感震動著我，我難以自抑嚎哭。

是同樣心疼父親「被階級規則擺玩的痛苦」？還是痛恨他使用「資本累積的邏輯」？我從沒有與父親肉搏扭打的經驗，我是他很疼愛的女兒，在他能力所及他都會盡力給我最好的。我高中時他們離婚，爸爸回到花蓮，我們就此疏遠。我一直很難接受他開口閉口都是錢，賺錢、存錢、錢、錢、錢。離婚後因緣際會下，他回到開車老本行，那兩年台灣正值李登輝政權的末期，與大陸進行一場又一場軍事、政治角力，政治上的紛擾讓條件最差的人民最先受害。他在花蓮薪資從最好的上萬元逐漸到數百元。他對我的愧疚也是他不能給我優渥的生活，那似乎是他這個男人最失敗的地方。

我又愛又恨的情感始終難以說清楚，只能在他們離婚後，遠遠的、冷冷的凝視著。

而今更理解，我被日日春阿姨們勾動而出的，還有我與父親際遇的疼惜和難過，如瑞芸中所說：「長久以來，在這世界上強烈的孤獨感與漂泊感，在我走完精神反抗之路，要拿起自己抵抗階級的日常戰鬥時，想起這不只是我一個人的戰役。同時也是你的。突然間，好像不論去哪，我都不再是孤兒。我的精神反抗之路，其實也是你的。你看見自己打贏了這場仗了嗎？我沒有放棄，我沒有背叛我們的歷史。」

回家

爺爺往生後，有人問起，奶奶都跟人家說：「他轉原鄉了。」（客語）

我那時問奶奶，原鄉在哪？

奶奶說：老家啊！

我那時想，就回老家嘛！幹嘛說轉原鄉呢？

現在想想，客家人不論流落到哪裡，在哪兒生根，但始終記得自己是從哪裡來，即使死了也要回到原本的故鄉去。

做了一輩子的客人，死時，是要回家的。

何處是我家

二〇〇六年底，我跟認識多年的同事交往，他是個循著人生進程在計畫的「正常」人，在交往初期就希望能結婚、生小孩，因此我也不得不面對自己，是否願意被收編進婚姻制度裡。這時才發現我對於兩人共度一生的想像很稀薄，對於婚姻的概念很普通，但多是女性被壓迫的想像。

加上男友來自傳統的閩南家庭，對於家庭倫理、習俗有成套的規矩，是個大男人的大家族，女性在家族中是最主要的勞動人力，男友母親更是這套習俗的強悍捍衛者，原先婆媳衝突不斷的場面，在男友母親過世後，他大嫂接繼成為家族傳統的守護者。

在剛交往不久，我與他大哥、大嫂第一次吃便飯時，男友大嫂當著大哥、二哥和男友的面前跟我說：「你以後嫁進來要幫忙拜拜，要下廚幫忙，不能像你三嫂那樣什麼都不做。」「你知道現在家中我最大，你未來公公、小姑和你大哥、二哥都歸我管。西瓜偎大邊，我這邊是大邊，大邊是哪邊你知道嗎？你不能偎向三嫂那裡。（閩南語）」

才第一次吃飯，我就經驗到「下馬威」，透過這個家中的長媳，傳遞出來的這個家庭對媳婦的要求，以及長媳急於建立權力的企圖。席間，這個家庭的三個男性，對於大嫂的言行從頭到尾不發一語。如同過往家庭中的婆媳爭戰，這個家族的男性任由女人相互鬥爭，各自袖手旁觀，因為男人始終是這個鬥爭裡的既得利益者。

當這個歷程在我面前展演第一遍後，我心中不寒而慄。剛剛走進愛情裡，我就看到一個家族內的女性們是如何相互傾軋、為整個家族勞動奉獻自己。

剎那間，我想起過年時，奶奶、大伯母、二伯母和我媽從除夕一早忙到初二回娘家，不停地在廚房殺雞宰鴨、洗菜切菜，到用餐完畢後的清潔收拾，然後再準備下一頓飯。大伯母蹲在門口的水龍頭旁清洗雞腸，從上午我出去玩到傍晚回來，始終看到她蹲在那裡就著冰冷的水洗著。

那片景象深印腦中，直到此刻接近「準媳婦」的角色位置時，更意識到畫面的駭人！愛情至上的我，面臨自身自由與主體性問題時，似乎就到了我的底線了。「嫁」進一個家庭，在此時是種驚駭的景象。要跟一群陌生人成為家人，重新磨合兩套不同的文化，我有著前所未有的疲憊。當我好不容易和媽媽有著不錯的母女關係後，實在沒力氣要再和一群陌生人重頭來過。我所感受到的束縛和限制，成為我內在極大的痛苦來源。

孤獨與疏離的生命樣貌挑戰著我對親密的渴求有多強烈，我反覆自問，若是我可以一個人自由生活，所承受的寂寞和進入婚姻中所受的拘束相比，我願意犧牲什麼？自由？親密關係？

疏離帶來的隔閡，不斷勾引我走向獨善其身、明哲保身的生命路徑。

無處可生根的漂流感始終帶在我身上，堅強而疏離地踩在我所居住的地上。那也是一種自豪，我到哪裡都可以生存，也有種惶然，何處可讓我安身立命？

轉原鄉

我想到小時候花蓮老家過年時的情景。以前過年前，叔伯間都會彼此聯絡何時回家過年，小孩們一放寒假就回去報到，跟著小姑姑的指揮開始打掃家裡，一邊準備過年的貨物。等到除夕那天一早，大伯母、二伯母、我媽、奶奶就會開始殺雞宰鴨，蹲在井邊清洗雞鴨內臟、腸子。家裡堆滿各種過年的喜糖，小孩就從外頭玩到家裡，吃個糖再出去玩，一邊催促著大人開飯，等吃雞腿。到了晚上，男人都趕回來過年，人多到要開兩桌吃飯，爺爺還會趁開飯前空檔，去雜貨店買汽水和紹興酒、玫瑰紅回來，伯伯叔叔們邊喝酒邊聊天，他們都有極為幽默好玩的表達能力，每每總能把在台北工作的辛酸說成笑話取悅爺奶。小孩就在旁邊玩翻天，商量著等一下拿紅包要去買炮竹、起營火……。發紅包時，每一戶都會躲進房間裡分裝紅包，我會藉機進出各房間，看著伯母們煩惱數錢的神情，他們的大失血是我的大豐收，我實在沒心肝。等拿到錢，哥哥姊姊們會帶我去買炮竹，然後在田裡起營火，最後還會藏幾個香噴噴的地瓜進去烤。奶奶和伯母們在飯後便開始做起紅豆年糕，在篩子上滴幾滴香蕉油，頓時房子裡香氣四溢，小姑姑會先在灶房生火，等著蒸年糕。我從那時起就會一直問著大人：「什麼時候可以吃？還要多久？好了沒？」等年糕出來後，小孩們都會用筷子去捲年糕，像捲麥芽一樣捲一坨大大軟軟黏黏的年糕吃，好香好甜好黏牙。

氣喘纏身的爺爺多數時候都會在一旁靜靜地不說話，眼睛卻盯著孫子們玩耍，在各個時間點上用客家話，把家中所有的小孩唱名一遍，輪著叫孩子們吃飯、洗澡、睡覺，那是不多話的爺爺在我記憶裡留下最深的記憶。而我唯一會說的客家話也只有吃飯、洗澡、睡覺三句。

這個記憶一浮現，我的淚無法抑制地往下流，兒時過年的溫暖回憶，成為我此刻自我撫慰的記憶。

我的家，在那時那刻，那片記憶裡。只是在奶奶往生後，我們家也因為叔伯合夥失敗而四散，那樣的年，早已不復存在了。我深深思念與渴望親人團聚的溫暖，卻也深知數十年來家人間的齟齬讓彼此有了嫌隙，那個家，是回不去了。可是我對家人的情感卻有如年節的紅豆年糕般軟黏香甜，每每思及，總有股濃濃的鄉愁。

二〇〇七年暑假，我背著 DV 機回花蓮，跟長輩們說我要拍紀錄片紀念爺爺奶奶，所以要採訪他們。

原先靦腆的長輩們，看到鏡頭都很不自在，但是一看到過去的老照片，眼中散發著光亮，個個沉浸在過往的記憶中。大伯母原先要撿菜煮晚餐，靠過來一看，轉頭回家提著三大袋照片給我，自己也開始逐一翻看起來。這是我們近十年來頭一次一起坐下來聊聊天，我跟大伯母撒嬌，訴說男友大嫂的下馬威。原先以為大伯母也會以家中長媳的位置給我一番訓誡，沒想到她悠悠地說：「個人公媽隨人栽（閩南語）。只要分開住，你就別管她。」連大伯也站在我這邊挺我，幫我罵了男友大嫂一頓。

家裡的長輩們聽到後，沒有人教訓我，也沒人要求我要成為我所想像的傳統媳婦角色，長輩們都疼惜我，這種氛圍就是我所熟悉的家，讓我知道這裡有我的靠山，我可以不怕！

二〇〇七年十月底，江家祭祖，爸爸特地帶著我到爺爺奶奶的靈骨塔前，請爺爺奶奶保佑我早日畢業。聽著爸爸用客家話跟祖先祈禱，我的心裡有股感動被喚醒，那個熟悉的語言原來早已刻進我的血肉裡，讓我緩緩地再跟這個家牽在一塊兒。

稍後，我帶著剪輯好的紀錄片給長輩們看。

家裡長輩彼此笑著自己的今昔對照，對我的紀錄片僅說：「還不錯，可以再長一點。」然後要求一遍遍重複播放這支十分鐘的影片。這是我回頭接續我的家族，在生時，轉回我的原鄉，讓我不需再以客人之姿，四處流徙。

【文本 2】

斤斤計較撐起家：返身認識勞動的父母

崔雪瑩／北京

我的爸爸媽媽

寵愛我的爸爸與第一次打我的爸爸

我一九八一年出生，六年後我弟弟出生。從記事起我們姊弟一直和媽媽生活在一起，住在媽媽單位的公房——筒子樓裡一間十八平米（五坪多）的小屋子。媽媽在市裡一個小鐵路的機務段上班。爸爸在縣城的一個小糧庫工作，住在縣城，平時不和我們在一起，大概每月會回來看我們兩、三次。

印象中，我小時候雖然爸爸不常在家，但他回來的日子非常寵愛我，常常逗得我笑痛了肚子、樂不可支，那種快樂場景至今仍清晰地印在我腦海裡。我六歲多時，有次不聽話，爸爸打了我一巴掌；爸爸竟然打我了！我又驚又怕。以前他頂多只是嚇唬嚇唬我，那是他第一次真的打我，所以那個巴掌在我的記憶中也就格外地重。我突然感到他離我遠了，不再像以前那麼愛我了；而一個重要的原因，我想是因為有了弟弟。

偏心的爸爸、冷漠的爸爸

那時弟弟出生不久，爸爸對弟弟寵愛有加。爸爸回來的日子，每天一大早就開始和弟弟嬉笑玩鬧，我被吵得不能再睡，挺煩的，但說了他們也不聽。有時感覺爸爸對弟弟到了有點過於溺愛的程度，可以任由他胡鬧，滿足他的各種無理要求，我覺得爸爸這樣的教育方式很有問題，但說了爸爸也不聽。

鄰居們常開玩笑說，看你爸多偏心你弟弟。一開始我也不在意，後來聽多了，愈來愈覺得果真如此。爸爸對弟弟可以一呼百應，但對我提的意見卻完全置之不理。第一次挨打後，愈發堅定了我的這一看法。

那時我對家裡的冷戰氣氛也開始有所察覺，感覺爸爸只有和弟弟在一起時才有說有笑，對我和媽媽都沒有什麼笑臉。特別是他和媽媽基本上不怎麼說話，見到媽媽總是冷冷的。偶爾說話，沒說上幾句氣氛就變得很緊張，然後就都不說什麼了。我對爸爸媽媽的這種關係感到害怕，也擔心某天他們會不會離婚。

小學時，一次作文題目是「我想對爸爸媽媽說」。媽媽問我想寫什麼，我惴惴地說，想寫希望爸爸媽媽不要離婚。媽媽會意，鼓勵我寫，並可以給爸爸看。但後來我還是改變了主意，沒寫這個，寫了希望爸爸不要偏心，對我和弟弟一視同仁。這篇文章後來被爸爸看到了，他似乎很在意。後來回老家，連奶奶也知道這件事，奶奶勸我說，你別說你爸爸偏心了，他沒有偏心，他挺愛你的。爸爸對我的態度似乎也有所好轉。

專制的爸爸

和媽媽相比，感覺爸爸很專制。媽媽在我小時候對我管教很嚴厲，後來隨著我慢慢長大，對我的管教愈來愈寬鬆，嚴厲的斥責變成了溫和的勸導和鼓勵，我感覺媽媽就像朋友一樣，對我平等、尊重。而爸爸則顯得很專制，但我的脾氣很倔，我覺得他說的不對就不肯聽，堅持自己認為正確的想法和做法。我的想法通常能得到媽媽的理解和支持。我感到媽媽更通情達理，讓我很容易接受，而覺得爸爸的觀點有時太偏狹了，而且非常固執。

比如，媽媽喜歡看《讀者》、《青年文摘》之類的書，爸爸卻愛看風水、算命，甚至厚黑學。我和媽媽覺得那些是封建迷信、歪門邪道。又如，那時我在學校是班長，爸爸建議我給老師送送禮，讓我繼續做班長。我和媽媽都覺得不應走人情關係，應該憑個人實力建立威望。爸爸竟然鼓勵年幼的我去送禮，走不正之風，我感到很不可理解，也不贊同。而且爸爸似乎特別看重錢，對一分一厘都斤斤計較，我在家裡發現了一個帳本，媽媽在上面詳細記錄了我們平時的每筆生活開銷，細到一針一線，但即便如此，爸爸有時也會因為錢的事情和媽媽起爭執。

總之，一度對爸爸的印象都是負面的，感到疏離、不認同。

出生和成長的爸爸

二○○六年九月，我在北師大教管院聽了夏林清老師關於行動研究的短期課程，夏老師鼓勵我們把家庭當作社會田野，把父母當作成年男女，對自家三代人的經驗進行梳理，從而增進對社會變遷的認識。從那時起，我對爸爸的複雜情感浮現出來，開始有意識地整理自己的家庭經驗，在頭腦中逐漸勾勒出家族三代人成長經歷的基本樣貌。我試圖通過把各種途徑了解到的，關於父親的零散資訊拼湊起來，去梳理他的成長背景、環境、所走過的歷程，去理解一個更完整、更真實的父親。

爸爸一九五二年出生在大陸河南一個小縣城的山區，爺爺奶奶都是地道的農民，不識字，一輩子種地放羊，沒怎麼出過小山村。爸爸上中學那會兒，正鬧文化大革命，他沒上初中，被推薦直接上的高中，斷斷續續地算是上完了。後來林業局招工，爸爸被招去到深山裡去伐煤柱子[1]，又冷又累，但是吃苦耐勞的他還是堅持了下來。通過這個機會，爸爸得以走出大山，到林業局的苗圃場工作，再後來到縣裡的小糧庫做了一名業務員。小糧庫的收益有兩部分：一部分是儲備糧的國家補貼，另一部分是單位自己經營所得，即利用各地糧食的差價賺取利潤。後一部分就是爸爸這樣的業務員主要做的工作。爸爸經常去火車站上站，要訂好火車皮（編註：火車車廂），保證糧食運上火車，順利到達目的地。去市裡上站的時候，爸爸會抽空回家看看我們，不過他上站的時間不固定，有時是夜間，有時又要早起。

我了解到爸爸媽媽的差別，和他們各自的家庭背景、生活環境和經歷有關。

媽媽一九五一年出生，和爸爸是一個縣城的（爸媽的老家相隔二十多里地），媽媽的家鄉在山區的一塊盆地上。姥姥是地道

1 在深山伐樹，做為支撐煤礦的柱子。據爸爸講，一天要伐八十根煤柱子，下多厚的雪都沒有停過，那麼冷的天幹到全身溼透。

的農村婦女，姥爺讀過書，算得上村裡的文化人，也很重視子女的教育。媽媽是老大，為了把更多的機會留給四個弟弟妹妹，媽媽讀到初中畢業就沒再讀書了。媽媽在村子裡非常能幹，被「石姑娘隊」[2] 選中去修水庫，後來有機會到市裡的小鐵路處機務段上班，在車間裡開車床，加工各種零件。

爸媽都從山區農村出來，媽媽做的是技術性工作，把自己的活兒幹好就行了，媽媽教我的主要是真、善、美；而爸爸做業務員需要經常跟人打交道，人際關係和社會閱歷很重要，所以爸爸有時會教我一些世俗的東西。

媽媽參加「石姑娘隊」三十六年紀念活動時帶回一本書《鄭永和》，以圖文並茂的方式記錄了時任縣委書記鄭永和的事蹟，也記錄下縣城面貌的變化歷史，從這本書我了解老家縣城曾經是「三分平川七分山」、「光山禿嶺幹河灘」，南部、西南部是平原低窪區，多水為患；北部、東北部屬山丘區，十年九旱。解放二十多年了，山裡的群眾吃水、交通、生活都還十分困難。二十世紀六、七〇年代，人們在縣委書記鄭永和的帶領下經過艱苦卓絕的奮鬥，才使得縣城的面貌發生了根本性的改善。一九六九年實現盤上地區「路通、水通、電通」，山上一片片的梯田，是人們從鹼地沙原河灘山石中改造出來的，一個個隧道水庫大壩溝渠，是人們在無大型機械的情況下手工開鑿出來的。看了這段歷

2　二十世紀六、七〇年代，農業學大寨時期，縣城各公社、大隊的年輕婦女們響應縣委書記的號召，紛紛成立「石姑娘隊」，像男青年一樣拿起鐵鎚和釺鑽，治山治水，與高山頑石展開搏鬥。資料來源：吳子茹（2013），〈石姑娘隊：擺拍的照片和真實的歷史〉（EB / OL），《新華每日電訊》（2015 / 9 / 2）。

史，我深感爸媽從農村走出來的不易，也十分佩服他們的艱苦奮鬥精神，為爸爸在深山伐煤柱子的艱苦既感佩又心疼，為媽媽當年參加「石姑娘隊」巾幗不讓鬚眉的颯爽英姿感到由衷驕傲。

一無所是的爸爸、讓我心疼和感激的爸爸

二〇〇七年十二月，有位朋友問起我的爸爸，我說起爸爸的專制、固執、小氣等等，講完以後發現自己說的竟全是爸爸的缺點，爸爸難道沒有優點嗎？我自己也覺得爸爸不應該是一無所是，於是集中想了想爸爸的優點。我想到爸爸特別吃苦耐勞，他給我音樂上的啟蒙，教我物理知識，幫我複習歷史，對我的種種關心。我還想到爸爸在我上大學後寫給我的那封信，大意是說，你考上大學了，已經成了高級知識分子，以後爸爸未必有你知道的多了……。這封信讓我第一次感到爸爸似乎從高高在上走了下來，對我更尊重、更平等了。我感到爸爸其實一直在變，他的固執和狹隘只是較封閉的生活環境造成的。

我盡力去想像爸爸走過的道路：他做過許多重體力活，工作是在最基層奔波，而且還常常騎自行車（為了省錢）從縣城到市裡去看我們，曾經鋼鐵般強壯硬朗的身體，竟也日漸虛弱了。他從農村來到城市，在基層跑業務，一定吃過不少白眼，受過不少擠壓，見過太多的世態炎涼，所以才會沾染上一些市儈氣。他以那樣微薄的工資養家糊口，供養我和弟弟上學，所以才會對錢那麼斤斤計較，那麼「吝嗇小氣」。而他長期一人在縣城工作生活，工作勞累、起居不規律，又沒有人照顧他，所以他的房間才會常常一團糟，也不怎麼講究衛生……，想到這些，我對爸爸感到很

心疼，也有了重新的認識和理解。

在那天的日記中，我寫道：

> 對爸爸的重新認識讓我心潮澎湃，輾轉難眠。一直以來，爸爸在我心目中並沒有多麼高大的形象。曾經想過，如果爸爸能更有成就、更有能力、更有人格魅力，也許我會比現在更好。但爸爸始終是一個掙扎在社會底層的小人物。我只看到了他的吝嗇小氣，他的窩囊無力，他的愛錢如命，他鼓勵我們向上爬的功利，他強迫我們服從的專制，何曾想過在這些的背後，是他爲了家庭、子女幾十年的勞苦奔波，是他從農村來到城市的幾多艱辛苦楚，是他在底層備受壓迫的忍辱負重，所以他才會有那樣想改變命運的強烈願望，以及寄託在我和弟弟身上的殷切期望。爸爸啊爸爸，也許你不是個成功的男人，但你無愧於一個偉大的父親，女兒要好好報答你。

不溫柔的爸爸、不稱職的丈夫

經過梳理，我對爸爸的印象有了很大改變，也更能理解和體諒爸爸，唯有爸爸對媽媽的態度成為我的一個心結。

大概二〇〇一年，爸爸內退。隨著計劃經濟時代的糧食統購統銷政策取消[3]，各地的糧食差價愈來愈小，國家統一標準的

3 一九五三年，為了解決城市人口增長和工業化發展中的缺糧問題，國家開始實行糧食統購統銷政策，這一政策一直持續了四十年之久。一九八五年一月，中共中

大糧庫建成以後，爸爸工作的小糧庫效益漸漸不行，沒什麼業務，也開不出工資，工人基本上處於失業狀態。單位每月只給爸爸發兩百塊錢，扣除各種保險後，基本不剩什麼。只是爸爸還沒有到退休年齡，還要等幾年退休後才能領到稍高的養老金。於是內退後爸爸來到市裡，終於和我們幾個住在了一起，爸爸在家待了一段時間，半年後在市裡找到一份臨時的工作。

二〇〇二年媽媽也內退了。媽媽工作的小鐵路起初效益非常好，是市裡的利稅大戶。但後來大鐵路一開通，小鐵路漸漸停運，單位效益愈來愈差，只能把機器零件逐漸變賣，最後把廠房承包出去收取一點租金，老職工基本上自謀出路了。經查閱網路資料，我了解到媽媽工作的地方鐵路始建於一九六〇年，當時國家正處於三年自然災害時期，地區東南部的幾個縣，一百六十多萬災民缺吃、缺穿、缺燒，而國家調撥的大批救災物資，由於交通不便積壓在市裡。在這種情況下，地區行政專署決定修建地方鐵路。建成後的地方小鐵路長九十公里，為跨越四縣區域的新長幹線窄軌鐵路，被災民譽為「救命線」。據不完全統計，這一地方鐵路在二十五年裡，貨運總量達七八六萬噸，貨運周轉量四二四億噸公里，客運量一〇六七．三萬多人次，總收入六四六一萬元，上交國家利稅四七五萬元。地方小火車運輸在二十世紀八〇年代後期達到了鼎盛時期，那時全處共有一千七百多名職工，機車二十四台。二十世紀八〇年代中期，隨著鐵路、

央和國務院發布《關於進一步活躍農村經濟的十項政策》，宣布取消糧食統購，轉而由商業部門與農民協商簽訂訂購合同，允許農民到市場自銷訂購量以外的糧食。來源：鳳凰衛視網，〈計劃經濟缺糧行統購統銷，市場經濟介入後退出歷史舞台〉，http://phtv.ifeng.com/a/20160317/41564171_0.shtml.2017-12-06。

公路建設的大發展，社會運輸力量的猛增，尤其是與新長幹線相平行的大鐵路通車，使得小鐵路競爭力明顯處於劣勢。運輸量逐年下降，到一九九一年年底全部停運。一九九八年，這條已停運多年的小鐵路經上級有關部門批准拆除。[4] 媽媽內退後，到一家私人工廠做機床加工。二〇〇六年媽媽正式退休，有了退休金，但考慮到我在讀研究所，弟弟還在讀大學，都需要錢，媽媽繼續到私人工廠做工。長年的辛勞加上在私人工廠工作的高強度，使得媽媽的身體狀況急轉直下，經常腰酸背痛。二〇〇七年我研究生畢業找到工作後，媽媽終於沒再工作了。

我假期回家時，發現爸爸對媽媽的態度很不好，一點小事就著急上火地發脾氣：嫌媽媽早鍛練出門時弄出了響動，讓他睡不好覺；嫌媽媽東西放的讓他找不著；嫌媽媽在家裡走來走去讓他心煩；嫌媽媽又忘記關燈……諸如此類的事情，而且他有話也不好好說，語氣凶，講得也很刻薄，我都有點聽不下去。媽媽每次都好聲好氣地跟他說，他也不領情。

有次媽媽做飯時弄出了一些聲響，爸爸怒氣沖沖地到廚房去責問媽媽，媽媽大概也憋了一肚子氣，就把手中的水壺在灶台上重重地頓了一下。氣氛變得很緊張，當時弟弟說了句：「別吵了，」後來爸媽都沒再說什麼。還有次我和媽媽晚上鍛煉回去晚了點兒，爸爸已經睡下了，媽媽也去睡了，我去洗澡。正洗的時候，聽到爸爸在房間裡罵了一句，說著：「早上五點就不讓人睡了，晚上十二點還不回來！」媽媽小聲說了句：「雪瑩還想多鍛煉會兒……」，我聽得十分驚心，趕忙說「是我，我儘快洗完。」

4　關注河南地方鐵路，河南報業網——《大河報》（2008 / 8 / 25）。

媽媽說知道爸爸睡眠不好，早鍛煉和做飯時她儘量輕手輕腳、小心翼翼，但稍弄出一點聲響，爸爸就會大發脾氣。

我特別不能理解，爸爸為什麼對媽媽那麼不好。感覺媽媽勤勞能幹，又特別通情達理，有時還忍氣吞聲，爸爸卻動輒發脾氣，好像總是看媽媽不順眼。媽媽常關心爸爸的身體，出去逛街也總想著給爸爸添些衣物，但似乎從來沒見爸爸去關心體貼過媽媽。在爸爸身上，我完全看不到一個丈夫對妻子應有的體貼和關愛。我為媽媽感到深深的難過和不平。

我非常希望幫助爸爸媽媽改善關係，我和弟弟都出來了（我二〇〇〇年離家到武漢讀大學，二〇〇四年到北京讀研，二〇〇七年畢業後留京工作，弟弟二〇〇六年離家到鄭州讀大學），平時家裡就是爸爸媽媽在，如果他們兩人能夠互相陪伴，應該都能過得更好一些，我也可以更放心一些。感覺媽媽一直希望和爸爸建立良好的關係，她做了很多努力，也做了很多忍讓，但無法從爸爸那裡得到足夠的回應。

爸爸這樣的態度究竟是什麼原因呢？我問媽媽，爸爸對她一向如此，還是後來變的？媽媽說，剛結婚時也曾經有過一段感情很好的時期，但後來因為經濟上的問題以及其他一些原因，感情慢慢變淡了。爸爸媽媽長期分居兩地，媽媽一個人帶我和弟弟長大。爸爸嫌媽媽總是攢不下錢來，他們因為這個沒少起爭執。但媽媽說，她實際上一直非常省吃儉用，我們家比鄰居家裡條件要差一些，但她不想委屈我和弟弟，儘量為我和弟弟創造和其他孩子一樣好的生活條件，加上和親友的禮尚往來，她那點微薄的工資根本餘不下什麼。

家庭帳本？

二〇〇九年六月，第二屆海峽兩岸行動研究研討會上，聽怡臨講到她的爸爸媽媽也經常在家中算帳，但算來算去怎麼也算不清楚，我覺得跟我們家好相似，並突然想通一點那是怎麼回事，因為以他們那樣微薄的工資要撐起這個家，養育我和弟弟，供我們上學，他們必須多年辛苦勞作、省吃儉用，一分一厘地去攢，但即便這樣也還是常常捉襟見肘。

二〇一〇年四月二十七日晚，我在讀書會[5]做了關於「父親的回家路」的報告。夏老師問我，父母以那樣少的工資，是怎麼攢出錢來供我和弟弟上學，又買了房子的。這個問題著實把我問住了，以前沒怎麼想過，也覺得很吃驚，想不明白。夏老師讓我回去算一算這筆帳。

我算來算去也沒有完全算明白，但確實感受到了父母的不易。我想起小學升初中時，因為我是農村戶口，在市裡上初中要交高價的贊助費。當時我積極準備參加微機競賽，如果能在競賽中取得名次，就有機會進入市重點初中就讀。但是在最後一輪參加省裡的競賽前，我被通知因戶口不在本地，不能參加。這個機會喪失以後，我很沮喪，記得那會兒，爸爸天天拿粉筆在家裡的地上，算我以後上學要花多少錢，怎麼算都是一筆天文數字，他算一次我就哭一次。當時我心裡有點抱怨爸爸，本來我心情就不好，他還老是把我弄哭。現在想來，那時爸爸是在琢磨以後如何

5　我二〇〇五年我加北京師範大學行動研究讀書會，在夏林清教授的指導下，多位讀書會成員對自己的家庭故事進行了細緻的梳理。

供孩子吧。那會兒，爸爸提過把我送回老家讀書，媽媽堅決不同意，說那樣會把我耽誤了，而且寄住在別人家裡，對我的發展會很不好。後來我參加市重點初中的入學考試進入了前幾名，三千兩百元的贊助費免除了兩千元，於是交一千兩百元上了這所學校。大學畢業時，也有阿姨勸我別再考研了，早點工作可以減輕些家裡的負擔，那會兒，我心裡矛盾，後來媽媽還是說，只要我能上，就一定供我。我就這樣一路讀了上來，家裡也一直供我。

我想起上高中時有次準備出去，自行車沒氣了，爸爸讓我上四樓家裡去拿打氣筒，我當時嫌麻煩，想出去到大門口修車的地方花一毛錢，打了氣就可以走了。爸爸說不行，一定要我上樓去拿。當時我挺不情願的，說：「不就一毛錢嗎？」爸爸說：「你以為一毛錢掙得很容易嗎？」那會兒我真的不知道！

我想起大學時，我沒有申請貧困補助，爸爸知道後很生氣，他對我媽說：「她還以為咱們家不貧困，她可能還覺得咱們家條件挺好的！」當時我對爸爸的態度很不解，現在回想起來，我上大學的時候，恰好是父母雙雙下崗、自謀出路的一段時間，即便在那樣的情況下，我上大學的費用，每次父母都會提前籌好讓我順利交上，不知他們是怎樣湊齊那些費用的。

對爸爸來說，做為一家之主，房子何嘗不是他心頭的重擔呢？為了我和弟弟上學，我們家一次次放棄集資買房的機會，二十多年來，一家人都擠在媽媽單位又小又簡陋的公房裡，老鄰居們都陸陸續續買房搬走了，只有我們家還一直住在那兒。直到二〇〇六年左右，我研究所快畢業時，家裡才買了房子。而這次買房，爸爸拿出積攢的錢有八萬元之多，要知道他一個月的工資只有兩、三百。這麼一大筆錢是怎麼攢下來的，周圍的人都感到很吃驚。如果沒有爸爸的「摳門」、斤斤計較，也不可能有我們家現在的房子。

如果沒有父母數十年如一日的辛苦勞作、省吃儉用，一分一厘地去攢，哪裡會有我們今天的家。家庭帳本雖然沒能完全算明白，但是我回頭看到了自己以往一直沒能看到的東西，看到了父母多年以來辛苦勞動撐起這個家的付出，心裡對父母充滿了感激。現在父母都退休了，我時常打電話回家，和爸爸的交流愈來愈順暢，也幫助父母不斷疏通關係。我和弟弟不在家的日子，父母可以互相扶持照顧，我感到無比欣慰。

【後記】
精神反抗的轉化路

江怡臨／二〇二〇

論文寫完至今，已經十二年了，剛好是一輪的十二生肖，藉由本書出版之際，再回看視框挪移於我的實踐為何。

我的論文始於碩一的課堂學習中，在師生相互參照下，邊書寫回憶，邊帶著淚水和滿腔複雜的奔騰理解我自己與我的家人和我們的處境。在耙梳家內故事之際，透過師生共同協作挪動框架，就像增添多元視角，故事中的父母脫下了社會角色，還原成「人」。重看他們一生，讓我個人性的痛苦得以轉化，並進入關係中安頓身心。

由於信仰與我個人體質之故，畢業後進入身心靈領域，開始靈性探索。從跟人的關係，進入到跟無形（神靈）的關係，這是神的領域，全新考驗，重新摸索。這裡沒有互為主體，有的是完全的臣服與無我。然而身在苦難太久，容易離神越遠，心中對神靈有太多不安、質疑和遷怒。我的多元視角轉向了我每個情緒、每個過去和業菩薩們，來回對話解開了「我不堪，是被神遺棄的螻蟻」這個封印。

從無知無明（不知如何與靈溝通），走到了有知有覺（靈通），我終於可以跟神靈互為主體了。從心理走到探求靈魂的緣起、本質與天命，也撞入宿命論、業力因果論這個要人認命的大框架。但我不認貧窮、病苦、劫禍是要人自慚形穢的業報，陷於黑暗之中也不是一種罪惡，那是傷痛，需要的是慈悲。

回看我成長的歷程，這些「業」都是我的滋養，也成了我的老師，業如菩薩般教會我柔軟、同理，教會我每一個作用在生命裡的苦難，都是慈悲的粹煉。

當我想要解構這些福、業、報應的框架時，我卻遇到另一個階級框架，神—神的代言人—人。每一個問事者都自動地調低他們的位置，希望透過代言人跟神靈拿到更多的幫助。時日益久，他們變得依賴、討好，而且容易放掉自己的主體性、主導權，只要神靈願意幫他們心想事成，他們甚至願意放棄自我。這種自覺卑微、無價值的觀念非常難撼動。特別是當我被放置在神的代言人位置上時，階級差異自然形成，我走不下神壇，更難受於我這樣的存在是他們另一種壓力。

撕不掉標籤，我就自己離開這個標籤！二〇一九年底我決定不再使用通靈能力作為助人方法。

我還在尋找一個轉進的方式，能夠把我對靈性、靈魂的認識轉化成為一種助人方法，讓人可以看到自己此生苦難的可貴之處，並能明白自己的偉大與價值。

失業在家，打開十二年前寫的論文，回看我家的歷史，瞬時間迸出的激動，讓我體會到今刻的決定，早已鋪就完成——這是我們的精神反抗之路：辨認壓迫形式、拆解框架，讓人可以長成他自己！

若說論文是我挪移框架的習作，通靈歷程是我多元視角的實做，此刻轉進則是為這精神反抗之路鋪就一條可以接引更多人願意行走的小徑。

II
結構之內、城鄉之間

台灣的現代化歷程始於日本殖民治理時期，二戰後，農民轉工人，城鄉移動，一九六〇到八〇年代發生城鎮化，大陸則於一九七八改革開放後高速進入現代化，城鎮化發生在二〇〇〇年後。工業化與現代化不只涉及生產方式與結構的改變，人在社會制度與系統裡求生存、謀發展的方式與路徑也隨之改變了，每個人都承擔著結構性變化帶來的效應。「家」的地景與家人互相照應、對待的方式，同步亦被重構模塑。於是我們由「家庭」群聚居住的空間遷移與家人勞動謀生的歷史軌跡中，可窺見轉軌的摩擦聲。「家庭」的移動與變化是被經濟活動、戰亂與政治推著與裹挾著前進的。

一九八〇年代初，台北都會外圍，由鄉入城的工人家庭一家家地成群聚居於新開發、屋價低廉的區域，或租或買下一間公寓，是不少家庭的經歷，玉霞的家就是如此。在玉霞回憶中的童年，由鄉入城的打工父母均不在家的白天，屋外狹窄死巷，是父母上工去後，她玩耍的一方花園，也是她開始獨自承擔害怕與學習冒險的起點：

在那個有點封閉的公共場所，沒有一個位置是屬於我的，我無處可藏匿，只能不斷接受外界的刺激，看著家門外的人事和自然天候的變化，就像是一段冒險的旅程，卻沒有退守的角落，我不知道今天將會發生什麼事？又有什麼遭遇？我會欣喜地期待發生有趣的事，但是如果我累了、睏了、突然拉肚子或怎樣……，我該何去何從？

大多時候，我的户外冒險就是以布袋蓮池畔的死巷爲基地，從無生有地尋找一切可以玩辦家家酒的用具。我會找一些廢報紙、廣告單來鋪在一樓空屋的屋簷下，用它們畫出一個家的範圍。我會找一些人家丟棄的空罐當作鍋碗瓢盆，找一些尖銳的、塊狀的小瓦片做爲菜刀，我會親自去挑選上好的布袋蓮。我蹲在池畔，看看靠近岸邊的上等貨色都已經被我摘光了，今天必須向池塘更深處撈寶。我用手撥開岸邊的布袋蓮葉群，滿布著布袋蓮葉群的池塘，現出了一小塊黝黑的池面，我試著透過它的黑凝望池底，但是莫測高深，露出的池面很快又被推擠而浮過來的蓮葉群佔據。我想如果我不小心掉下去，大概不會有人知道吧！我一個人在這玩耍，向來沒有人會看到我，如果掉下去了，我呼救的聲音也很快會淹沒在推擠過來佔據池面的蓮葉群裡，於是我小心謹慎地把重心擺在後頭，伸出手去撈那一株最清新脫俗的布袋蓮，她是這麼美，我不禁發出驚嘆聲！

——李玉霞[1]，二〇〇三

---

1 李玉霞（2003），〈母職・情慾・我——一條從「孤絕」通向「擁抱」的活路〉，國立新竹師範學院國民教育研究所碩士論文。

在台灣工業化過程中，城市的延伸區域往往群聚居住著數十戶家庭小工廠。中共建國後，在國家型規劃與政治運動中，整代人上山下鄉又返城地移動與落戶，影響了兩、三代人的家庭關係。國共內戰的一九四〇年代迄今，家人離散與相認的過程則橫跨海峽兩岸，滲透影響著兩、三個世代。台灣的軍人眷村與大陸民工聚居區，分別展現了政治與經濟是如何沖刷過無數家屋的地基界域，且紋刻著所有家庭成員的身心樣態。大陸社會主義歷史中所特有的「廠子」、「大院」與「單位」的居家群聚生活氛圍，在改革開放後大塊成片地消失，家庭聚居的人文地景轉置到「家人關係」中，此時，家的承擔是什麼？家庭經驗的故事敘說是一種經由回溯反映到轉置探究的，一種理解「家庭」與協助家人共同成長與發展的方法。

家人關係承載了家內不同成員對彼此並不如實的關係期待，我往返於大陸與台灣之間推動著「視家為社會田野」的工作路徑，見識到大陸社會變動之幅度與速度，我常用魔方來形容大陸十年如一代地整層年齡層的扭轉變動；在這樣強勁迅猛的社會變動力道裡，三代人日常生活之歷史經驗的斷裂是常態，因而在現代化沖刷中求存的人們，更容易擁抱化約的解釋來安置生活中的矛盾感受。無所不包的商品，將個人與家庭嵌入某一緩和矛盾的地方，也透過生活方式的物質性固著，遮蔽人們對複雜實相的思維與對自身矛盾情感的覺察。以下的一章，以大陸七〇、八〇代人的家庭敘事為主，貫穿不同人家庭經驗的軸線，是我們企圖將三代人斷裂的生活歷史接續起來的努力。

【第四章】

在歷史鞦韆上放風箏

城鄉二元拉址中的三代人

摘選導讀／夏林清

文本／火石、小宋、雪瑩、安娜小張、梧桐落葉

我的父親愛我們，可是卻不知道如何與我們相處；我的爸爸媽媽都非常善良，可是他們的婚姻並不算得上美滿。我的家人爲何不能在一起生活，生活在一起時間久一點就會出毛病？

歷史鞦韆上的七〇、八〇年代父母

火石是我來回大陸、台灣，最早結緣的北師大青年人之一。二〇〇三年我到北師大交流，二〇〇五年火石成為輔大心理系第一名大陸來台的交流研究生。他一路學習著行動研究的方法，七〇年代的他，是當了幾年小學音樂教師才考研入北師大的。當年，這第一批我所認識的青年研究生均為七〇末人，其中不少是做過數年小學教師再讀研的。這群七〇後是這樣形容大陸改革開放後，身處劇烈社會變動中的他們：「七〇的我們像是站在書頁稜線上的一群人，改革開放一翻頁，八〇後在後一頁，六〇在前面一頁，我們在被翻的書頁稜線上！」二〇一八年，已育有二子的火石則用盪鞦韆的比喻說著這一代人：

> 我們這一代人好像在盪鞦韆，用了三十年盪過來，後半生又要盪回去。然而，盪回去的人生歷程已經不再相同，因爲，儘管不得不已進入到要背負著上有老下有小的家庭責任的「中年油膩期」，在少年時期被播下的那種社會主義以天下爲己任的火種仍然時不時還在撩撥著我們那可能已經變得世故和表面安寧的心扉。
>
> 然而，左手擒著家庭之重，右手掌著大我之翅，還要在盪鞦韆的過程中保持好平衡，並不是一件輕鬆的事，它需要力量，更需要技巧。

火石一九七五年出生於湖南一小山窩的縣城裡，爺爺與大伯父於一九四九年隨國民黨到台灣，一九四六年出生的父親則從小如孤兒般在村莊中獨自求存長大。火石，這個兒子也在一種「孤立」的關係中兀自長著：

家裡有五畝地，因為是種雙季稻，每到七、八月份一年中最熱的季節，正是早稻收割、晚稻又要馬上插秧的時令，我們叫作「雙搶」，從收割、打稻、曬穀、插秧全靠我父母兩個人肩挑手抬。我從記事開始，就負責放我家那頭老牛，很老了，是分田單幹時從隊上分的。現在回想起來，還記得母親對父親的抱怨，由於我家成份不好，年輕力壯的牛先被那些幹部瓜分，分給我家的這頭老牛就是被人選剩下的，幹不了重活，又容易中暑。但是我和牠感情非常好，放牛時我從來不用牽住牛鼻子，不用提防牠偷吃田裡的稻苗。

從小我就一直不喜歡和村裡的小孩一起玩，因此一直很孤立。

——摘自〈我的生命故事〉，火石，二〇〇五

二〇〇五年，火石借由交流學習的機會到了台灣，掃了未曾謀面過的爺爺的墓，探望了十八歲離家、士官身分退休的伯父一家人。在台灣這個嵌連卻又遙望之地，火石對父親的情感在一場探觸自身勞動家庭的交流會中流瀉而出：

子茵一說起她的父親就會忍不住流淚；我想到自己的父親，剛說幾句，未料引發了山崩樣的情感，當著眾人的面大哭一場。

> 正如在「勞動疊影」[1]中所感受到的，從父親的辛苦，我看到壓迫的隔代的傳遞，只不過我的父親早期受到的是政治的壓迫（不過是階級壓迫的變種而已），隨著國家政策的變化，資本的入侵，我們有了比以前更多的自由，當然壓迫的種類和形式也發生了變化，它更爲隱蔽，更加令人難以抗拒，因此在隔代的傳遞和複製上也就更爲隱諱、痛苦更深。
>
> 想到我的父親在文化大革命期間，曾經被紅衛兵、村幹部摁在火堆旁邊接受批鬥，但是他從不低頭；自我記事起，只要有人敢欺上門來，父親一定和他幹架，無論打得贏還是打不贏。但是在我考大學那一年，我看到父親爲了搞到一個工程業務，對一個傲慢的包工頭低聲下氣，陪他好話，還要陪他抽菸（那時他已經戒菸一年）。那種場面對我的刺激之深，至今不能釋懷。
>
> ——摘自〈我的生命故事〉，火石，二〇〇五

火石的家庭在大陸改革開放後，經歷著父親抓住家庭經濟起飛契機的變化，火石享受了家庭經濟上升的好處，卻也承受著難以言喻的矛盾情感：

1　「勞動疊影」是台灣基層教師協會的一小群老師們，一九八五年至今，透過了教師專業自主的追尋，得以貼近工人運動現場，由敘說和返身回觀中，拉開自己身上堆疊的痛苦和掙扎，放置回歷史社會的家的田野脈絡中，重新理解和找回自我的愛、慾的動能。可參《拉開勞動疊影——「老師的家」和「她的教學」故事》（基層教師協會未出版的故事集）。

小學四年級，父親做出一個重要決策——搬出租住的屋子，到離村五里地的一個山坡上蓋了一棟兩層的磚瓦房，旁邊有一個國有大型煤礦和一個國有刨花板廠。此舉當時震動了全村，因爲造那麼大的一棟房子需要一筆巨款。不過爲了建好這棟房子，父親從磚窰上摔下來，後來又得了急性肝炎，主要原因就是沒青菜吃，營養不良。還記得那年下了一場大雪，我們全家五口借了一個親戚五十塊錢過年。

到初二（一九八八），我們村裡的土地被縣政府看中，成爲新縣城所在地。我們家的五畝地以每畝一千五百元的價錢被徵收。還記得那年父親咬牙把這筆錢存進銀行，以一比二換來一萬五千元的貸款，在新區又蓋了一棟三層樓的所謂「居民房」，沒想到從此打開局面，父親抓到建材市場的商機，從三個人合夥包場做水泥預製樓板，到後來一個人承包，請五、六個小工，一直做到今天。我家的經濟條件也因此得到大大的改善，成爲村裡數一數二的人家……大一暑假我就對我們家周邊幾個土地被徵收的村子，做了一個生存狀況的調查，起因只不過是母親有一次提到，我們村裡那個最喜歡給我們這些小孩子講鬼故事的老人，由於沒有子女贍養，現在竟然靠撿垃圾箱裡的剩飯菜度日；有的人家因爲沒有生活出路，甚至沒有炒菜的油錢，全家人吃醃菜。花了整整一個多月的時間，聞著那熟悉的氣味，走進那些叔伯長輩的家，我震驚於他們的貧窮和淒涼。以前他們也窮，但還有窮快樂，但是現在他們家境之淒涼只有更甚於從前！

——摘自〈我的生命故事〉，火石，二〇〇五

二〇〇五年的火石老家，到了二〇一八年已經轉成了富足城鎮，火石亦與妻兒落腳廣州，抱著孩子坐高鐵回家不出兩小時。這種由貧窮轉入富足的變化，是否改變了火石心中所承擔住的社會城鄉二元發展之結構化張力？二〇一八年，火石的小家庭不貧窮，但仍是靠了父親的資助才買下位於廣州外圍的住屋，養兒育女的擔子不輕，然而更令火石矛盾的是：要送兒子去華德福學校嗎？上國際學校不是火石負擔得了的，也是他並不認同的，就上住家小區裡的小學有何不可呢？這不只是火石的困擾，許多七〇、八〇後的大陸青壯年父母都拚命賺錢，花數萬到十幾、二十萬不等的學費，送孩子到如國際學校這樣的民辦學校；火石送兒子上了一學期華德福幼兒園後便不再繼續了！他尋思著是否有另一種生活方式，可以讓兒子與爺爺、奶奶更為親近。

由一九六〇年代末迄今，孜孜不休在美國紐約發展社會治療的紐曼（Fred Newman）在論及憂鬱症時，認為成為「歷史中的行動主體」才是不被異化為病人的重要道理。「在歷史中無從失落！」紐曼如此說著。我認為家人關係所承擔住的社會差異結構，正為這句話做了註解，由家人在日常生活共同居住的習慣與差異衝突，到父與母養兒育女的權責分擔，在在均需在關係中磨合與謀合；若我們只侷限於溝通模式來論斷婚姻與家庭的矛盾，就是無視於家庭裡的社會性與歷史性訊息。我與家庭成員一起工作的方向是：讓婚姻與家人關係能發展成得以涵容差異的地方，當家庭成員認受與變化著自身，彼此的關係才可能得以深化，且

同步發展所需要的承擔力。關係的承擔力不是一昧忍耐壓抑，而是透過對差異的了解逐步豐厚著對彼此的了解。火石在「孤立」中滿腔壓抑著的是家庭歷史裡所隱蔽著的悲憤，但他抓住了可能的機會，拉開家人關係裡政治歷史經驗的皺褶，他是一名盪在歷史鞦韆上的行動者！盪鞦韆需腰身手腳用巧力！

「人・結構・肚臍」不分裂

中國大陸在改革開放後，大陸城鄉二元化的社會結構力道強大且具撕裂性，一九八七年出生的小宋，形容自己是一名不斷只看自己肚臍眼的喃喃自語的八〇後，她透過碩士論文的書寫[2]，辨識著城鄉結構的巨大力道：

> 不分裂的對待結構和肚臍，我覺得不是個容易的事。
>
> 在城鄉二元的結構下，從小要走的路，也是清楚二元分裂的啊！一條路是好好讀書、慢慢有進城過好生活之能力的好路，另外一條就是不好的路啊；然後我選了前一條好路，也在走這條路的過程中，花了最多力氣在該做的事情上，認眞讀書，走對的路，然後自己的情緒啊、別人情緒啊，則都不在該花足夠心力去對待的範圍，這就是主動的自我閹割！

2　宋霞（2015），《風箏不斷線——一個由鄉入城的大陸農民之子的返身路》，輔仁大學心理所碩士論文。

> 結構性力量在我的內在自我懷疑間，有千絲萬縷的聯繫，它們不是分裂的。至此，我終於肯認，在我自己的生命經驗裡，「結構」和「肚臍」在我這個人身上，不是分裂的兩件事。

二〇〇五年高考，小宋排名山東省理科生中第五百名，而當年山東省的考生有七十萬人，理科生約為五十萬人。她在成績上的優秀光芒映照著她與媽媽的爭吵張力，「河東獅吼」是大學時期的小宋對宋媽媽的形容，二十六歲的小宋剛開始繞到母親身後去試圖理解母親時，這麼說著：

> 我和母親，曾經有強烈的衝突，長大後我在某個程度上有看到我倆社會位置的不同（我是個腦力勞動者，她是個體力勞動者），但還是無法化解我在對她「都不表揚我，不接納我，所以我才這麼在意別人認可」的埋怨。現在經過這一路的返身折解，我才拉起社會性、歷史性的視角，重新理解我的母親。
>
> 初中時，跟母親有很多日常生活的摩擦，彼此生氣賭氣！高中住校，摩擦減少。
>
> 上大學，開始對自己多了覺察，這個階段，我覺得對自己的了解更深入了，可那狀態像是進入一個幽深曲折的黑洞，但找不到光和出口。
>
> 後來，開始戀愛。對方剛好是一個就是穩穩在那裡，不對我提要求的傢伙。當時，好像忽然第一次體會到被「無條件接納」的感覺，然後在這個關係裡，開始重新

做任性而肆無忌憚的小孩，不用努力去達到對方期待，而可以充分表達我的感受，照顧我的感受（從小，我就是努力做到乖巧懂事，但又常會忍不住爆發）。

但這期間，我跟媽的衝突愈來愈激烈！從假期回家的家務分擔上，到我的工作選擇等等爆發吵架，到最後收尾的那句，常常是我哭著喊：「你到底有沒有對我哪點滿意？！」甚至會在夢裡夢到我媽，然後哭醒。

進城的邏輯

與第二章「盈豐行」的淑娟一樣，山東小宋由自己身心中的強烈情緒開始，她也經歷了說、寫、讀的返身梳理歷程。「情緒解壓縮」是兩、三代人真實生活的歷史經歷與身心情感的訊息檔案，透過回溯梳理，則逐步打開重構歷程。不化約自身亦不簡化地粗暴對待他人，是不再落入二元對立生存邏輯的一顆成長果實。小宋漸漸看見與辨識了自己與父母身上所共通的「進城的邏輯」：

寫《老爸老媽的勞動》，試著把他倆當成年男女看。寫我村子的歷史、寫我的家族愈來愈往城市移動的過程，也寫我自己在這都市化的進程中，擠進五十萬分之五百，從山東農村一步挺進北京、上海。

到現在，我看到了影響我和我媽之間衝突的社會歷史的力量。我的村子，我的家，都身在整個中國經濟快速發展，由鄉入城的巨大都市化浪潮中，我爸媽沒什麼條件，只能靠在城市邊邊勞動養家。他們切身體會「在土地裡刨食的不易和不值，城市裡可乾淨輕鬆地賺到錢」，然後就用他們所有的力氣支撐我和我弟進城，去過「城市好生活」。我們之間對我工作選擇的衝突，是我媽對「我沒有卯足力氣去過城市好生活」的生氣。她沒有條件體體面面進城，因而留在農村吃足了苦，因此要往城市翻身過好生活的力道，就是那樣強烈生長在她的整個生命裡。而我現在更有條件，已經可以保障某種基本的城市好生活，我因此對我們在家務分擔上的衝突，也多了理解。整個進城的邏輯，其實要我用幾乎全部的力氣讀書，走上城市「腦力勞動者」的好位置，這是她期待的，也是她在努力撐住我往前的，但同時她又是矛盾的，繁重的勞動讓她希望有人可以幫她分擔家務，而我這個卯足力氣讀書的小孩，根本做不好家務！

我不能、也不該只落在她不接納我的狀況上。

而我的那些自我懷疑，現在也清楚看到它們與我在二元結構下，卯足力氣踏上好好讀書邁進城市好生活的路有關。要卯足力氣在這路上走才能實現這資源、機會分配極不公平的城鄉之間的跨越啊！對自己感受的了解，對別人情緒的照顧是本來就沒花足夠力氣去理解思辨的主題，現在是慢慢要補學習的啊，不能全落到「我有問題」、「我不接納自己」裡。

至此，小宋與母親間的「不理解彼此 」的矛盾，因著小宋對城鄉資源與階級二元分化的認清，發生了轉化。我稱這種家人彼此難以理解的狀況是一種「社會性距離」！

坑頭上爺輩說故事

宋爺爺說的故事被孫女寫成文章，成了孫女寫論文的副產品。小宋的動能是來自於見證了自己與同村的年輕人幾乎都選擇離村入城，她並不清楚父爺輩在村裡的生活到底發生了什麼？為何農村留不住人了呢？在台灣讀研放假回家的某日下午，小宋去了爺爺家，坐上了坑頭，要爺爺說說以前的村子景況！村裡爺爺家的門戶是敞開的，一會兒又走進一個爺也坐上坑頭，幸運的孫女聽了幾個爺共同敘說了他們對自身小歷史的故事。

宋爺爺，一個山東鄉村裡的農民，以一九四七年的國共戰爭與土改的鮮活口語，當下引領了孫女小宋一路往前探詢農村兩代人政經生活的變化。

打國民黨

> 到後來，一九四七年，毛主席下的指示，給貧農一點好處，有孩子的人家都同意讓孩子去參軍，這才被毛主席領導的。四七年是打國民黨，那段時期是各占一方，這些事我都是聽說的。老苗、老渠、蔣介石、遊擊隊，各占一方，都想爭權奪利，最後毛主席勝利了，把其他都消滅了，這樣毛主席就說了算。到後來，聽說蔣介石被趕到上海，然後走了，撂下一部分人在上海，死了很多人。聽吉亭（音）他老丈人說，他當時在打上海。對方來了一萬多人，把咱這邊的人攆的鞋都跑掉了，想糟

了糟了，快死了，結果從中央來了個指示，誰再跑的話，一個不留，所以咱這邊的人又嚎一聲，調回頭攆他們，他們這一萬多人嚇得又跑，咱們這邊的軍隊邊跑邊攆，他們就跑到上海，然後就開打，死了很多人。

你大爺[3]就是一九四七年去當兵的，後來在福建廈門拿的三等功，他打的是國民黨。因爲他識字，後來慢慢當上大幹部。他們一起出去了幾個人，有幾個犧牲了。那時當兵說是自願當兵，其實就是逼的，有來人動員你，你不去不行。宋桂清（音）她兒子去當兵，她騎著馬帶著花去送，其實她也不願意，是團長逼著他去，我都看見了。還有宋桂傑（音），偷跑來家了，後來又被民兵抓回去，還挨了打，不去打仗都不行。再有些貧農，人家給他點東西，給他點地，就叫他去當兵。幸虧到後來有好處了，如果沒有好處，這些幹部就等著被報仇吧。

那時的日子

新舊社會我都知道，一提起新舊對比，沒有法比。

一九二幾年那時候是老社會，日子也不太好，然後打仗，到四幾年咱們這也還算老社會。

老社會俺都知道。老社會咱們種自己的地，自己種不過來就雇個夥計。那時候是國民黨掌權，共產黨就幾個人，咱們都見不到，都害怕。八路軍得偷偷摸摸的，穿的那個衣服不認識那是八路軍，連武器也沒有，穿個

3　重音在「爺」上，爺爺的大哥。

小白褂從山上下來，後面背個手榴彈就算是武器。那時候八路軍窮，在村裡幫助幹活兒，跑到幹部家裡幹活兒。那時候窮得都穿不起衣服，破了也湊合著穿。鞋一年縫一雙。

咱家的生活，在村裡來說，不到三百户的村莊，咱應該是上等户的人家。就咱老輩是二十一口家，僱了兩個夥計，餵了兩個騾子、一個牛，你四老爺做鞋，你老爺推粉，家裡生活在村裡數一數二，算上中流。那段時期，我還記事，僱了個夥計，天天來幹活，傍黑來家，軋上草，挑上水。那時咱都吃什麼？早上地瓜餅，晌午豆子飯，晚上豌豆麵湯[4]，天天都這種生活，這算好的。咱家那時候還行，到後來分家就不行了。偶爾咱家還炒個花生米吃，那時候誰家能這麼捨得？來客人了，或者秋天要刨地瓜了，晚上請來幫忙的人吃頓炒花生。咱家有兩個菜園，吃白菜都不夠，過年時，你老爺還得趕著騾子，去育黎（地名，旁邊的鎮）買坨白菜來家。

那時候窮得夏天都不穿鞋，都光個腳。沒有電，上山割草回來點著照明，衣服沒有顏色，都去水溝弄泥巴回來上點色，再就是弄稻草灰加點水染一下。家家户户用草擰成繩點火照明，就連雞蛋都不多，過端午節，一個人才能分到十個、八個的，然後買鹽沒錢買，把雞蛋賣掉，換點鹽。我永遠忘不了有次去一個民兵連長家，

4 地瓜餅、豆子飯、豌豆麵湯都屬於雜糧，粗糙不金貴，而白麵、白米則是那時的好東西。

人家吃的豇豆麵條，我覺得這眞是好飯啊！

現在想想那時候的日子眞是不如死了好，連現在要飯的都趕不上。

但那時就是人多，到晚上這裡一攤那裡一攤的。別看現在吃得好，但是那個時候眞的是熱鬧，家裡小孩眞是多。六幾年咱們村差幾個人就能到一千人，現在可能多說也就五、六百。你就說找人聊天，找不著人，裡裡外外就那麼幾個人，用不了幾年就空了胡同了。

那個時候當官的也不敢貪錢，毛澤東那時候，貪到一萬塊錢就槍斃，而且那個時候也沒有錢貪，大家家裡都窮，出去都是掙口飯吃，哪裡有錢？！

做夢也想不到會有這樣的社會啊，能有這樣的生活。吃個麵條，買個蛤蜊吃吃，多好。現在的生活啊！過去的地主也沒過上這個生活！

分果實，鬥地主

一九四七年，怎麼對待地主呢？是分了他的房子，分了他的地，地主還得挨打。但其實也不能說地主就是比其他人過得好很多，日子也不算好，就多了幾畝地，也沒有什麼好的吃。

宋憶稅（音），咱村最大的户就是宋憶稅，他當過鄉長，他是地主。修虎（音）分到的房子，當時是宋憶稅家的客廳，他北邊的房和宋文興（音）住的房子也都曾是宋憶稅的。分果實，就把宋憶稅安排在一個破房住。就這樣，相當於互相對換了一下。

一九四七年，他們可遭罪了，宋憶稅的那些兒子們被鬥地主。宋憶稅死得早，沒被鬥幾次就死了。他那些兒子遭罪了，都被繩子綁著。那都是自我革命啊，共產黨指示的，上面來人鬥，教下邊的貧下中農、貧農鬥。他們都被綁著，問：「說不說，家裡有錢放在哪裡？」如果不說，一下就被掛到梁頂上。還會找和他關係不錯的人過去打他，拿著棍子打。你如果不打他，你自己就要遭殃，你不打就表示和他是一個系統，人家就會打你，就必須得打，這都是自我革命。都是一個村裡的，就這麼亂套。有民兵，民兵就是自己村裡的先進分子，婦女也打人啊，後來他們都成黨員了。那個時候批鬥他們的時候，是共產黨灌輸的，共產黨那時候有這個指示，因爲他地多，他就是剝削老百姓的土地，現在就要他拿出來。他僱夥計，就是剝削。

實際上，現在來說，走這步是不對的。其實是工廠養活了工人，人家自己省吃儉用，買的土地也不是霸佔人家的。還有一個要飯的攢錢買了兩畝地，後來也批鬥人家。只要地多，人家就說你是財主，就鬥你。其實那時候沒有什麼錢，就從地主家裡拿出東西來分給窮人。地主家裡的不論什麼東西都拿出來分，那些東西放到現在誰稀罕要呢？那時的財主能算財主麼？

小宋，這個考入北師大的山東農村長出來的尖子學生，由敘說自己與母親多年的強烈衝突開始，回溯了家人的勞動身形與歷史，接上了坑頭村子裡爺爺們敘說的生產與社會組織方式變革的政治歷史。

小宋以「不分裂地對待結構與肚臍」為題，為自己朝向下一階段的生活做了這個學習歷程的小節：

> 不分裂地對待結構和肚臍，我覺得不是個容易的事。
>
> 我一直帶著這個重要的要想通的問題，直到這個學期開學初，我清楚做出一個決定，我要兩年畢業，不想在台灣只是讀書上課了。我在台灣沒有投入實踐，我的困惑只是讀書上課應該解不了。我在歷史脈絡中、在社會結構中的位置，已經在跟夏老師的對話和自己的書寫中，有了很清楚的認識，也暫時決定了我實踐的落點，就在上海的邊邊找一所職業高中，在裡面我可以接觸農民工子女和山區來的農村小孩，既是一份可以養家糊口的安穩工作，又可以跟這些孩子一路發展。那些屬於我的內在糾結和自我懷疑就暫時擱在那裡，慢慢在以後的人生和實踐裡磨吧。

拿起自己的風箏線

大陸由一九四九年解放建國迄今，社會變遷速度與人民生活變動的幅度恐怕世界排名數一數二。八〇、九〇後的當代青壯年人不似七〇年代出生的那代人，七〇年代出生的人瞻前顧後，心弦常前後扯動，嘎嘎作響；八〇、九〇後出生的一代人擠上應試教育的競爭列車與由鄉入城的戶口。購屋與生兒育女的壓擠令人無法喘息，只能日日活在壓力中，抓緊「城市」所建構的生活方式做為攀緣的浮木，視之為現代生活的標準！「生活」其實是苦累的，家鄉已不可能返回；然而，雖已離土又離鄉，父母仍常是那必須離家入城顧孫兒的育兒保母。八〇、九〇青壯年的大陸當代成年男女，如何能在焦慮中定下來回看與安住？有可能創造離土不離鄉的生活方式嗎？

七〇年的火石用「盪鞦韆」形容七〇一代人，八〇後的小宋梳理了結構二元化的張力對形塑自身思維與情緒的強大作用力。二〇〇五年在北京，一九八一年出生的雪瑩讀著台灣怡臨父母夜裡記帳爭吵的文字（本書第三章），心底錙銖必較的父親顯影出場，雪瑩於是返身回溯，啟動了重新認識父親的歷程，父女關係的變化一路在雪瑩成年生命的追尋中發生了離土不離鄉的影響。

落戶北京，思念家鄉

二〇一二年十月，我和丈夫在北京剛剛搬進新買的房子不久，突然接到母親患食管癌的消息，我趕回河南家中，母親在家鄉進行了開胸手術，在眾多親友的關心和幫助下，母親的手術得以順利完成，半月後，母親出院。帶著不能在父母膝前盡孝的遺憾，我回到了北京，卻發現住進的房子被群租包圍。我們買的房子是二十世紀八〇年代建的，房齡較長，户型又較小，老住户大多搬到改善性住房去了，加上房子處在市中心，又臨主幹道三環路，需求旺盛，所以許多房子都出租了，而且是打上隔斷，放上高低床，群租給多人，可以獲取價格不菲的租金。我們的樓上、樓下、隔壁都是群租，特別是樓上對我們影響最大，常常到了夜裡十一、二點還有各種響動，老房子隔音不好，讓我們不堪其擾。這個房子每平米三萬兩千多元，總價一八三萬元，加上各種稅費和裝修費用，花費近兩百萬元，我們在自己積蓄和公積金的基礎上，用公積金貸款一〇四萬元，又向兩邊親友借款四十四萬元，才終於買到這個房子，沒想到住進來以後這麼不舒心。我格外懷念起小時住的母親單位的大院筒子樓，家家熟門熟户，守望相助。今昔對比，我感受到強烈的懷念與孤單。北京是否眞如我們想像得那麼好？我們是否還有別的選擇？一方面，買房的經歷讓我深感大城市生活成本之高，讓我們不得不到現在還要啃老，被群租包圍讓我深感生活空間的狹小！另一方面，母親的生病讓我有一種子欲養而親不待的緊迫感，而回家感受到親友們的濃濃情意，依舊長久地溫暖著我的心。我的小家庭實質上已留在北京了，那心中回鄉的掙扎反映了什麼？我開始帶著想回家的濃厚情感，回頭去問父母長成的家鄉地景，試著立體還原和呈現自己家的生活歷史。

發現「空白」裡移動的母親

對家鄉和家人的書寫喚起了我對家鄉和農村的深厚感情，然而因爲從小在城市長大，只是偶爾回農村，求學、工作以來更是從小城市來到大城市，逐漸遠離家鄉，使得我對農村和鄉土文化十分陌生，甚至有許多「空白」。這時再回頭細問母親，始知道她那代人由鄉入城的不易。

以前住在母親單位的筒子樓裡，我能感受到家裡的經濟壓力和與別人家的經濟差距。但筒子樓裡住的都是我母親單位的同事，很多也是同鄉，爲什麼那時候我家裡的條件不如其他鄰居？我探問父母，一些隱蔽的事實慢慢浮現出來。母親雖然因參加「石姑娘隊」修水庫做爲戰地工調到新鄉地方小鐵路工作，但實際上來到城市後很多年都是農村户口和臨時工。因爲是農村户口，母親不能享受供應糧，只能自己買高價糧，三十歲才大齡結婚。臨時工不能像正式工那樣幾年調一級漲一次工資，母親的工資多年停留在每月三十元。一九八六年前後，考慮到我即將上小學，家裡託人花兩千元將母親從農村户口轉爲縣城户口。後又經工人多次反映爭取，一九九五年前後母親補交一千三百多元後轉爲正式工，工資達到每月四十三元。當時户口仍在農村的工人可以交兩千四百元轉爲城市户口，然而母親的户口已經遷出農村，不給再辦遷城市户口。直到二〇〇六年，母親才取得城市户口。我在市裡上學過程中，屢次遇到户口問題。小升初前夕，我希望通過參加微機競賽獲得上市重點中學的機會，當時已經通過市級競賽，卻因沒有城市户口被取消參加省級比賽資格。上初中時（一九九四年），我參加市重點初中選拔考試入前五十名，免除兩千元贊助費，實際交一千兩百元入校。初中期間（一九九四～一九九七年），家裡花三千五百元爲我買得縣城户口。高中期間，家裡託人給我辦了市郊的城市户口，直到二〇〇〇年我考上大學才正式轉爲城市户口。

經過這番梳理，我意識到自己雖然從小在城市出生、長大，但其實我跟其他城市裡的孩子並不一樣。我是農村出來的孩子，是在多年以後才實現身分上的由鄉入城，城市不是我的原鄉，農村才是我的原鄉。記得小學時一個鄰居説我是農民，我還覺得很好笑，心想課本裡扛著鋤頭的農民伯伯才是農民，我怎麼會是農民！從小，我帶著改變命運、讓爸媽過上好日子的想法努力奮鬥，通過求學從小城市來到了大城市，也找到穩定的工作，在北京買了房子，安了家，一直以來走的是一條一路向上的單行線！

近些年，我開始長成爲一名在父母之間細細工作的成年女兒！

通過書寫家庭經驗，我對父親的新認識使我尊重理解父親，我與父親的關係得以轉化。二〇一二年母親大病手術，父親給予母親無微不至的照顧。後來我聽母親講，父親對她説：「以前都是你照顧我，現在輪到我照顧你了。」我忍不住流下感動的淚水，爲父母幾十年後終於能夠和解而感到無比欣慰。

二〇一五年，在表姑父的提議下，我邀請古樹研究專家董雲嵐老師到老家村子去鑑定古樹。我更了解老家的古樹、山泉水、古民居等，才知道村子原來有著悠久

> 的歷史和自然古樸的風貌。我意外發現之前人漸稀少、日漸荒涼的小山村，經過幾年的休養生息，如今漫山遍野都覆蓋了茂盛的植被，鬱鬱蔥蔥，已經形成極其豐富的生態，於是近幾年我逐漸與村裡建立了聯繫，多次回鄉開展調研，挖掘整理村子的歷史文化。回鄉過程中，我陸續認識了環保組織綠色中原、古村落保護組織等，積極邀請專家到村子指導，促進村子傳統保護和生態保護。我和朋友在網上推廣試銷村子特色農產品，和同事一起帶學生回村調研農村養老問題，帶動鄉親們一起舉辦聯歡會等，盡自己所能爲家鄉做些事情，把這麼多年來受家鄉的滋養，卻離家漸遠、只能偶爾回去的一份遺憾和沉甸甸的感情填補上。我感到自己接回泥土投身實踐的腳步愈來愈堅實。

雪瑩和小宋是由鄉入城（一在北京、一在上海）的這代年青人，兩人都經過對家人關係回溯反映的歷程，接續上了父祖輩政治經濟生活變動的小歷史，然而，只是接續上父祖輩的生活歷史，尚不足以萌發她們自身的歷史感，歷史感要在已入城的八〇後這代人身上持續地在生活中有感有知，能在看明白城鄉二元分化與生活裡充斥著的二元結構化的作用力道的同時，要求自己在生活中有意識地持續行動、面對和因應那股或遮蔽或撕裂自己的結構性力道。

對小宋而言，最難過的倒不是回到村裡與爺爺們坑頭聊天時，發現自己對歷史的無知與錯置；她拚了力氣面對的最大難題，是城鄉二元結構的發展性力道！這不只是戶口與買房而已，還有生活中充斥著夾帶著美好生活和教養方式的二元化發展的想像與說法。二元化的結構性力量，不只映照著城鄉間的落差發展，也嵌存於對何謂「美好」生活方式的想像裡。小宋與雪瑩對家庭田野的回溯反映是面對強大規約擺置著自己生活之結構性力道的力量！倘若她倆只低頭望向自己的肚臍，安頓再安頓，感嘆自撫，不時地再說說自己的焦慮與苦悶，人也就完全屈從進入了結構所設置的生活局面了！小宋也就是在城鄉之間，來回於家人和自己之間，難受地逼視了那個只看肚臍的自己！

九〇後民工兒女的反哺路

近十年來，我在大陸不同高校的講堂裡，遇見了當代民工的兒女們（九〇後）。面對這群心理、社工與教育領域的學習者，挪開「留守兒童」標籤化與問題化對民工家庭三代人的遮蔽，是協助他們釐清自身成長歷程的重要工作。已長成大學生與研究生的大陸當代青年人，該如何梳理自身的家庭經驗，以免鄉村三代人之間複雜細微的經驗訊息，被標籤與問題化的詞語草草化約為被掩埋的狀態，一位在小區實習的青年社會工作者是這麼說的：

> 我爲什麼要做社會工作，與我的家是有關連的，從小到大，二十多年來，我的家人沒有完整地在一起過一年。我的父親愛我們，可是卻不知道如何與我們相處，我的爸爸媽媽都非常善良，可是他們的婚姻並不算得上美滿。我的家人爲何不能在一起生活，生活在一起時間

久一點就會出毛病？

工業化發展讓我的家人不能夠團聚，導致農村的土地功能弱化，新的思想讓我的爸爸躋身於大城市打拚，可是那時的農村教育還沒有普及，文化不夠的他做事很辛苦，他也想要爲家庭出力，但是在打拚過程中忽略了自己的家庭和孩子，他是愛孩子的，可是卻不在孩子身邊。家庭的歷史讓我感受到城鄉之間的差距，讓我做爲農民工的子女感到氣憤、不公平，爲什麼我的家裡沒有爸爸媽媽，社會變化太快，我的爸爸也變化得很快，我的媽媽變得太慢了，搆不上他的步伐。我們家的生活似乎就是湊合著過的，過得艱辛，過得不完整，過得不如意。我的父母並不願意這樣啊，可是就這樣過完了大半輩子。我的父親依然被金錢所累，我的母親希望父親有所作爲，可是這對父親是不公平的。資本化對我的家庭造成的影響很深刻，父母都在爲著錢而勞累，僅僅只有一部分時間家人團聚，快速變遷的社會讓我的父母勞累，體制讓我那處於底層社會的父母過得艱辛，也讓他們得不到相應的保障，內心的隱忍更是無人能夠知道。

——安娜小張，〈酸甜苦澀的小學〉，
二〇一八年北師大斗室星空工作坊

二〇一九年一月初，安娜讀到此書第五章初稿後，旋即再提筆續寫出了更細實的故事。在二十多歲安娜的筆觸裡，我們得以見到我多次提及家人關係中的「社會性距離」與「家人關係所承擔住的社會重量」：

農民工的女兒

談到自己家的經驗，我總是會想到我和母親、父親的關係，那是我最難解的結，我內心最難過的坎。我媽在我幼年時對待我的方式，我至今不能夠原諒，同時還會埋怨我爸爲什麼不在我們身邊陪伴我們，至少在母親不恰當的對待時可以向我們伸出援手。那些難過和迷惘都讓我對父母和我的家庭更多的怨恨和不理解，因爲社會工作的學習和實踐，讓我開始返身回看我的家庭和我與母親的關係，以及自身經歷所發展出的行動。

時到今日，每當我聽到父母指責或批評時，心裡總是會感到排斥和逆反，內心有一個強烈的想法想破口而出：「你們何時在我們身邊教育過我們，我們不是你們教育出來的，你們僅僅給了我們金錢，什麼都沒有給我們。做錯事情是你們沒有盡到父母教育的職責，我們跟別人比已經夠乖的啦！」這是我內心長久以來對父母義正辭嚴的抱怨，而這個抱怨一旦要開口說時，就會被憤怒和悲傷堵住喉嚨說不出話來。這也是我姊姊出嫁時不懂農村的禮數，被父親指責後我內心的態度。因爲在我看來，姊姊不懂農村的禮數，是因爲父親從我們記事起，便不在我們三姊弟身邊，三個孩子從留守到流動再到留守的求學路上，到大學畢業，細細算來，姊姊今年已經二十七歲，一家五口把聚在一起的日子加一加，恐怕都沒有一年。這二十多年來，我們家聚少離多，以人們主流觀念裡的家意涵來講，這可眞的不算是一個家，而我在過去二十多年也時常懷疑自己是否有一個家。可是二十多年了，我們五個人還是沒有走散、走丟，大家依然是內心最重要的依偎，那麼看起來也是一個家。

我在上海出生五個月後便被抱回貴州老家，給二娘家照顧，二姑爺到現在還會跟我說：「你小時候太『咋啦了』，很愛哭，哭起來就不會停，我背著你到田裡幹活，路上你看到婦女就不哭了。」最早的記憶是我從老家的房子睜開眼醒來，發現家裡沒人，房間的門沒有關，望出去，有一隻松鼠般大的老鼠在地上望著我。我開始叫三娘，這是我最親近的照顧者，沒人回應後開始使勁大哭，哭到震動肝臟。我十幾歲的三哥從被鎖著的大門縫裡鑽進來，安慰我無果，背著我去找三娘，她在家附近的菜園子幹活，看到我後便安慰我說：「你怎麼不多睡會兒，么兒，我很快就會回去的。」

在三娘、二娘家輪流寄養著，他們的家人對我很親，生活得很快樂。而記憶中最害怕的是回自己的家，看到我媽媽眼神會讓我感到恐懼。到了六、七歲要上小學了，我不得不回到自己家，三姊弟便在村子裡的學校入學。小學一年級後，在家務農的媽媽支撐不了三個孩子上學的費用，於是把我和弟弟寄養在伯母家，姊寄養在外婆家。之後便去上海和爸爸一起打工，一年後媽媽回來將我和弟弟接到上海唸書，把正在讀四年級的姊姊留在老家。我也是在高中的時候，才聽姊姊提起：「那時候家裡還餵著一頭豬，我要一邊上學一邊做家務，很早起來煮豬食，隔壁的同伴們起床直接就走，我還要煮熟豬食餵了後才去上學。中午回來自己做一點點飯，自己一個人吃。晚上我到隔壁鄰居家看電視，看到很晚才回家，因爲我害怕一個人睡，我時常拉著下面一個堂妹跟我一起睡，可是有時候她也不來。」聽到這裡，我以爲我和弟弟在伯母家寄養的苦是難熬的，可我還有弟弟陪著，而姊姊只有一個人在家，感到很心疼她。一年後，爸爸也把姊姊接到上海，走的那天她還一個人在趕集，媽媽託老鄉在集市找到姊姊，也沒回趟老家，直接就坐班車走了。姊姊後來回憶說，那天早上自己做了一個荷包蛋，只吃了一口留在碗裡，怕貓翻來吃便用菜板蓋著，想著趕集之後再回來吃，走的時候還想著那個荷包蛋，覺得沒有吃掉很可惜。姊姊來到上海的家，讓她很久都不能適應，因爲媽媽已經和爸爸分居了，媽媽不在，家裡多了一個照顧我們的新成員，我們都管她叫小媽。我記得小時候，姊姊總是半夜睡不著起來坐在床上，爸爸很多次都會責怪她。可是到了大學，爸爸才跟我說他對不起我姊姊。我的理解是那個時候爸爸沒有心思關照大女兒的內心感受，只是一昧責怪她想念媽媽，不融入家庭。而我和弟弟則是家人生存與父母婚姻關係改變的親歷者，知道整個事情的發展。

我還記得媽媽領著我和弟弟從村裡坐大巴到市裡上火車，媽媽實在沒有多餘的錢，於是讓我和弟弟逃票。我與弟弟混亂中上了火車，在火車上的三天，看到乘務員過來，車廂內的人便會相互提醒列車員可能查票，我們則迅速臥躺在座位底下躲票。清晰記得終點站上海站到了，我們沒有順利出站，查票時被扣留在火車站，乘務員叫我媽媽補票，但是我媽身上只有三塊錢硬幣，中途還拿了一塊錢給我們買了一袋餅乾充饑，大概到了晚上十二點，乘務員實在沒法，把我們放走了。我們沿著鐵路線往城市的光亮處走，現在想起來，我媽爲了生存有很多「手段」。到了上海，爸爸租住的房子太小，我們重新搬家，住到了上海郊區，房子後面是一條汙水河，還有一些枯樹，一年四季沒有任何變化。我和弟弟在一所安徽老闆開辦的民工子弟學校上學，我媽媽除了在工廠上班，夜裡會在路邊擺攤掙錢，記得有次她收到一張十元的假幣，生氣懊惱了很多天。而我爸爸則是做酒店的採購，早出晚歸。父母工作回來都很疲憊，家裡溫情的場面少有。

那時候，我每天都會等爸爸回來，我清楚記得某天晚上我的小心思，不知道是什麼原因，我努力讓自己面帶笑容睡著，希望爸爸回家看到我時開心，他也開心。而爸爸只有到了星期天，才會抽出一天時間爲我們做一桌好吃的飯菜。那時候的家裡，爸媽見面都互相不會給好臉色，媽媽的脾氣更暴躁，家裡不知道爲什麼總是彌漫著火藥味，我弟弟只管玩耍，我卻要看爸媽的情緒和狀態。到最後「火藥」爆炸了，我媽把我爸特地給我們做的一桌子菜都掀翻，房東太太勸阻沒有任何用，我親眼見我媽把我爸的風衣和品質好的衣服全部剪壞，再用沙土、石子混合著水裝在盆裡攪拌。當時我只是覺得媽媽像瘋了一樣，現在才明白她內心有好多火氣要發出來，因爲她懷疑父親有外遇，而父親是否認的。但是我和弟弟只能在旁邊看著。這次大吵後，爸爸媽媽都不再回家，我和弟弟因爲不會用煤氣做飯，也愛吃泡麵，於是每天依舊兩姐弟一起上學放學，中午在學校食堂吃，晚上回來便吃泡麵，大概吃了將近一個月，我倆開始拉肚子，那時候搶廁所的情景還歷歷在目，現在我們想起來都覺得搞笑，但是也有無奈。

一段時間後，我媽媽決定去江蘇的工廠上班，爸爸則繼續留在上海，兩人分離兩地。我媽走後，我爸的壓力更大了，三個孩子的書學費就是一大筆支出，所以爸爸開始更加賣命工作，幾乎都是我們睡著後才回家，早上很早起來給我們做早餐，我們都出發上學後再補覺，再出發去工作。之後我經歷了自己人生中感到幸福的三年，我感到家庭給人的滋養，小媽是江蘇人，也是窮苦人家長大的女孩，她的父親很早就去世，心裡很想有個依靠。她跟我説我爸爸人很好，之前和我爸爸是朋友，看到我們沒人照顧，願意來照顧我們，也沒打算和我爸爸結婚，因爲我爸爸可能也不會有這樣的想法。雖然文化水準不高，她的教育理念卻不差，在小媽的教育下，對三個孩子一視同仁，我也慢慢長出自信，不再是家裡受氣、多餘的孩子。感覺我媽媽沒有給我的關愛，我的小媽都給我了。有次她想離開我們，連給我們每個人的離別信都寫好了，爸爸當時不在家，但是被我們留下來了。她是個特別善良的人，對我一生影響都很大。雖然在我的大家族裡不能隨便提起她，可是在我心裡的分量很重。現在的我依然很感謝她，遺憾的是離開上海時我們沒有任何聯繫方式，她在茫茫人海中，而我依舊牽掛她。

從貴州老家到上海上學，我們是不能上本地學校的，除非少數有錢、有人際關係人家的孩子有機會入讀本地學校，像我家這樣的經濟條件是沒有機會的，於是我和弟弟輾轉讀了兩個農民工子弟學校。這裡雖然有很多不完善的地方，我們卻在這裡遇到幾位非常好的老師和純眞善良的好友，老師不僅關注學生學業，也會關照每位學生的身心，尤其有一位年輕女老師因爲我家的情況還特地與我小媽約談。他們都是來自五湖四海的人，有時候這份職業並不是他們長久的選擇，但終歸是幫助了農民工家庭的子女，讓他們有地方可以去，有書可以讀。他們曾經托住了一批孩子，讓他們有機會長出羽毛和翅膀。雖然學校的條件艱苦，但他們身上帶著的社會責任感，讓我不會忘記他們。

我小學五年級時，讀初中的姊姊面臨户籍制度及上海當地的教育政策，外地人如果沒有户口或房子是不能在上海參加高考的。父母也不想她讀職業學校，父親出事後，母親從江蘇趕過來，把我們送回貴州老家，她則繼續回到江蘇紡織廠打工。我們三姊弟便在鄉上的學校讀書，在街上租房子，週五走一個小時的路返回老家。有時候回去給二娘家幫忙幹農活，或在自家的菜園挖土、種些應季的蔬菜，鄰居家六婆幫忙我們挑糞澆菜。週日便背著在村裡買的糧食，公婆家送的土豆（馬鈴薯）、青菜回到鄉上的租房，第二天開始上學。趕集的時候，姨娘會從家裡帶土豆過來，或在集市秤一些新鮮的肉給我們解饞。父母則是在過年時回來，那時候三姊弟互相照顧支持，好似相依爲命，也幸好有親戚和鄰居公婆的照應。

相對於上海的教育水準，家鄉師資和基礎設施相差太多，但是我們都在學習上非常用心和用功。後來三姊弟考到不同的學校，弟弟進了市裡的重點高中，每個人變得更獨立也可能更孤獨，上大學後一家人都在不同的城市。我內心的孤獨更深了，我的家更不像家了。三姊弟的情感是我最重要的依靠，甚至超越對父母的感情；三姊弟在一起就是一個家，家裡可以沒有父母。這一路上，我們是老師心中的好學生，是鄰居家誇讚的好孩子，可內心的難過也沒人理解，好像我們順風順水，沒有坎坷。但是沒有人知道，每次回家後人家的孩子可以吃熱騰騰的飯菜，我們家卻是冷冰冰、毫無煙火的氣息氛圍，還有過節日的落寞。與姊弟的交談讓我感覺到似乎愈長大，內心的缺憾愈多。去年過年時和弟弟促膝長談，談到家庭關係時，他發誓未來的生活再艱辛也會把自己的孩子留在身邊自己帶，因爲我們對寄養在伯母家的遭遇實在令人心寒，而父母雖然心痛，但是也要去感謝別人養過你的孩子。姊姊的出嫁讓我感覺她是想要逃離這個家的，她跟我說不想再走父母的老路，這是她對父母婚姻模式的警覺，她在婚後更加疼愛我和弟，說自己的家也會有一個空間屬於我們。而我曾經也對父親說過大逆不道的話：「我眞的想結婚，不想在這個家了。」我想用婚姻來逃離自己的家，想來我爸爸是多麼心痛，因爲我們一直認爲父母沒有反思過當初的選擇對我們的影響。

姊姊出嫁時，父母各幹各的事情，沒有多餘的溝通，眼神交流都儘量避免。我媽媽在整整四天的酒席過程中，眼眶都是紅的，她內心也有很多遺憾，比如打拚這麼多年，竟然還是在老房子出嫁自己的女兒，嫁妝也因爲爸爸開公司欠債後更少了，覺得虧待了自己的女兒。姊姊到婆家的那天晚上，我媽媽依然處在悲傷中，那晚聊天時突然跟我說了聲：「對不起。」我不知道她爲什麼要說這句話，可是當時我眼淚不停地流，抑制不住。除了對我媽釋懷了些，還有對她的心疼，她內心很多的難過恐怕沒人會了解。我原以爲三姊弟大學畢業，很多事情都會變好，可是這個家還沒有好好地感受到聚在一起的幸福，其中一個人便離開了。其實姊姊訂婚到出嫁這段時間，我對父母都憋著一股氣，很想爆發，心裡覺得爲什麼生養的三個孩子都覺得家是傷人的，大姊就要離開這個家了，這個家給過她幸福嗎？看到父母憔悴的樣子，我又很心痛，我不能再去傷他們的心，讓處於離別的我家雪上加霜。媽媽給我的道歉讓我更要小心維護這個家，不可以讓傷口繼續化膿。

父親的拚搏路

父親有一次與我交談，說到欠我姊姊，自己做得不夠好，也提到虧欠我們。他到底欠我們什麼，我不知道，可是我知道他是愛我們的。即使留守多年，每次通話不管他多累，他都是精神飽滿地接聽我們的電話，每句話都不帶責備，都帶著他對我們的愛和鼓勵，也時常給我們寫信，買新衣服、新式的髮卡、上海的糖果給我們，表達對我們的愛和關心。而留守多年，父親在我內心都是精神支柱，好像是內心的神一般。可是我知道他的不甘和遺憾，每當提到爺爺和奶奶時，說話時喉嚨裡總是帶著抽泣的聲音（他並沒有流淚，但是喉嚨會發出抽泣的聲音）。我曾經聽到爸爸的童年，爺爺因爲上山砍木材摔下河溝，腿受傷後沒有較好的醫療，之後雙腿不能行動，生活不能自理，臥床好幾年，後腦勺的頭髮都被磨光了。這段期間爸爸照顧得最勤，而且最貼心，但還是阻止不了長褥瘡及病情的惡化，臥床幾年後爺爺去世，同一年奶奶在山上幹活突發病，被鄰居送到家裡，沒過多久也去世。原本有七個兄弟，他最疼愛的弟弟剛會走路也去世。這些對他生命的打擊太大，以至於每次提到都會難過。

父親十一歲便失去雙親，村裡都叫他們「寡癲子」（意味父母去世，家裡未成年的孩子）。六姊妹相依爲命長大，小時候還遭受飢餓，有雪中送炭的恩人，也有雪上加霜的親人、鄰人。農忙時節勞力不夠，大伯結婚後只顧自己的家庭，不顧自己沒有父母的兄弟姊妹，村裡勢力強的人搶佔他們約好的勞力，打田種稻子時，不會耕田，只有求助遠方的親戚過來幫忙。小時候的經歷和坎坷讓他想要爲自己的姊妹創造好生活，即使成家後依然牽掛她們。而成家後，也一直都想要給妻子和孩子好的生活，從我們出生到大學畢業，他都在上海、浙江一帶打拚，從未想過回家務農，因爲他覺得沒有前途，也已經習慣大城市的生活。打拚了二十多年，有成功的時候，也有失敗的時候，無論遇到多少挫折，他的闖勁兒沒有消退過，可是做爲女兒，心裡很明白爸爸內心的苦楚。尤其在小學民工聚居的馬路邊，看著我爸爸坐在馬路邊的檯球桌上抽菸，身上被孤獨和無奈纏繞，他到底遇到什麼事情了？那樣淒涼落寞的景象是我記憶中抹不去的。喝了酒便抑制不住抽泣的爸爸，讓我覺得家裡沒有人能理解他。無論家庭和社會帶給他多大壓力和痛苦，我爸爸一直是個良善的人。父親很長一段時間做個體經營的生意，我大學到浙江與父母所在的工地過暑假時，家裡在工地上包農民工食堂，記得有次一個工人病了來點菜，說想喝一碗雞蛋湯，我在旁邊傳菜，爸爸很快做了一道雞蛋湯，但是按老家做雞蛋湯的作法，用油煎了雞蛋再放湯，叔叔吃過後我去收拾桌子，雞蛋湯並沒有怎麼動。我當時便明白因爲他身體難受，想喝點平常燒的清淡的雞蛋湯，我跟爸爸說了這事，我爸心想他身體不舒服，煎了的雞蛋湯比較補身體（老家的習慣是會煎雞蛋湯給生病的人或坐月子的婦女補身體），他的那份好心我是看在眼中的。在工地上，很多時候我父親做菜放油多、菜多，父母之間就會發生摩擦，可是他卻難改「惡習」，我想他是爲著在外謀生打工的人做自己一點點的公益吧。

在工地承包食堂太辛苦，爸爸跟我提到早上天未亮便出去買菜，又在對面開著小賣部，他來回跑，一個月就要換一雙拖鞋。在前幾年，爸爸四點鐘就起床做早餐，蒸包子、饅頭給農民工。那時候還年輕，精力支撐得住，從我們初中時到大學快畢業，做了多年的食堂，父母身體都太勞累了，感覺身體不再像以前那樣精力十足，開始透支，所以商量著改行。父親開始做包工頭，這樣不用費太多體力，只要有工程也有人跟著幹，因爲父親性格和善，人際交往打得開，家裡很多老鄉和親戚都跟著他幹，似乎一切都比較順利。做了大概一年後，遇到做完承包的工程，乙方不簽收，導致拖欠工程款，那幾年春節父親去工地等老總發錢，全家在等父親回來吃年夜飯，而農民工則是在等我爸把錢拿回來好過一個年。很多次他憤憤地說，我要去勞動局告他們幾個拖欠工程款，我要去整死那個把農民工預支生活費拿來賭掉的人。這其中有父親太相信別人，把手中預支生活費的權力讓給夥伴，導致工人的工資不經過他的手而被夥伴拿來賭博的事件。到如今拖欠他工程款的年輕人依舊沒有還他錢，因帶點親戚的關係很難處理。

回老家後，每年都要有一場追錢的鬧劇，每當父親出發追錢的時候都要爆發脾氣，我好幾次害怕他因爲衝動而眞的打人，於是偷偷叫我身邊的堂叔關照我爸，不要讓他衝動。而父親投身建築行業是他看到伯父成功了，但是他堅持了四年，因爲講義氣、重人情，做包工頭時，村裡的人都會來投奔他，跟著他做，工資開得比其他包工頭高。夏天時，到工地給他們送冷飲、送菸抽，早晚接送員工上下班，不時犒勞一下兄弟們，媽媽責怪他花銷太多，自己投進去的錢還沒有賺回來，時常與他吵，可他覺得這是力所能及的事情，而當時在我這個學了社會工作的女兒看來，爸爸似乎不是在賺錢，還對他講他可以自己賺了錢再去幫別人更好，他則回應我：「大家一起好，一起掙錢不是更好嗎？別人才會跟著你做，又何況都是親戚和老鄉。」聽父親與朋友交談，那一年是國家嚴格管控房地產的建設，產政策開始變動後，他承包大工程隸屬的公司也遇到瓶頸，父親投進去的錢沒賺回來，還虧了一筆。看到他深陷其中，雖然身體不累但是精神壓力太大，於是我們一家人都勸他不要再做這個行業了，三年後，他終於放棄這個行業，當時是一七年，一整年都處於找工程，但是沒有多餘的錢投進去，也有剛開始的工程因爲各種原因又停工，這些挫敗讓他選擇不再繼續。離鄉時隔二十多年後，回貴州發展。

父親一心只想成功，以前認識的朋友計畫開公司，合夥人硬邀我父親做公司的法人代表，父親搖身一變成了董事長，產品還沒有打開市場，好像錢已經在眼前了一般。那時候我眼中的父親似乎變了一個人，天天跟著合夥人應酬，嘴裡說的都是投進去的錢翻倍地長的事，不停邀請身邊的朋友進來，也不斷向朋友、親戚借錢，親戚只能幫忙用户名貸款。我與弟弟了解公司的產品和行銷模式都存在問題，也把相關的新聞報導給他看，爸爸卻沒有放在心上，我們的意見被擱置一邊。母親也擔憂父親，也有勸阻和爭吵，可是什麼都不能阻止父親，這些也導致後來我們對父親的埋怨。公司沒有撐住半年就倒閉了，父親投進去的錢回不來了，合夥的朋友跑了，不負責任何事情，他卻欠了一屁股債。父親才看明白這場生意的本質是什麼，這其中有合夥人的欺騙，也有父親過於信任他人，以及自身文化水準的限制；我父親眞的是在摸爬滾打的過程中傷痕累累。

做爲女兒，我知道他內心也受到打擊，而我總會歸結於我爸爸太過良善、太爲他人著想，過於信任朋友，爲情誼付出太多，而害了自己。但他還是跟我說，人生就是這樣要經歷一些風浪的，沒有人一帆風順，我還可以拚搏幾十年，叫我這個做女兒的不要擔心。當我把父親的拚搏經歷梳理下來時，我似乎看到現代化進程中父親做爲個體，「失敗」不能完全歸因於他個人。他似乎硬生生地被什麼東西給捆綁著，像緊箍咒一樣控制著他。社會浪潮裡的他躲不過一浪又一浪的洶湧，他卻像個勇士般，無論經歷多少磨難都不會倒下。常年在學院讀書生活、未完全入世的我，懵懵懂懂中，似乎也在父親身上讀懂了他的一部分人生，也連同是我生命中的一部分。

反哺之路

我的父親身上沒有農民的味道，記憶中他沒有在農村待過幾天，也鮮少做過農活，跟村子裡其他的父親太不一樣了！我父親一直都在追逐他的夢，那個夢是關於成功，成功關乎金錢。九〇後的我，經歷的這些似乎都與金錢、與主流社會的成功有關。當我很小的時候在山上幹活，村裡的嬸嬸和嫂嫂便跟我說我爸爸在上海多麼成功，找到的錢存在罐子裡都溢出來了。我那時覺得我們家眞有錢，我爸爸可能是一個富人。可是當我眞正進入父親打拚的上海時，現實卻是另一番模樣。我們租住的房子、我們讀過的小學、我們稀有的野餐，還有和我同齡的農民工同學，有的爸爸媽媽以賣菜維生，有的爸爸媽媽在工廠做工，有的則是收購二手衣物廉價賣給農民工，沒有誰的家庭是富足安穩的，每個同學的家庭生活都很急促，父母的對待也是粗糙的，看起來他們的父母沒有多餘的時間，也沒多餘的精力。每個同學都有著對未來的不確定性，因爲我們不知道下一年是否還在同一個學校，父母會不會搬家，我們會不會突然回老家。而我和我爸爸一樣似乎也爲著成功在奮鬥著，我以讀書爲途徑，從小心懷著將來做白領的夢、女老闆的夢。這個白領的夢與做農活有關，那時候背著農作上山下山時，不想一輩子做農活，於是拚命讀書要往大山外面走。

我一路上都在做一個夢，這個夢也關於成功，但與以往不同的是，現在的我對成功的想法有些變化。這或許與我的專業訓練有關，我也覺得跟我的家庭經歷、自我的經歷、父親的經歷相關。做爲農民工的孩子，我似乎應該要像主流社會關於成功的觀念走下去，比如做國家公務員、考進機關單位或創業掙錢，最起碼有個鐵飯碗的工作。看著身邊的同學紛紛都走上這條路，但這些對我似乎都沒有吸引力。我曾經也迷茫過到底做什麼，但是現在更加堅定自己無論選擇什麼，最終的選擇都是在公益這條道路上走。

最近兩年，我開始更深地學習社會工作、了解社會工作。看到七○年代公益界的前輩們走在路上，想說他們爲什麼沒有一刻的動搖，才在交談中知道年輕時社會主義思潮對他們的影響。他們身上擔負著社會責任。而我們九○後如果不去回望，便不知道那段歷史是多麼令人振奮和懷抱希望，但是對於我們九○後這一代而言，社會主義思想並沒有對我們造成那樣強烈的衝擊，更多的是改革開放以後帶來的經濟發展爲主導、人民生活要奔小康的國家意識。全民都加入到建設國家的歷程中來，每個人都要積極努力工作，獲得更好的生活。而更好的生活到底是什麼樣的？對個體而言，就如我爸爸正好是改革開放以後遇上了火熱的民工潮，他便隨著這支大軍踏上了大城市的拚搏之路。而我則是出生和成長在這不可阻擋的浪潮中，我們是這千萬家庭中的一家，我是千萬家庭成員中的一員。我所受到的社會、學校、家庭教育都來自我所處的年代。我們懷抱的理想和生活，與前輩們是有區別的，而我們的不同都是所生活時代下的經歷不同。回看的家庭、父母、個人經歷，有個人的，也有制度的、社會的、文化的烙印在上面。那些不可言說的痛都在我們身上流淌著，而斷了的歷史記憶重新回來，再看到我腳下的土壤，可能會把路走得更明白。尤其是在社區工作時和家長們一起，去探索每個家庭背後的歷史脈絡，帶給人的覺醒和生命力的重新認識，令我感動感慨，更明白自己走的是什麼樣的路，是追求一條屬於人民的道路，追求自由意志所引領的道路。我的追求或許和個人、群體的權利有關，和萬千追求幸福的家庭、想要感受家庭幸福的孩子們有關。

安娜一家人「內心隱忍」的滋味，是對於迅猛的工業化、現代化加諸於家人關係中的強勁結構性作用力所不得不的承擔！長大學習社工專業的安娜，不只開始睜開眼回觀父母的辛苦，也辨識著身為夫妻、成年男女的父母所經歷的不同發展，帶給雙方相處時的落差難題。我可以推想，社工員安娜在她平日與北京郊區民工男女互動工作時，她自身的「家」與工作對象的「家」，是這位青年社工共振與參照的一股經驗性知識的重要資源；農民工子女的反哺之道同時朝向「家」與「社會」的踐行之路。

以多元視角與家庭的矛盾共進

二〇一八年春天在北師大斗室星空工作坊中，梧桐葉落（筆名）也在一篇十分尋常命名的〈我與我家〉短文中，寫下很容易招引被「留守兒童」問題標籤化的一段話：

曾聽別人說，當我還在襁褓裡時，父母就外出打工，而我是喝別人的奶水長大的。

在同村上小學時，一年級的時候，大概六、七歲的樣子，父母又開始到城裡打工。有時白天我一個人待在老屋子的藤椅上一搖一晃，聽著隔壁家的電視傳出的聲音。一打開屋子，是群群倉皇而逃的老鼠。晚上我就會寄宿在親戚家裡，直到後來就完全寄宿在親戚家。

當聽說媽媽要回來看我了，那時候不知道是哪裡來的勇氣，就從山頂走小道，想要到山下去接媽媽，結果走到一半的路程，在小道和大道的交叉處，與從山下坐三輪車、背著弟弟的媽媽相遇，上車的時候我還激動地掉了一隻鞋。

因爲寄宿到親戚家半年後，生了一場病（傷寒），父母就把我帶到城裡生活。

梧桐葉落勾勒記憶的筆觸是獨處的場景，是奔向母親小小身心的激情。梧桐的家隨著父母工作的移動搬了許多次，長成後的梧桐由梳理搬家經驗中，接上了父母：

此刻，當我梳理完自己的「搬家」和「離家」經歷之後，其實是從我自己的身上，看到了父母爲了生存而不得不奔波的路。

安娜與梧桐對家的陳述，對我們的閱讀提出了一個要求：閱讀過程中，若不要去問題化與標籤化她們的敘述，我們需要長出怎樣的多維度視角，來涵容承接家人關係中的張力，並發展與家庭矛盾共存與演進的工作方法呢？

大陸當代的教育、心理與社工高等教育的專業知識範疇與課程結構的設計，是否能不只是經由香港與台灣傳輸移用或直接抄襲挪用西方專業化的建制現況？我們能否做出各種課程改變的實驗，讓好不容易上了大學的農民與民工子女們得到細緻回看的返身機會？

III
政治意識型態的暗礁與伏流

政治意識型態是指社會中的統治階層對所有社會成員提出的一組概念，它透過教育、傳媒等多種社會系統中的運作機制，約制、模塑與束縛著社會成員的思想情感（俞吾金，2009）。在台灣，這個名詞是一般人眼見政黨惡鬥時通常的日用語了。

台灣可以說是我們要研究政治意識型態如何運作的一個好地方，解嚴前國民黨一黨專政的治理邏輯當然體現了意識型態的作用力道，解嚴後政黨輪替了，為了建立服膺民進黨的統理權力，意識型態打造的運作作為亦歷歷在目；台灣自一九八七年解嚴後，社會發展的民主過程亦被頻繁地各層次民意代表選舉，不停息地如狂風一次又一次地進入社區，穿過巷弄，透進家庭，示演出意識型態矛盾張力的各式表現樣態。當前，外籍配偶與國際家庭[1]已然成

1　在全球化浪潮下，人民透過觀光、工作、婚姻、資產等移至母國以外區域皆為國際移動現象。台灣自九〇年代出現了一群婚姻移民婦女，她們來自中國、越南、印尼、菲律賓、泰國等大陸及東南亞國家，與台灣男性共組家庭，我們稱之為「國際家庭」。相較於「外籍配偶／新移民／新住民」家庭，更強調其家庭須被放在國際政治經濟歷史的脈絡下對待。

為台灣社會一個構成部分，政黨有意從中選拔政治參選的代表人物；外配親子教育與輔導資源的輸送，亦以「弱勢家庭」的名目輸送到中、小學教育環境內。即便以政治性力量提拔菁英代表、配置輔導社工資源，但外配家庭仍處於被問題化的境況中，深入理解國際家庭內的夫妻衝突與家人矛盾（如婆媳矛盾）意涵的機會並不多。選擇貼近國際家庭，進入家人關係中進行協助的工作者，時而得在劍拔弩張的夫妻張力與台灣家人對異國女子的猜疑論斷聲浪中，推進著促進家人相互了解的工作。同時，工作者不得不反思過去所接受的專業養成教育的知識內涵，不只極為匱乏，甚至扭曲了他國、亞洲與世界的政治歷史觀。台灣內部多年來嵌存於個人與家庭關係中的政治意識型態，泰半也會在「異國外人」因婚姻關係轉置成「內人」（妻子與家庭成員）時，牽動一個內含國族與文化歧異的矛盾歷程。婚姻的結合恰如一股強勁海浪，垂直往下運動著，衝擊著原本存在於海底的礁石；矛盾張力的水流，流竄於如細狹海溝的家人關係中，家人關係內部的伏流與漩渦是外人不易一時看見的。因此，工作者的工作歷程十分不易，極為複雜，工作者幾乎得在介入夫妻與家族親人間衝突的過程中，重新認識被稱之「外配」或「陸配」的女人，以及她們嫁入的台灣家庭。

政治意識型態的作用轉置夾纏於男女性別角色的作為裡，通常很難被夫妻與家人於言談中辨識及面對。男女性別角色於日常家務、勞動分工及家人倫理對待關係中，時刻出場，一般社會與學校教育的論述中亦已對性別分工多所探討；然而，嵌存於一個成年人業已成形的思緒與情緒結構內的，來自國家意識型態灌輸與運作而習得的特定想法與情感（如貶抑的嫌惡），則非常不容易得到釋離表達與回看反思的機會。偏偏政黨在當前台灣政黨生態環境中，又權謀地打造與重組能為統治階級服務的意識型態與運作機制，家人關係中若干難以跨越的衝突，內含著對異國歷史的歧見，使原本意欲同船共渡的婚姻如小船撞暗礁，船翻人兩傷。

第五章丹鳳及外配家庭的故事，讓我們看見省籍意識型態如何在家內激化矛盾；第六章的麗貞，則以清晰自主的政治感知勾勒了她的三個家，且她未因此被障蔽左右。

【第五章】

家的僵界

政治溝壑下的兩岸婚姻

導言、編輯導讀／夏林清

文本、後記／李丹鳳

當時爸原本是將我取名爲「舟鳳」，因爲爸爸是坐「船」來台，家鄉來自安徽「鳳」陽。算命師說這個筆劃不好，於是把「舟」去頭去尾便成了「丹」字。在我很小的時候，爸就告訴過我這個名字的由來，因而也讓我對自己的名字產生一種莫名的情感……

【導言】

兩岸聯姻的深層鴻溝

夏林清

本章中，丹鳳以自己的家庭，以及她所協助的外配姊妹們的經驗為主要故事內涵。我們可從中看到，嵌存於家庭內部的歷史記憶與特定的政治意識型態，會在矛盾激化時成為迴避面對關係中真實難題的合理化理由；這種政治意識型態成見和個人長久壓縮的情緒，會因著外部社會炒作運行的政治氛圍，更加被強化且固著。所以，當歧見與偏見落回到夫妻關係內時，幾乎是難以變化的。當然，雙方的情緒亦容易以爆衝形式演出。丹鳳是一位已在移民與外籍配偶領域工作近十五年的資深工作者，調解夫妻爭吵、離婚與婆媳矛盾是她日常工作事項之一，她正處於通過巨浪沖刷，抵達白山黑水地景分明的心境裡。

在台灣，陸配相較於其他東南亞配偶更見特殊與敏感。一九九〇年代，兩岸剛開放的十來年，偶爾會由報章雜誌看見嫁給外省老兵的陸配如何謀財害命的新聞。陸配被歧視與汙名化的現象，夾纏著日本殖民統治以及國民黨戒嚴統治的歷史印記。解嚴後，資訊開放，政黨輪替與政權爭鬥，不斷使用「轉型正義」做政治訴求的口號，一般人日常生活與家人關係間的「政治」歧異性，被統獨二分化約的社會操作機制搞到不是壁壘分明對峙，就是井水不犯河水的隔離共存。

初識丹鳳，是在她社工系大二時，參加我於心理系開設的「大團體動力」的課程，直至此刻，我仍依稀記得在躁動混亂的團體氛圍中，站起來讀喜愛詩句的李丹鳳。一九九九年九二一大地震，丹鳳選擇到導航基金會設立於草屯組合屋婦女就業工作室工作，那兩年，我每一、二週開車到草屯與丹鳳進行工作討論，也是在那時第一次認識丹鳳的父親。由二〇〇六年迄今，丹鳳都在國際家庭互助協會工作，工作多年後，她進入暨南大學研究所，寫碩士論文的過程中，外配家庭夫妻家人間的衝突，與她自身外省老父與閩南老媽之間多年的矛盾強烈在心中相碰撞著！此一伴隨其投身工作而發生的返身拆解的歷程，幾乎是每一位實踐者認真工作後，均不可避免的深化學習面向；早些年就知丹鳳母親與父親的結合是帶著前面四位哥姊開始的，初時亦聽丹鳳提過自己是父母唯一因婚姻所得的女兒。一九四九年那一波的外省移民的婚姻，與丹鳳父母相似的雖不算多，但亦非少見；但能如丹鳳一樣發生了一個雙層歷程的就是難能可貴的了！丹鳳一方面在與台灣當代陸配家庭細緻地工作，一方面同步共振地，深刻理解著自己家中難解矛盾之演變過程！

關係的僵持與經驗相遇，看見能跨過與沒越過去的疆界，是這一篇閱讀的重點。

【文本】

「僵」界：
伴隨陸配工作而來的返身拆解

文本／李丹鳳

編輯導讀／夏林清

深綠家庭中的兩岸婚姻衝突

丹鳳在她的工作中，走進了家庭衝突的現場，感觸深刻。阿月和小陳這對陸配夫妻是黑水溝裡翻倒的一葉舟（李丹鳳，二〇一三）：

> 阿月是透過網路和小陳認識、結婚的，但老公出自是深綠家庭，家人一直反對他們結婚，婚後老公與家人間的關係也因此變得較爲疏遠。
>
> 結婚三年左右，阿月目前在依親階段，但因爲小陳是工程師，收入很高，她不能申請工作證，於是在一家也是娶大陸配偶的工廠裡打黑工。
>
> 過去幾年常常在吵吵鬧鬧中度過，也曾經離婚後十日内再去復婚。阿月的形容是他們連一起看電視都會吵架，因爲老公喜歡看新聞和三立鄭弘儀主持的政論節目，每回只要提到有關大陸的議題，小陳總是喜歡罵：「這

些死大陸人最可惡」、「中國豬（指國民黨的政治人物）給我滾回大陸去！」在一旁的阿月聽得很生氣，覺得小陳自己娶大陸的老婆還這麼歧視大陸！他們經過很長一段時間協調，就是一起看電視時不看政論節目和新聞。

其實阿月也不是第一次跟小陳吵架，有次阿月離家，小陳還跑到協會來找我，我們那次聊了很久，讓我比較知道在老公的世界裡，他如何描述他自己跟阿月的關係。小陳平常是個好好先生，但一發起脾氣來就像變了個人似的；阿月也是個戲劇性的人物，曾經幾次企圖從五樓住處跳下，幸好都被緊急攔住。對於阿月這種敢於置之死地而後生的性格，旁人很多時候都會爲她捏把冷汗！

有天我下班回家後，接到阿月好友小嚴的電話，說阿月被軟禁了，電話也被拿走，都沒辦法聯絡上她。

對夫妻兩人的認識，讓我不敢輕慢，於是掛了電話後，我趕緊上線，在阿月的QQ[1]中留言，心想：她沒有電話，如果自己在家還能透過網路與外界聯絡。果不其然，阿月回了我的QQ，我在線上跟她聊了一會兒，後來她表示希望我過去陪她，我便答應了。

到阿月家按鈴，是她公公出來開的門，我說明來意之後，她公公便開始向我抱怨他們對阿月如何好，而阿月不懂感激。我稍安撫她的公婆，並希望他們下樓去，給我一些空間讓我跟阿月聊聊。

我問了阿月，這次事件是怎麼回事。她說：起因是

1　QQ為中國流行的聊天軟體名稱。

前一天半夜起來上廁所，洗手忘了關水，後來老公生氣打了她一巴掌，接著她就出家門，白天繼續去工作，晚上就去同是陸偶的好友小嚴家住。小陳半夜打電話騷擾人，兩點多還跑來小嚴家樓下，因爲不知道小嚴住哪一家，小陳竟然每家每户按電鈴，最後惹火了小嚴老公，小嚴和老公下樓後和小陳發生爭執，一陣拉扯中，小陳負傷離去，十分憤怒且揚言要告他們夫妻。

一早阿月仍到工廠上班，婆婆打電話來好言相勸，阿月被勸回家後遭軟禁——小陳拿走她的手機，婆婆看著她，不讓她再出門。

說完經過後，阿月另外說了她的恐慌：她說覺得自己在這段婚姻裡維持得很辛苦，小陳每次發脾氣就像發瘋了似的，把衣櫃裡的衣服全翻覆在地板上，每次一吵架爸媽就上來……，她眞的覺得很累，想放棄了；但想到要回大陸家鄉，不知要怎麼面對她的媽媽、家人……

過了一會兒小陳回來了，還買了一碗花枝羹給阿月。他看到我覺得很不好意思，說不想麻煩我，我開玩笑地跟他說：「不錯嘛！很體貼喔，還會買給阿月吃。」他說：「應該的，即使不能做夫妻也要有風度。」

我問他接下來是什麼打算？他說：「就好聚好散吧，我已經怕到了，我本來就不該結婚的，是自作孽、活該！每次吵架都是我先認錯，她的姿態都很高，下午她回來時我也求過她了，是她不要的，你自己問她，看她做了什麼，爬上陽台，我爸媽還去拉她，她還怪我媽拉痛她的手！我勸你不要結婚了，結婚眞的不好，沒事不要給自己找麻煩！等明天一早我跟阿月一起去把離婚辦一辦就好了，一切都解脫了，雖然現在沒有她我晚上會睡不著，還是要去適應，沒辦法，這個洞太大了，補不起來了。」

我問：「爲什麼覺得這個洞補不起來？」

他說：「你說怎麼補，一邊是她的朋友，一邊是她的老公，我跟她朋友鬧翻了，今天你要她站在我這邊、跟朋友斷絕關係，也不可能，而且今天去如果她不在裡面，我白目我就認了，但你問她看看敢不敢說她有沒有在裡面？我去找我老婆有什麼錯？我還可以告他們妨礙家庭！你問她：『你說你有沒有在裡面？你有沒有？』小陳激動得大聲說。『你要說你沒出來是因爲我家暴、因爲我打你那一巴掌嗎？！那我跟你道歉！』」小陳邊說邊戲劇性地跪下來跟阿月磕頭，頭用力地敲在地上。

他的爸媽和大哥很快從四樓上來拉住他，他很快又恢復一般，並請他的家人不要管，下去睡覺。

這時阿月在旁嘀咕：「他常常都這樣，一發作起來就很誇張，驚動他的家人全部跑上來，他現在已經好多了，還會請他們下去，以前我都要面對他們所有的家人。」

我有點被他的行爲嚇到，問他還好嗎？他直說沒事，是太激動了。他說：「既然都下決心了，就等明天去簽字吧，時間也晚了，你要不要先回去？」我擔心兩人在一起會再發生衝突，一開始我先問了阿月今晚打算怎麼辦？阿月原本希望可以先到我家去住一晚，但小陳不答應，於是我決定留下來過夜，並試著再和她老公對話。

過了一會兒，老公再次提到小嚴和她老公，情緒又再次升高。

小陳說：「你沒看過她老公（指小嚴老公）吧？你看到你就會知道，就是個小混混，現在又跟他們鬧成這樣，搞不好改天他就會來我家把我的車子給砸了。你看她就是本性不改，還是喜歡跟這種人混在一起，要不是她交這種朋友，我今天會被打成這樣嗎？你說這個洞是不是很大，而且她沒有在裡面就算了，你問她，（指著阿月愈來愈大聲）你有沒有在裡面？你說啊！我說你就是在裡面，你看我被打你還不出來，這還算是什麼夫妻！就因爲我打你那一巴掌，是我不對，我跟你認錯！」小陳又跪下來磕頭！

樓下的家人又衝到樓上來。

他大哥說：「好了，你不要那麼激動，都要離婚了，沒什麼好談的！」

小陳對著他哥說：「你下去不要插手。」

他大哥指著我說：「爲什麼連我是他大哥都不可以在這裡，你如果可以處理你就處理，不可以處理就請你回去，今天這樣，我已經去報警了，要是出什麼事你我都有責任！」

我說：「我是他們的朋友，是你弟和阿月同意我在這裡的，是你弟不要你待在這裡的，不是我！」我受不了壓力就紅了眼眶，轉過頭去，阿月看我這樣，也跟著哭了，阿月老公則強力「命令」他的家人下樓。

阿月對著我小聲說：「對不起，是我連累你了，現在你知道我的壓力了吧！」

老公看我哭了，也跟我道歉，然後我們一起安靜坐了一會兒，就說時間晚了先休息。

老公自己到書房去睡了，我和阿月則睡另一間客房，兩人躺在床上，我試著再了解阿月今後的打算，直到睡著。

隔天一大早，我在恍惚中又聽到一陣陣吵罵聲，醒來看到阿月還躺在旁邊，看來不是他們夫妻吵起來。我出房門時已經安靜下來，她老公買好早餐給我們吃，我梳洗一番後，一邊吃早餐、坐在對面的阿月老公一邊開始向我敘說自己：「其實我也知道我不適合結婚，你看看我的家庭這樣，跟誰結婚都不會有好結果的！我小時候我們家有受到白色恐怖的影響，我爸以前還會寫一些文章，後來都燒掉了，我爸後來也因爲這樣沒工作，我們家變得一團糟，沒人能處理，於是我從小就學會要對家人很凶、很大聲說話，才能鎮得住這個家，一直到現在還是這樣。看到我們家這樣和我這種性格的人，我眞的覺得我不適合結婚！要不是在網路上認識阿月，我也沒打算要結婚……」小陳邊說邊流著淚。

通常，親人間「僵持」的關係恰似封存的淆肉，結凍著的是多層疊置扭結著的未明訊息；這些訊息是未得到機會被釋放理解的、有關這一特定家庭的多層社會系統層次的訊息；因而，若我們與家庭經驗工作的路徑與方法不能往社會政治的歷史性田野行去，理解的深細度與涵容的寬敞性就難以發展了。

然而，冰凍三尺非一日之寒，「僵持」的解凍亦非易事；甚至，我們不能期待自己與家人能因著什麼樣的療法越過此岸到彼岸。但這正是我對人們家庭田野經驗同行的工作者們深切的期待，開拓研發工作路徑和方法，如做銀飾的細緻手工匠人，在壓疊扭結、已似硬化的多層次脈絡裡，尋得可工作使力的隙縫！

丹鳳所書寫的小陳與陸配阿月家內難解的衝突，與丹鳳自己父與母間那道尚未通過的黑水溝，都是僵局實例，是關係的重點。

移民家庭內的「僵」界

丹鳳進出阿月與小陳家後，寫下了一段反思：

在這談話中，我才更理解台灣社會在統獨議題的操弄下，白色恐怖的歷史作用到小陳的家內，演變成對於大陸配偶的敵意，也影響小陳的性格養成，讓他得使用爆裂的情緒來鎮住家人以得安寧，甚至，反應在夫妻關係中，變成無法冷靜以待的困局。我的外省爸與本省媽，也是在特定的社會歷史脈絡中，互相形塑著他們的行動模式與情緒構造，媽與哥姊總是側身碎語，爸爸總是被激起暴怒，我，安撫爸。

國共內戰結束，在冷戰結構與白色恐怖的氛圍下，當「反攻大陸」無望、當兩岸統獨問題仍被操弄與爭議著、當「外省豬滾回去」仍不時在選舉中拿來作省籍操弄的激情罵句……，兩岸卻隨著逐步開放，已有三十二萬大陸配偶來台，她們也被迫加入了這莫名所以的戰場！

在台灣島內，不同政治歷史脈絡、社會文化下的大陸與東南亞移民家庭，在種種的扭曲與壓迫中，數度相互築牆與擠壓，成爲無形阻隔於家之內外、人與人之間的欄障。

丹鳳已從事十五年移民工作，我與丹鳳更早結緣在一九九九年九二一大地震，九二一號召她投入草屯組合屋的婦女生產合作社[2]，那幾年我每兩週開車到草屯進行督導工作。有一天丹鳳說她的老兵爸爸到草屯工作站探視她，卻沒走進工作站。丹鳳爸爸在屋外繞了一圈，由窗外看向窗內的手作工坊，一會兒便離去了。事後，軍隊退下來的老爸只對丹鳳說了一句話：「丹鳳，帶人要帶心啊！」

這是一個怎樣的老兵爸爸呢？

鳳陽老兵與宜蘭阿玉

李繼宗先生今年八十九歲，一九四九年十八歲時離開安徽鳳陽老家，六十年後（二〇〇九年）第一次回老家。為了這次返鄉，

2　一九九九年九二一地震後，駐站於南投縣草屯鎮富功板屋區的校護協進會與導航基金會發現當地婦女就業的需要與困難，於二〇〇〇年九月二十日協助成立生產銷售軟陶手工藝品的婦女生產合作社——巧女工坊，讓當地的婦女可以就地工作便於照顧家庭、小孩。在有限的條件下，工作人員協助她們以互助合作、學習自立自主的方式來經營屬於她們的、一起的事業。

李給自己印了一張名片，名片背面寫著：

> 三八[3]隻身到台灣，沒有親人在身邊。
> 頭頂沒有半片瓦，足下並無一寸土。
> 我並不是沒有家，只是有家歸不得。
> 要爲將來日子想，必須自修考軍官。
> 出身戰亂未讀書，隨營補習求知識。
> 一旦考上專修班，退休生活有保障。
>
> ——（摘自〈少小離家老大回〉，
> 李丹鳳，二〇〇九

李丹鳳，一九七八年台灣彰化縣出生，李繼宗先生的小女兒，二〇〇八年為了父親，回到鳳陽找到親戚，二〇〇九年就陪同父親返鄉。丹鳳說著父母在大歷史中相遇結合，卻又錯身不識彼此小歷史的故事：

> 我爸是所謂的外省人，他從十五歲離家，有六十年沒回過家了……
>
> 去年因爲爸爸身體不好，一直在看醫生，我就決定自己回爸爸的家鄉一趟，結果沒想到我非常順利找到親人——我的表哥。
>
> 今年我也是好不容易才得以跟我爸一起回去一趟，在家鄉那幾天，見了好多親戚，也去看了爺爺奶奶的墳，

3　三八為民國三十八年，即西元一九四九年。

聽爸爸說很多當年離家的故事。

我爸離家那個年代剛好是中國最混亂的時候，說爺爺是鳳陽府自衛隊的團長，在我爸五歲的時候就戰死而被馬匹載回來。爺爺又當過算命師、軍火販子，我也還搞不清楚爺爺那個年代，我們家究竟是什麼樣子？！

只能從爸的口中再認識一點：我爸家原有八個小孩，最後只剩下一個大哥去從軍後就下落不明，姊姊嫁到劉家，我奶奶裹著小腳在戰爭中背著我爸逃亡，爸爸當時哭著說他不想離開家，奶奶也哭說不走都要死！最後住到難民營裡，後來才一起住到我大姑家。我爸小時候放過牛，後來到蚌埠做裁縫學徒，因爲看到前一天才來店裡做衣服的鄉長，隔天頭已經被割下來掛在城牆上了，他嚇得想找機會逃，有天提水桶去挑水，剛好遇到國民黨的軍隊要離開，他就跟著軍隊走了。所以他一直很愧疚，當時連跟奶奶告別都沒有就走了！

爸爸這次返鄉尋親前，在家裡就引起一陣騷動，因爲在過程中我爸一直向我媽發出一個訊息，表示對大陸親人的虧欠，還說想把錢拿回去，媽媽對於爸爸會帶錢回家的事表現得很不安，一直希望我說服我爸不要回去。媽媽擔心爸爸把錢都拿回家，以後她的生活怎麼辦？

媽媽是在台灣彰化鄉下一個很重男輕女的家庭中長大，有一個姊姊因爲家裡窮而送人了，唯一的哥哥得到最好的照顧，最後所有家產也都是給這個哥哥。我媽從小沒有讀書的機會，只有跟著一起務農「做山」——就是種竹筍，後來嫁了一個老公卻生病去世；當年爲了帶四個小孩還能生存下來，嫁給我爸的過程中遭到很多家人的反對（當時在鄉下嫁給外省人是很被歧視的），對她而言卻沒有更好的選擇了，所以後來和媽媽家這邊的親戚也都少有來往，更加深了爸爸成爲媽媽唯一的一個依靠。也許媽媽曾經歷過一無所有的日子，所以很擔心爸爸眞的都把錢拿回大陸去，她怎麼辦？

爸爸和媽媽像是兩個大歷史的相遇與錯身，相見不相識。

——摘自 TIFA 家庭經驗工作坊文章，

李丹鳳，二○○九年九月二十七日

丹鳳二○○八年先去了一趟鳳陽，另一名陸配姊妹小安陪她去找家族親人。小安與阿月一樣，嫁來台灣後婚姻關係因為婆婆對「大陸人」的歧見而引發衝突。二○○八年小安回大陸工作，一方面思索是否要離婚，恰好丹鳳決定到鳳陽尋親，小安便一路陪同了。丹鳳與小安在這段相互陪伴的旅途中，交流與對照了兩個家庭，稍後小安返台，保住了婚姻，丹鳳也在小安與婆婆之間發揮了影響力：

她的爸媽經歷文革的辛苦，我爸則經歷了國共內戰；我們隔著海峽兩岸，卻同是生長在勞動家庭。她身爲家中的獨生女而得要與父母共扛生活的辛酸；我則在眾多同母異父的兄姊羽翼下逃過了勞動的辛苦。在她的兩岸婚姻中，也讓我看見如同爸爸在家中與家人關係的距離和難以跨越的互相理解。

我尋親後回台不久，小安也決定回台面對她與先生的婚姻是否還有走下去的可能，回台頭兩天借住在我台北的租屋處，小安憑藉著她能屈能伸的身段，在家門口坐了一夜，獲得婆婆的接納；我也在過程中，扮演婆婆投射於我身上的「好的台灣人」，聆聽她的敘說與抱怨。她似乎覺得小安有這樣的朋友還有救，偶爾還會打電話給我，想和我「連手教化」小安，終於化解了這次家庭風暴。

再次回台的小安，也許是經歷了一年的沉澱，明白在夫家的家人關係中無可避免的錯接與衝突，懂得不去計較和適時轉身給予空間，也順利生了一個兒子，讓婆婆忙於「含飴弄孫」了。

會在婆媳關係中懷疑與辱罵小安的婆婆，是個辛苦一生的台灣女人，深綠的政治立場夾帶著對大陸人的定見。

「深綠」的台灣婆婆阿玉

婆婆「死忠」支持民進黨，每天晚上都要看鄭弘儀主持的《大話新聞》。

我們訪談婆婆那天，婆婆不斷三字經數落「那隻垃圾狗」（台語，「狗」同「九」音，指總統馬英九）。雖然沒有問出婆婆如此死忠的原因，但我猜想與她小時在宜蘭的遭遇有關，加上婆婆的兒子在半年前因為景氣不好失業，有半年沒有工作，婆婆就覺得都是現任的總統太糟糕了，沒有把人民照顧好，只會往大陸、國外進行賣台任務，卻沒有好好看見人民疾苦……

小安的婆婆阿玉是宜蘭人，家裡生了十幾個小孩，卻只有她和姊姊兩個女生與小弟在家中長大。阿玉兄弟們的遭遇，有些是因當時醫療不發達，生病死了；有些是家裡養不起，送給別人養，目前宜蘭的老家有八十多歲的母親，與小弟居住，爸爸已經過世了。阿玉回憶：「爸爸去世前都和家裡的人說，不能投票給國民黨，一定要支持民進黨，因爲民進黨才會對台灣人好。」我們很想再詢問阿玉，爸爸會這樣說的原因是什麼呢？不過阿玉只輕描淡寫地說，因爲當時戰爭很亂，阿玉的家好像因爲某種緣故被政府還是大陸人欺負，這部分阿玉沒有說得很清楚。

阿玉是嫁來台北的。阿玉年輕的時候到台北工作，在士林百齡橋下車衣服，之後與老公相識而結婚。老公排行老么，家裡有五個兄弟，阿玉嫁過去的時候，老公的爸爸和媽媽都過世了，所以大小事都是哥哥和嫂嫂在處理。阿玉回憶說：「我當時嫁過去什麼都不會，煮菜、打掃都是從頭學，像煮菜就是和我二嫂學的，她在煮，我在旁邊幫忙，一點一點學起來。」

老公與阿玉結婚前，老公是在第一銀行當銀行員，婚後老公就問阿玉錢夠不夠養家呢？與阿玉討論後，老公決定離開銀行，跳出來從事建築，主要是負責包工程。老公轉換行業後，事業很順利，愈做愈大，錢也愈賺愈多，這樣阿玉一家才有能力在台北蘆洲買一層有電梯的房子，直到老公二〇〇七年過世，都在從事包工程的業務。老公死後，阿玉因家中經濟問題經營卡拉OK，不過這些年就沒有在做了，目前阿玉的經濟主要是靠小孩提供。

非常「賭濫」大陸來的

當兒子和爸媽説要娶「大陸新娘」時，阿玉是堅持反對的，因爲阿玉在兒子還沒娶之前就很討厭大陸人，討厭的原因是覺得大陸人來台灣「都只是要台灣人的錢」，沒有眞心想要顧家。她講很多例子來證實她的看法，像是附近鄰居有娶大陸配偶的，最後都是以離婚收場，而且過程都是媳婦拿錢回大陸，再也沒有回來，甚至爲了錢，小孩都可以丟棄。還有之前老公包工程的時候，也請一位大陸工人幫忙做事，卻偷走先生的錢……，種種事情，讓阿玉就説她是非常「賭濫」大陸來的，只是兒子一直向她保證又不是每個大陸人都一樣，阿玉看見兒子那麼堅持，才答應讓小安進門。

阿玉對於大陸人的不諒解，也影響到阿玉與小安的互動。阿玉在兒子訂婚時，去過一趟大陸，看過小安家，就覺得小安在大陸的房子很破舊，甚至還要爬很陡的坡，相較他們住電梯大樓，就會覺得小安的大陸家鄉是落後的。

當小安來台灣後，阿玉就看得很緊。有次小安帶同是陸配的朋友回家，阿玉知道後很生氣，覺得不要帶朋友回家，「如果東西掉了該怎麼辦呢？」阿玉反應後，小安就比較沒有帶朋友來家裡。除此之外，當小安要出門時，阿玉也會偷偷跟去，看看小安和誰吃飯，有沒有説謊騙人，或者和男生單獨吃飯之類的。

溝壑巨浪：舟鳳

李繼宗原為女兒取名舟鳳，後改丹鳳，近十年丹鳳家所經歷的強烈衝突倒似坐實了於巨浪中操持一葉舟的舟鳳。丹鳳一路陪伴與盡力化解國際家庭內部國族、階級與文化差異混攪叢結化的矛盾和痛苦，她是許多外配女人與台灣男人的好朋友，但最讓丹鳳顛簸受苦的，卻是橫梗於自己父母之間的那道溝壑。

二〇〇九年，丹鳳陪爸爸到鳳陽祭了奶奶的墳：

奶奶的墳是在表哥家的田地裡，田梗路非常難走，去年我來時還摔了一跤！

爸爸一路讓三表哥攙扶著，一路哭到奶奶的墳前跪下，並且抱著今年才新刻好、有著我們全家人名字在上面的墓碑哭，説著：「對不起，你的兒子回來看你了！」不論墳後的草長得多高，仍然要繞著走完一圈才甘心。

丹鳳爸爸出生那年（一九三一年[4]），正是日本侵略中國東北發動九一八事變的時候。一九三七到一九四五年則開始了長達八年的抗日戰爭[5]，女兒丹鳳記錄了李繼宗由大陸到台灣的歷程：

家中知道的只有一個姊和一個哥，我是排行老八，後面其實還有一個弟，但么折了，所以我吃奶吃到八歲！我大哥原本在抗日時當警察，後來他看勢局亂，便想去從軍報效國家，誰知他一踏出家門就音訊全無。

我的户籍是鳳陽，但實際不是鳳陽人，我的老家是在離鳳陽不遠的地方，只記得好像叫作「圍集西李家」。我們全村莊都姓李，只有一户姓王，我還不到十歲時媽媽帶我回去過一次，家裡是茅草房，牆是泥巴堆起來的，爸爸的輩份很高、又是老大，我叔叔有幾個不知道，我小時回去的地位就是姥爺，那年過年，我還坐在椅子上接受六、七十歲的人跪下來跟我拜年呢！

父親是鳳陽府自衛團的團長，維護地方的安全。哪年出生的不知道，只知道是屬兔的。我爸在很年輕時就離開家，到鳳陽闖天下；媽媽是鳳陽人，有回過外婆家，但已經不記得了。

我一九三一年出生，我爸爸在我五歲的時候就戰死了，讓馬載回來。我在家到八歲的時候，日本人來了，

4　一九三一年九月十八日，日本關東軍趁張學良調動東北軍主力入關參加中原大戰留駐華北之機，由司令本庄繁親自策劃，在瀋陽附近的柳條湖破壞了一小段南滿鐵路，誣蔑此為東北軍所為，當夜向瀋陽北大營的東北軍發動進攻，史稱「柳條湖事變」，又稱「九一八事變」。

5　中國抗日戰爭（1937-1945）是二十世紀中期中國抵抗日本侵略的一場全面戰爭，一九三七年七月七日，日軍在北平附近挑起盧溝橋事變，中日之間的戰事隨即全面爆發。相對於被視為近代第一次中日戰爭的甲午戰爭，亦稱為第二次中日戰爭；由於戰爭時間約為八年，亦被稱為八年抗戰或簡稱為抗戰。該戰爭也被視為第二次世界大戰的東亞戰事。

我跟我媽「跑反」，媽媽三寸金蓮的小腳背著我逃，一路到了漢口，在漢口有個絲瓜園，每天要躲警報到絲瓜園。有一次還跑不到時，絲瓜園就被炸掉了，還好沒跑到。

後來十幾歲再回到鳳陽，當時家都沒有了，住在一個政府的收容中心，是一個破廟，睡在帳篷裡，一個帳篷中有四户人家，住在帳篷有個好處就是有飯吃。後來，到蚌埠當學徒，地方保安隊的槍都不是政府的，是鄉裡人家捐的。有一天鄉長來做衣服，叫人家來拿衣服，結果他的腦袋就被掛在南門的樹上，我嚇壞了。

當時我們家裡[6]都給國民黨的軍隊住，我們住在帳篷裡，我媽對他們很好，後來那時候他們要走時，我就跟著他們走，後來出了鳳陽城後被發現我跟在隊伍裡，就把我送回鳳陽，我又跟著後面再跑回去。連長是湖北人叫張衡五，讓我跟著部隊走，到了臨淮關的車站，把我提報爲傳令兵，我就說我不要當傳令兵，我要扛大槍（卡兵槍），那個槍比我的人還高。連長說：「你都沒槍高怎麼扛？」我說：「不能扛大槍就扛小槍。」於是就給我配了衝鋒槍。

後來到了板橋——大陸也有個地方叫板橋喔——我那班的班長就被打死了，當時兵升士，只要連長講就算數，所以副班長就變班長，我就變副班長，結果沒幾天，

6 這個家其實是爸爸姊夫的家，由於奶奶和爸爸「跑反」之後回來便無家可歸了，奶奶帶著爸爸投靠自己的女婿家。

副班長又被打死，我升班長了。當時連長都挑最好的兵給我，因爲他也知道我這個班長不行（年紀最小又沒讀過書），後來我們到了明光，就派我們這個班去守明光大橋。當時我回去跟兵講，我的兵都是很有經驗的，就告訴我要跟連長要步兵槍、炮兵和重兵器三個班一起守。當時我們三個班長看到情況不妙就商量要撤退，到了徐州，後來營長就說我守橋不利，要槍斃我這個班長，後來炮兵和重兵器的班長就幫我，說如果槍斃我他們就要開槍，後來連長出來打圓場記我警告就好，戰亂中，上了火車也就不了了之。到了南京，我們這一連就守中央銀行，過一陣子又到上海，我們去保衛機場，後來我被派去買菜，結果仗又打起來，回不去，就到了火車站，遇到憲兵要抓我，我有衝鋒槍，就對他們說敢抓我就幹了你們，他們沒辦法就放我們走。

結果我們三個採買的就坐上火車，原本要往南跑的，又坐到往南京的火車，碰到業務處的主任，就讓我們住到留守處，營長、團長、連長的太太都在那裡，因爲在上海保衛戰敗，從上海逃到廣東的黄埔江，我們就跟著那些官太太一起撤退，我還記得那天是民國三十八年八月十五日。她們有錢買票可以上商船，我們沒錢買票，就睡在碼頭外。當時我們都打著「綁腿」，幾個人約好記號，用繩子綁石頭，丟到船上爬上去，開船後已經離陸地很遠，我們才跑出來。船家看到我們，說我們沒買票要丟下船去，我們有三十幾個人，都是十幾、二十幾歲的小伙子，我們就團結起來，反正拚不拚都是死路一條，拚了還有活路，我們就跟船家拚了，船家嚇到不敢趕我們下船。

船一開就好幾天，我們也沒錢買東西吃，就用搶的，搶他們也沒辦法，就這樣給我們飯吃。到了台灣後，船主人不給下船，軍眷下船後就聯絡花蓮的部隊，來了一個參謀長，跟船主人交涉，說要人給你，要錢沒有，船主人只好讓我們下船。當時軍人坐火車幾乎都沒有錢，我們就坐火車到了蘇澳，再搭車到花蓮北埔軍隊報到。我們那兒的連長叫龔懷慶（我從第一連被調到第三連，他是第三連連長），當時我在留守處時也去過他太太家，他太太也姓李，我有一段時間住在他家，我叫他太太「大姊」，本來她要我給她們娘家收養，我不願意待在山裡，所以她走也就跟著走。

後來，部隊搬到嘉義「烏樹林」，當時的陸軍總司令是孫立人，孫立人是安徽人，後來被軟禁，當時他是美國人最信任的人，他是美國西點軍校畢業的，像當時美國的補給來台灣，蔣中正簽字都無效，美國不承認，要孫立人簽字才有效。當時說孫立人的傳令兵是共產黨臥底的，所以才被軟禁。眞正情況如何我們沒讀過書，所以也不知道。一般的兵對孫印象很好，因爲他對兵很好，是被那個臥底搞壞，不然哪輪到那些人當總統。

我當時到台灣很苦，只有身上一套衣服，有太陽才去山溝裡洗澡，順便洗衣服，衣服乾了穿上才走。那時候我沒拿過官餉，都是給龔的太太，但我的開銷都是她負責，鞋子壞了、沒有毛巾都是她負責。當時的黃金一錢是三十八元，一個上士的軍餉是三十元，她幫我買了東西後，幫我把錢存起來，等存了一些就再幫我添些錢去買黃金存錢。

後來我的錢都被騙去……

因為軍隊被調到金門，當時是古寧頭大捷，我們去清掃戰場，住過好幾個地方，後來調到小金門，當時配屬在兩百師，兩百師就把我調到團部去了。團長的太太也認識我，我就去當衛士（就是保護團長的），衛士配有三支槍呢，我是衛士班班長，接著又調我到第三連去當第三排的排長。我們這個連整個改編、很慘，都被分散了！

一九七六年，部隊裡的長官見李繼宗已經當了很久的「中尉」，有意升他的官。李繼宗認為自己「沒唸什麼書、大字不識幾個，現在的兵一個個學歷都比我高，升了官要批公文，萬一有緊急機密的公文，我還要請兵來幫我看公文，這要是出了什麼差錯，那還得了！所以我不升，若要升官，我就退休！」當時的連長覺得這個李繼宗真是不識好歹，差點將他以「軍法」處置！好在李繼宗平時認真負責、待人好，排長就幫他說情，才准了退休令。提早退休開始打工生涯的李繼宗是怎麼認識丹鳳的母親，進而結婚成家的呢？丹鳳回憶：

當時爸爸在台中部隊，到彰化一家做皮革的工廠當貨車司機。單身、沒有親人，爸爸口袋裡老是有著大把大把的鈔票，有空就去看看喜歡的電影、到歌廳裡聽唱歌。

老闆娘見爸爸年紀大卻未娶妻生子，就成天對爸說著成家的好處，一直要介紹對象給爸爸。說著說著爸有些心動了，就跟著老闆娘去到媽的住處，當時的媽，三十歲、喪夫，四個孩子嗷嗷待哺。爸一見就心軟了，想起自己兒時與母親相依爲命，差點被送進育幼院的難受，一口就答應娶媽，當時只對媽說：「跟著我，要過好日子沒有，但喝粥、吃飯絕對有！」就這樣成了家。

當時爸的同袍，很多人都反對、不看好這段婚姻，「好心地」勸阻著：「老李呀！你幹嘛放著快活的不過，去幫人家養小孩呀！」爸就跟這些反對的人都斷絕關係！

媽的親戚也不認同她嫁給一個「外省人」！但沒有選擇。那時媽要工作、又要帶孩子，白天小孩回娘家給阿嬤照顧，阿嬤總給媽使眼色。有一次姊姊還車禍住院，媽在蠟燭兩頭燒的情況下終於也受不了，才答應了相親並和爸結婚。媽說當年他們結婚時，只簡單辦了兩桌，卻一個親戚也沒有來，還是爸爸開著車，一個個去邀請接送來的。

爸當時租的房子六坪大，一張床，住進一家老小六口人。

像我爸這樣中晚年才與「本省人」結婚的「外省老兵」不算少數，一九四九年因國共戰爭而遷徙來台的外省人數約有一百二十萬左右（李廣均，一九九六）。這些外省人口有的跟隨部隊遷移或安置於某些政府機關之下，以眷村的聚落型式散居於台灣各地。許多公家眷舍或軍眷村即是爲安置這些外省人口及其眷屬所建立的暫（戰）時住處。但礙於空間及經費有限，官階或家庭等其他因素成爲分配眷舍資源的判準。除了眷村與公家機關的宿舍之外，還有許多外省人口並未分配到官方住宅，而以個體户的型式散居各地。爸爸即是因當時提早從軍中退休而沒有分配到眷村，是屬於散居户。

丹鳳說自己是「芋仔番薯」[7]，媽媽是彰化土生土長的「蕃薯」媽媽：

一九四五年八月至一九五〇年六月的五年之間，台灣歷經日本殖民統治落幕、國民政府接收、二二八事件、國民政府遷台、土地改革到韓戰爆發與美援大量湧入。

一九四五年的爸爸，已經在日本侵略中國之際進入國民黨的軍隊，隨著南征北討，這時的媽媽則在台灣彰化的農家誕生了。

外公其實是當地的大地主，有幾甲的山和地，卻在媽五歲時就去世了。在重男輕女的農家，媽媽和阿姨們並不是過著如大家認知上的「千金女」的生活，甚至連上小學讀書都是奢望！

外公的好幾片山、好幾塊地都分給了三個兒子，媽

7 「芋仔蕃薯」是一種紫心蕃薯，狀似芋頭，實為蕃薯，鬆軟香甜，入口即化，市場鮮瓜售價為普通地瓜的三～五倍 。在一九七八那年我出生後，它也成為丹鳳被認識的身分認同之一。

和阿姨們每天都要上山拔竹筍、芭樂，「你大舅媽很精明，我和你阿姨每天都左右邊兩籠滿滿的筍子來回帶下山，你舅舅卻只提一籠，用腳踏車載還嫌重！」媽媽猶歷歷在目地說著。

媽媽還說外公怕東西被偷走，也有很多日本人會來搜查，搜到了就會全部沒收。在山上埋了好幾簍的「龍銀」，有的埋在哪已經找不到，埋在家裡的，應該都被嬸嬸拿走了！

媽媽家是富有的地主，我卻總是聽到媽媽說著辛苦的故事。

除了不停勞動外，媽媽還形容那時嬸嬸喜歡煮帶有大塊肥油的豬肉，她只好每餐都加鹽巴吃飯，偶爾隔壁親戚會給她小魚乾吃。

大姨嫁得窮，但夫妻同心，漸漸經濟好轉；三姨嫁的是地主的兒子，一直都過得平順；四姨嫁的是個賭鬼，窮到連米都買不起，媽常趁著工作之便去賣筍和芭樂時，有時是背著山上的柴、有時是把賣的錢零數攢下來買米給四姨，最後也是媽出了錢去找道士，讓四姨丈喝了符水後就不賭了。

由於在家過的日子很辛苦，所以當有人上門提親，媽也沒考慮太多就嫁了。媽的前夫家也是當地的地主，但媽嫁去也是沒有好日子過，每天也要辛苦工作，前夫會喝酒也賭博，早就欠了一屁股債，把家產都敗光。前夫在工廠工作，媽則是在草菇寮，婚後就沒拿過前夫賺的錢，兩人各管各的，媽的錢負責照顧一家日常花用，前夫因爲一次北上幫他爸爸撿骨，媽的說法是影響風水，回家後就生病走了，那時三哥剛出生未滿週歲。媽獨自賺錢養四個小孩，白天就把小孩放回娘家和外婆一起，小孩自己煮飯吃。原本也未想再嫁人，是剛好媒人介紹爸之前，讀國小的姊姊出車禍住院，媽工作、醫院兩頭跑，也感到一人實在負擔不來，因而決定嫁給爸。

結婚初期，爸空閒時會邀軍中同袍到家中打麻將，有時就會對爸酸兩句，說他們「單身一身輕！」爸偶爾在辛勤工作後，就心生不平地跟媽大小聲。媽曾有一次帶著四歲大的三哥打算一走了之，但幾個小時後，又擔心爸爸會不會因此把氣出在留下的三個小孩身上，想想不放心又返回家中。

還有一次，是媽煮好晚飯準備一家人吃飯，這是爸正在下棋的熱頭上，把媽凶了一頓，氣得媽走了好幾公里路去投靠開理髮店的朋友，直到隔壁鄰居幫忙去勸媽回家，媽才顧及一家小孩回到家中。

已經生養四個孩子的媽自然是不想再生小孩了，尤其初期和爸的關係十分不穩定，她偷偷地裝了避孕器；然而隻身一人又近中晚年的爸，既已成家，也想要有一個自己的小孩。我就在「抗拒」與「想望」的兩股意識流的交戰中，矛盾地來到了這個世界，那年一九七八年。

芋仔蕃薯的混雜

丹鳳所經驗到的混雜與差異，由名字到電視節目的選擇，在她的幼年生活中真實存在著。

我和很多外省第二代一樣，名字來自爸爸家鄉的印記。當時爸原本是將我取名爲「舟鳳」，因爲爸爸是坐「船」來台、家鄉來自安徽「鳳」陽。但由於取好名字後，也在傳統中華文化的作用下拿去算命，算命師說這個筆劃不好，於是把「舟」去頭去尾，便成了「丹」字。在我很小的時候，爸就告訴過我這個名字的由來，因而也讓我對自己的名字產生一種莫名的情感，尤其是聽著爸爸說起家鄉事的時候。

在家中，我的出生與其他四個跟我同母異父的兄姊不同；在外，我們家和別人家不同（一個被叫作「外省人」的爸爸）。

我總是沒來由地愛問著：「爲什麼？」

「爲什麼我爸爸是『外省人』？爲什麼有『外省人』？爲什麼跟『外省人』結婚不好？爲什麼我們家跟別人不一樣？爲什麼我的兄姊跟我年紀差那麼多，害我都沒有玩伴？爲什麼……」

尤其，當我的名字時不時也會被同儕們取笑時；當鄰居的同伴跟我說：「你爸說的話好奇怪，很難聽得懂耶！」；連爸爸稱我「ㄚ頭」、「傻ㄚ頭」，也能被拿來說嘴。別人家的電視，多是台語的連續劇，而我爸看的是週、六日上下午華視與中視會播放的「京劇」。

從小，我就在經驗各種的差異與距離，隱然有一條界線橫隔於我與他人之間，又或者，是我自己也劃了一條與他人名之爲「差異」的界線。

一九七八……

一九七八是個有趣的年份。撕裂和混雜不僅合成了我，世界也既撕裂又混雜矛盾地變化著。一九七八年蔣經國當選中華民國第六屆總統，十二月十六日被美國片面決定斷交的命運[8]。

同年的中國，也悄悄從集體生產、集體的社會主義，過渡到「具中國特色的社會主義」。而這個變化，竟也跟爸爸的家鄉「安徽省鳳陽縣」扯上了關係！「安徽鳳陽」自古即是個常年災荒的貧瘠農村，其中的小崗村更

8　十二月十六日凌晨兩點，當時擔任行政院新聞局副局長的宋楚瑜叫醒了正在睡夢中的蔣經國總統，告訴他華盛頓和北京已經在稍早時同時宣佈，自一九七九年一月一日起正式建交，並與台灣的中華民國政府斷交，同時還廢止了共同防禦條約。當天早上，蔣經國發表正式談話，對於美國承認「匪偽政權」提出最嚴重抗議，並且下令停止正在進行的增額中央民意代表的一切選舉活動。台灣民眾獲知這個消息後更加憤慨，十六日當天就有數百名群眾聚集在台北圓山的美軍俱樂部前，砸損十三輛轎車，並且打破門窗玻璃。全國各大專院校也在校園內發起簽名活動，以此支持政府譴責美國背信毀約的決心。美國與台灣斷交後，美國國會於一九七九年四月制訂了《台灣關係法》（美國國內法），與台灣維持半官方的關係，而中共為了貶抑《台灣關係法》的效力，曾與美國雷根政府在一九八二年簽訂《八一七公報》，節制美國對台軍售在質與量上的發展，並要美國承諾「無意追求『兩個中國』或『一中一台』政策」，以壓縮台灣的生存空間。（摘自國家文化資料庫管理系統網頁資料。）

是遠近馳名的「三靠村」——「吃糧靠返銷，用錢靠救濟，生產靠貸款」，每年秋收後幾乎家家外出討飯。一九七八年更遇上大旱災，糧食無收！小崗村的農民在走投無路之下，有十八位農民按下血紅的指印、冒著坐牢的危險，實行「聯產承包責任制」，即在協議書上寫明：「收下糧食後，首先交給國家，保證國家的，留足集體的，剩下都是自己的。」此舉被視爲揭開中國農村改革的序幕。同年十二月黨中央召開第十一屆三中全會中，亦提出「對內改革，對外開放」的政策，展開鄧小平所謂「具中國特色的社會主義」，實則已大步邁向全球化的資本主義道路。

李繼宗雖提早退休，但少年到中年的軍旅生活，是他治家帶孩子的方式，丹鳳憶述的家庭教育是軍事化的：

印象中，我開始要自己刷牙洗臉起，學的就是爸爸教的軍式三折式毛巾，每天清晨要聽爸爸訓話，爸會利用這時間，把每個子女沒做好的事數落一遍，常常被數落的就是大哥了：「阿明笨死了，到現在連媽媽的『媽』都還會寫錯」、「懶死了，到現在唯一會背的課文就是：人人都喜歡跟懶惰做朋友⋯⋯」、「髒死了，你看看長這麼大了，連條毛巾都擰不乾，還在滴水，折得歪七扭八的⋯⋯」

除此之外，爸也會說一下人生的道理，如：「有理走遍天下，無理寸步難行」，或者過去軍中發生的經歷、自己的豐功偉業。我印象仍非常深刻並覺得不可思議的是，爸說他去考職業卡車司機時，從上車到開車前的三十六個動作，他做得一毫不差，因而車子根本不用動，坐在一旁的考試官就宣布他已通過考試！

還有，我們家吃飯，不論你有多餓，在爸爸沒動筷子喊一聲「開動！」前，全家人只能安靜地坐在餐桌前。這時，也是爸進行「教育」的時間，大致與晨光時間談的議題差不多。然而，這樣的光景不常，在我家的密集勞動與發生「乩童事件」後便告終了：不再有人管你毛巾怎麼折、吃飯也不在餐桌上，各自端到電視前自行解決。

勞動家庭，乩童來亂

一九八〇年代末，要養五個孩子的李繼宗和許多台灣勞動家庭一樣，亦進入了全家總動員的家庭代工勞動生活景象：

一九八七到一九九三年，我們家開始引進代工並逐年擴增，從一台機器到五台，全家總動員。爸爸不在的時候，我就會被媽拉著一起工作，那種坐在機器前，面對著一大盤鐵棒要在它的底部鑽孔，鑽孔時鐵絲會從機器針孔中噴出，不小心就會傷到手或臉，鑽完幾百根鐵棒才值二十元，那種周而復始、沒有盡頭的空洞感，眞令我一輩子難忘！當然，我家做過的代工各式各樣，除了這種黑手的工作讓我極度厭惡外，也有一些有趣的，如：百葉窗、替可愛的熊熊上膠與包裝、爲裝飾的三輪車套上輪胎……，每天我家不間斷地勞動著。哥姊們白天上班，下班後就進入這個家庭工廠，唸小學的我只在工廠裡插花，做功課是我最佳的擋箭牌。

就在我們家日夜勞動的時期，爸媽希望神龕上再安上一尊福德正神，恰好鄰居在那時也因家裡有事而找了一位台北下來的乩童甲，於是爸就請他過來商討安神的事宜。沒想到他一到我們家的神龕前，迅雷不及掩耳地就把我家的觀音神像拿了下來，說是有問題、不可以再拜了。自此，爸媽不僅花了很多錢，請這位乩童來家裡好幾次，家裡的氣氛卻愈來愈不平靜，那時大哥和姊姊開始不定期會出現搖頭晃腦、哭喊又神智不清的模樣，在一直沒有改善的情況下，爸媽才經由介紹找尋乩童乙來協助。

一開始乩童乙告訴我們是乩童甲在搞怪，我們還半信半疑，直到爸爸的生辰八字被發現放在祖先牌位內，驚覺時已經來回付出超過一百多萬元及一家雞犬不寧的代價！甚至在乩童乙協助我們進行鬥法時，有幾次我們全家人連房子都不能住，就窩在車內直到天亮！

這個怪力亂神的過程幾乎花光了我們家日夜辛勞攢下的積蓄，全家人綁在勞動裡的擠壓卻沒有換得生活經濟的改善，也是埋下我家衝突不斷的根源。

差異衝突中的調節、噤聲與矇騙

丹鳳的爸爸聲音大、脾氣差，媽媽要顧到丹鳳同母異父的四個孩子，又要照養丹鳳；面對兩人的諸多差異，夫妻彼此多是忍耐與相互承受。丹鳳有著芋仔番薯混雜的堅韌心性，也是父母歧異衝突的中介人物。

爸爸生氣時，我是最能起關鍵作用的角色，但對於常常要執行這個功能的我而言，是十分不情願的。只是又覺得爸爸生起氣來眞的很可怕，爸爸嗓門大、罵人又溜，家中的氣氛總要因此而僵住很久。

所以媽媽總能輕易說服我，配合她一起演出。

這個角色讓我最不願的就是要說謊，用矇騙爸爸的方式，讓爸爸不發脾氣。有時哥哥們做錯事，也要我去向爸爸認錯！

還有，我不能覺得委屈、不能在爸爸面前哭。有一次媽媽罵我，我哭得很傷心，爸爸突然回家了，我因爲無法止住眼淚，而要在大熱天裡裹著被單假裝睡覺，媽媽因爲緊張爸爸會發現，一直強力地要求我不准再哭，這個強力要求反而讓我哽咽不止，十分痛苦。

記得國一下學期第二次段考，我在房裡準備考試，外面突然傳來一陣爸爸大聲罵人的聲音：「操你媽的！你這個傢伙不學好，成天只知道玩牌！」三哥的聲音也加入了，他生氣地衝了回去：「我沒有每天玩，偶爾玩一下有什麼不對，你自己還不是喜歡下棋！」

「好啊，你還教訓我呀！你還知道我是你爸爸嗎？你成天不學好，人家以爲我都沒在教你呀！今天看我怎麼好好教訓你！」爸爸火氣也逐步升高，說完便下樓去拿了一根鐵棍來，作勢要打哥，哥也一副不怕地挺著胸：「敢打你來呀！」媽媽情急之下拉住爸的手跪了下來：「不要這樣，這是鐵棍，打下去會死人的，你給我拜託，不要這樣！」

「你還維護他！對，你們是一家人，我是外人嘛！都是我的錯好不好！」爸爸說完話，就往自己臉上左、右邊各打了一巴掌，打的聲音響亮得連躲在房裡不敢出門探看的我，都聽得一清二楚，那一刻我感覺心好痛，止不住的淚水一直流下。心痛是心疼爸爸用這種方式對待自己，也心疼媽和哥，其實事情並沒有那麼嚴重，爸爸有意無意地對於自己做為一個外省繼父角色所感覺到外界眼光的壓力，同時也轉到哥的身上。

爸爸下樓不但自己用頭去撞牆，還翻掉了書房裡的兩張鐵桌，力氣之大以致兩張鐵桌都已變形。

就在國一那次衝突事件後，我積極尋找能夠離開彰化老家、到更遠地方就學的資訊，在能被家人認可、不跨區聯考、家裡能負擔得起的公立學校等合理條件內，國立的五專「台中商專」成為我唯一的選擇。當同學們全力在拚搏考彰女時，我只擔心我能不能考上五專！一切只能說上天仍是眷顧我的，我眞的考上了！不但讓我成為家附近小巷裡考最好的一個孩子，給足了爸媽面子，又讓我名正言順地「離家出走」。

逃離，是因為家的刻痕深，卻又無以為繼。

逃離，卻一步步迴身轉向，往那深的刻痕裡去。

家內深處的未爆彈

二〇〇九年返鄉，丹鳳沒料到竟引發家人關係中埋藏的矛盾！

爸爸回鄉那年猶豫不決，他多麼想帶著媽、三哥[9]一起回鄉，他想讓大陸的親戚知道他在台灣有個「家」了！但媽和小哥都不願意，甚至勸說爸別回鄉，這對爸而言是失落的——孤單地離鄉，仍孤單地返鄉。這一陰影串起了爸對三哥從小到大的不滿，認爲小哥並沒有眞的「認」他這個爸！

爸從鳳陽返台後，熱情地展開他的新計畫[10]，不但花了不少錢，也在來回奔波的勞碌下連續車禍，嚇壞了大家，更讓媽確信了她的論證：回鄉不好！而在爸車禍後，苦勸爸放棄卡拉OK的生意不成，而吞食大量安眠藥企圖自殺，這也讓爸覺得顏面蕩然無存！我呢？是媽口中的罪魁禍首，要不是我堅持帶爸回去，一切事情都不會發生……夾在爸媽的衝突中，我試著用「寫信」的方式與爸爸溝通，似乎起了一些作用。等到九月底中秋節我回家時，爸不僅情緒平靜了不少，還一本正經地拿著我寄給他的信回饋我，我見他在信上認眞地劃了紅線，

9 因為爸爸沒有兒子，在傳統風俗上，小哥過繼給爸當養子。

10 爸上山運動時，看見有人用一台投幣式的卡拉OK機就能賺錢，是個不錯的投資，因而也想投資做點生意，他自己也喜歡聽歌，一舉兩得。

有些地方被圈起來，有些地方被打叉！爸回應著我，他哪些地方不同意，他覺得我是在爲哥哥說好話，說我偏頗了！呵！我笑笑。

爸的夢，媽的打死不讓

二〇一二年十一月，爸生日前夕，我回家探望。前一天晚上，和媽聊天時，媽自己告訴我：「爸有天晚上做夢醒來大哭，說夢見他媽媽來找他，問他怎麼沒回去看她，爸跟她說沒辦法回去了。」我順勢問媽：「那要不要找時間跟爸回去看看？」媽堅決地說：「我不去，我走不動。」我說：「你可以身體養好再去，而且下飛機就坐車，不用走什麼路。」媽一直說不：「我不會去，去你爸動不動就要罵人，那麼多人在，不丟臉嗎？而且他們說的話我也聽不懂。你爸走路那麼快，我走不動，他會等我嗎？不可能，到時候他又生氣。我不可能去！」勸不動媽，我退而求其次：「那麼讓爸回去？」媽再度面無表情堅決地說：「不可能，這輩子除非我死！不可能再讓他回去。」還一直拜託我好心一點，不要再邀爸去！媽說:「你看他上次去之後，回來鬧這樣還不夠嗎？」我說：「這是兩件事，你看昨天爸還不是說他要去賣茯苓糕，這是因爲他在家太無聊了，才會想些花樣讓自己有事做，這跟他去大陸沒關係，只是時間點剛好是在大陸回來之後而已。」

媽說：「你不知道他嗎？若去大陸，他又不知道要耍什麼花樣了，一定又要拿錢回去！銀行就剩十五萬，給他花完怎麼辦，我看一次病就要花一千多元。」

我知道爸不是那麼沒有現實感的人，也想讓媽安心，便說：「你不用擔心，沒錢可以跟我拿呀！」媽回說：「話不是這樣講。」

我又說：「如果我可以跟他商量呢？」媽答案仍是只有一個：「不可能的，你讓我拜託，不要再惹事了。」

就這樣，既分不開，也合不來，僵局。

然而，在這個僵局中，爸爸試圖創造一個迴旋空間！

爸許久前就嚷嚷著想搬到榮民的自費安養中心，卻礙於關係遲遲未行動，不久，就聽媽說爸已經去辦理相關手續，待審查核可即能入住。

溝壑難跳越，皺褶可展開

「拉開政治歷史的皺褶」是我用來探詢人們，他自己（包括家人）都一問三不知的、有關家的政治歷史訊息時用的語詞；政經體制的變化與天災戰亂都是個人與家人無法預測與掌握的外力。丹鳳父母的婚姻是善良心意的結合，共同養育了五個孩子實屬不易！丹鳳五專以就學為名的逃家，丹鳳媽媽最終選擇依子而居，丹鳳爸爸選擇獨自住進榮家，是這對夫妻關係中難以跨越的距離，而此種距離亦是台灣政治歷史被執政者化約與錯置操作的後果。如同娶了陸配的台灣婆婆阿玉一樣，丹鳳媽媽也沒有機會由戰亂離散的眼光去了解接下四個孩子的好心外省男人！不是只有丹鳳家，包括前述新住民的國際家庭在內，許多人都沒有得到適切的機會，辨識家人關係裡的刻痕、印記與父祖輩曾遭逢過那樣歷史力道的沖刷或壓扭。這其實是一種社會變動所帶來的「失落」。在一個小家之內，家人共同生活的密切互動，常製造著生氣、憤怒乃至於嫌惡、憎恨的情緒，情緒再回頭來制約叢結化的關係方式與模式化的互動作為。這時，逃離在便是喘息求生之舉了，很多時候「離婚」亦是喘息求生的選擇。丹鳳家絕非特例，百年來台灣社會三代人的身心是承受著激烈社會改變的容器，改變所帶來的失落，實實在在地在日常生活細節裡發生著。

李繼宗（丹鳳爸）與丹鳳媽相遇時，繼宗的「心軟」是對丹鳳媽（偕四子女）相惜護佑生命意義的認定與投身，繼宗藏放於心底、與小繼宗在戰亂逃生相依為命的母親雖早已不在，但這份深刻的情義在遇見丹鳳媽母子五人時翻上心頭，娶妻成家，孤身一人的他頓時有了六口之家！帶著四個孩子，失去丈夫的農家女兒，當然是在養活孩子的安定盼望中二度進入婚姻的，然而，對於這個男人的大嗓門、養兒育女的軍事化紀律要求和時而爆發的脾氣，除了忍耐承受，亦無他法可對付。自然而然地，當子女長大各自成家，年紀大、體力衰，過去得忍受的壞脾氣，現在若能落得一個清靜，該多好啊！丹鳳媽媽依子而居的離開是可理解的，只是這場老年分離的家人互動歷程中，被拿來做為說辭與理由的歧見，歷歷在目地折射出由日治結束國民黨治理開始的政治沖刷，以及蘊含其中，由外往內積澱於家人心中的定見。操舟勇渡溝壑巨浪的丹鳳，選擇疏理自己與家人關係思緒與情緒的做法，雖讓她經歷了「家難」，卻做了一個心頭明白的人。

【後記】

不斷重複的「僵」界

李丹鳳／二〇二〇

今年（二〇二〇年）初的新冠肺炎疫情，「小明的故事」爆發後的某天，我難過的落淚了！它意外地揭開我內心兒時的疤！

小時，我睜睜地看著公園圍牆上噴有「外省豬滾回去」的字樣，深深烙印在我的心底。我總會忿忿不平的想：「真不知我爸是哪裡錯了？！他也是努力的在為生活打拼、努力學『台語』融入台灣社會，他的家在台灣，即便現在九十高齡也不過回鄉一次！到底要他滾到哪裡去？！為何要將對著某個或某些權貴外省人士的忿怒擴及為省籍族群的對立？！」

暫不論在我進入移民工作後，自一九九〇年以降，新一波的婚姻移民被說成「她們是來台灣撈錢的」、「拿到身分證就會跑掉」、「她們是中共派來的匪碟」！「小明的故事」則從只是被表述出來的、相關法規的其中一個版本（因法規過於複雜在此不贅述），形成舖天蓋地的負面言論：「小明是自己不選擇台灣國籍的」、「舔共台商快滾去大陸」、「嚴禁支那小孩來汙染台灣小孩」、「捨不得北京戶口又要拿台灣好處」及一刀切的政策執行，影響著的卻是更多樣貌，卻噤聲的「小明」。為了讓「他者」成為「不是我們」的「他者」，常見手法是賦予某些負面特質、標籤化，以至於在社會上形成一種難以對話而分立的「僵」界！

作為「芋仔／蕃薯」的外省二代，以及新住民家庭的工作者，面對著家之內，夾在從未感覺被接納、而時常脾氣暴怒的外省爸，與身無長物、害怕無所依怙的本省媽之間；家之外，被操弄的族群、「內人／外人」的對立；我，從彰化到台北，逃家千里，事隔近三十年，近一個世代，橫隔在外省爸與本省媽之間，以及各種區分移民的「內／外人」的無形界線，是我想跨越卻跨越不了的「界」，心頭撕裂的傷仍在隱隱地作痛。

如果歷史的消逝，總讓人們忘記的傷痛卻一再重複，那麼傷痛就值得被記錄，被一次次像警鐘似的提醒著，並尋求超越的可能。

【第六章】

邊緣行者

穿流於政治對立的眾家庭

導言／夏林清

文本、後記／鄭麗貞

我相信集體的力量，所以經常「越線」與「陷入」組織工作。直到我投身社會運動，看懂「政黨政治」結構性的堅固，同時也看懂人炙盛的慾望、利益的糾葛以及處境的複雜性，我選擇做個「但求無傷」與「隨緣修行」的行動者。

【導言】

捍衛公益的行者情志

夏林清

鄭麗貞長我一歲，參與校護協進會[1]的發展工作，這一位校護的創會理事長真是一名戰將，視校護協進會為保護學生健康最重要的一道防線，一輩子的護理專業生涯所彰顯的就是為這一公共利益不斷奮鬥的足跡！

我與鄭麗貞認識於一九九六年台灣校護協進會籌備成立的時候，在一路協同麗貞深化與細化校護協進會組織工作的過程，相當佩服這位長我一歲的同齡女人將帥般的智勇能耐。二〇〇八年我邀約鄭麗貞報考輔大心理研究所，因為我認為她身上所積累

1 校護協進會是由一群在學校服務的護理人員，有感於學校護理專業一再被社會所忽視，對校護存著錯誤的刻板印象，且政府忽略學校衛生政策，協會組織基層學校護理人員進行遊行、抗爭、協商與立法等學校護理專業變革運動。現存學校護理工作面對著學生人數與校護比率過低，難以提供護理品質與促進學生健康；教育體系甚至將學生健康切割，學生健康問題一再被政府及社會忽視等種種問題。公會與學會無法完全代理學校護理實務工作者的，為避免學校護理人員功能在決策過程中被忽略，政府輕忽學校護理的專業發展與養成教育，協會成員不再謹守默默奉獻的傳統護理守則，決定「化心痛為行動」的積極串聯起來。於 1995 年 08 月 19 日上街發起「校園白衣天使的怒吼～訴求『要尊嚴不容忽視學校衛生；爭編制，重視校護工作負荷』」遊行，開啟串聯活動，並於 1996 年 8 月 19 日正式成立協進會組織。致力組織基層學校護理人員，形成與政府進行政策協商的力量，共同為學生健康照護權益與學校護理的專業發展發聲。

會網站[2]與麗貞的論文[3]。

我這輩子從小由外婆那養成對武俠小說世界的喜愛，有兩個人告訴我她見過輕功，一位是我媽，一位就是麗貞。我媽幼時在岳陽向家莊見過一位嫁入左家的武將女兒，穿著裙襬綴飾小鈴鐺的舅媽，一躍由一台織布機上方越過，媽晚年惋惜地說：「舅媽問過我要不要學武功，那時太小，不知好歹！」麗貞則是和我報導過，一天她在榮家看見一阿伯躍上牆頭出去了！

從麗貞的故事，我們更能體認「家」這個斗室，共居其中的家人不得不學習與「差異」相處，認清每個人自一出生就迥異於他人，習性一旦養成亦確實難改，能改變自身習慣的人是值得激賞的。夫妻、親子與家人就是人生在世面對差異，學習共同生活的基本功課。當家能涵容差異，辨識歧異時，斗室就若星空，家家那本難念的經，就是伴你一生、行走人生江湖的一本不斷參讀的經書。

2　中華民國學校護理人員協進會 http://www.schoolnurses.org.tw/

3　鄭麗貞（2005）。烏雲中夕照－校護群撐起的護理專業空間。未出版碩士論文，輔仁大學，新北市。

【文本】

邊緣行者的三個家：一個校護的越線鍛鍊

鄭麗貞

來自三個家庭的潛移默化

我的社會實踐政治立場：主體性與互用；不會賣掉群眾。問我這個立場是怎麼來的？我會說是來自我三個家的潛移默化、我的學校護理社會實踐歷程的辨識學習、家庭歷史與社會歷史不能分割對待。這個潛移默化是指我的父系、母系、義父、夫家之家族家人關係，以及夫家政治討論與立場的多元與豐富性，同時，我所處的時空環境背景等等，都對我產生了作用。

我是一個從事學校護理勞動三十餘年，正在為民進黨政權背信下為了月退俸走法律程序的退休公務員；是一個有著三個「芋仔蕃薯」孫女；是一個企圖在生活中傳遞中華民族祖先文化的台灣阿嬤；也是一個擁有二十幾年組織經驗的組織工作者。我從沒進入主流，年幼時大概是無法進入，懂事以後則是自我選擇邊緣的位置，現在的我，認自己是個「邊緣行者」。

我相信集體的力量，所以經常「越線」與「陷入」組織工作。在我小時候，我希望人們沒有衝突，所以我經常在對立的雙方中穿梭，期待他們能理解彼此；年輕的時候，我期待「幼有所養，老有所終」、「人人被公平對待」，所以我踩在「黨外」位置上期待「政治清明」的到來。直到我投身社會運動，看懂「政黨政治」結構性的堅固，同時也看懂人炙盛的慾望、利益的糾葛以及處境的複雜性，我選擇做個「但求無傷」與「隨緣（因緣與邊緣）修行」的行動者。

我有三個家，有三個父親（爸爸、義父、公公），只有一個媽媽義父一九四九隻身來台，婆婆在我先生高三時過世，所以合計三個家就只有一個母親。

二〇一二年，我送走我生命中兩個非常重要的人：一個是我的媽媽往生；一個是送我義父的骨灰返北京。

我與我的母親親而不密，因為從我三歲以後與她的親子關係位置有個錯置。我十五歲離家就學（護校沒有寒暑假），十九歲畢業就業，二十歲就結婚。我一直以「母親的捍衛者」這樣的角色生活在原生家庭中。母親一直相當「信賴」我，我也確實做到每叫必到——爸爸的外遇、生病處理，哥哥姊姊的感情問題，妹妹弟弟的課業與行為問題，甚至姪女兒的病痛，連颱風過後的房屋修繕，幾乎家中所有讓她擔心焦慮的大大小小事件，只要她開口，我就一定接手，直到事件落幕方才放手。在處理的過程中，我也經常會一併「訓誡」她。

母親往生前兩年，因為失智的關係，懷疑外勞與父親有染，所以經常會把氣發在外勞頭上。有天一大早，我還沒起床，外勞敲門哭著跟我說：「阿嬤拿阿公的尿布丟我。」我一如以往除了安撫外勞與父親之外，還跟媽媽說：「你不可以這樣對待人家。」她覺得我偏袒外勞，於是對著我吼：「你自己守寡，見不得人家夫妻好，仗著錢多，幫你爸爸養個女人在家。」我知道她糊塗了，可是聽起來還是難過。現在想來，她那肆無忌憚的攻擊，是因為「放心」，而對於自己沒能當下明白而接住，是個遺憾。對於她這份始終緊抓「家的完整性」的執著，我直到她往生後，為了處理銀行存款的繼承，應銀行要求申請她一生全部的戶籍謄本，才看到她的遷徙史，還真有些流離之感。那些搬遷，就我所知沒有一次是她想要的，其辛苦可想而知。

另一層理解，卻是在二〇一三年應花蓮校護參與他們的行動研究才發生。校護姊妹的文本有許多關於家的描述字眼，讓我赫然理解母親的執著，那些字眼是「正常家庭」、「不像家」的家。原來「有父有母、窗明几淨、家人同在共餐」才是正常家庭，這對於自幼喪父，又家境貧窮得經常到親戚家幫傭，欣羨人家的母親是何其不易啊！媽媽經由婚姻才擁有這種中產主流家的樣貌，難怪她終其一生用生命拚搏捍衛。

先夫森雄往生後，對於給老師（義父）掃墓這件事，有實質上的不容易（骨灰放的位置需要架著兩米以上的梯子才能擦拭墓碑和插上花、香），所以一直思索著是該把骨灰遷移佛光山跟森雄以及未來我的骨灰放在一起，還是送回老家給他兒子呢？這個自我提問就在處理媽媽後事的時候，憶起我在護校就學時經常批評老師乾兒子的貪婪作為，有次我甚至氣憤地質問他：「幹嘛認這種人當乾兒子啊！」當時他以我沒見過的神情回應我：「就是貪圖人家可能送我的骨灰回去啊！」那個時候，我第一次意識到原來老師有家人，而且他記掛著他的家。我這個十五、六歲時經驗，直到過了耳順之年才清晰明白，同時也才有條件圓義父的返鄉之願。

當決定送義父骨灰回北京時，我同學說要陪我一起送老師返鄉，但是要我一定要先問過老師。啊，問老師？有沒有搞錯？我心想這也太離譜了吧！老師已經往生三十五年了耶！到哪問？為了「安」我同學的心，我只好答應會問囉，可怎麼問呢？我想起就來試試擲杯感應吧！於是，我正坐客廳面向落地窗外青天，以兩個十元銅板為筊杯，我向義父說：「老師，我想送你回去大陸，秀雲說我必須問過你同意才能做。所以你如果真想回去大陸就顯示『承杯』吧。」這樣連問三次都是「承杯」，我一時興起就說：「老師，咱們再來玩一次，就再來一個確認吧！」果真是連續四個「承杯」。

接著詢問墓園、高鐵、航空公司等單位，完成移動需要的手續。為了配合航機時間，我把老師的骨灰從天主教公墓先移到佛光山萬壽園寄放。移放當天我特意載著義父骨灰繞佛陀紀念館一圈，我說：「老師，我帶你遊遊佛陀紀念館，然後到萬壽園暫住，你可以去跟森雄敘敘，後天早上一早我來接你回北京。」就這樣，我把義父的骨灰放置在背包，掛在胸前，搭小客車、高鐵、飛機，一路送回北京。北京大哥到機場接機。

大哥紅著眼眶接過義父的骨灰時說：「爸爸在我十歲那年離家，說是去避一避，就直到今天才回來。」義父離家六十三年後返家這天，正是他玄孫出生滿月前夕。我心想這個家的過去與未來算是接上了。當下，我懂了義父何以在他臨終那年才認我這個學生為「義女」，同時感恩老天讓我能有回報「點我生命轉彎處明燈的十年師、終身父」浩浩師恩的機會。

一九五〇年義父跟著部隊一起到台灣來避難。他在大陸家裡有妻有二女一兒。義父是我一九六六年剛進護校時的國文老師兼導師，一九七七年二月老師在我與他的教會友人為他慶生時聲稱我是他的義女，同年十月往生。義父到台灣的時候還不到五十歲，據我所知有不少友人為他作媒，也有女教師希望與他結婚相伴，但是他都拒絕。我在與義父師生互動較綿密的那十一年間，他幾乎完全不談家人與家鄉，對於這個不談，我直到整理自身政治歷史線時才豁然明白。原來一九六六年五月到一九七六年十月在大陸的人民共和國正實施文化大革命，這個時期中華民國在台灣也正在戒嚴時期。在這種充滿「政治迫害恐懼」的處境中，「音訊全無與避而不談」是他對家人的「最佳保護」，也是他對妻兒之情深。義父骨灰回到北京約莫一個月後，大哥將他送到西安義母骨灰安葬處，至此義父義母總算夫妻相聚。

護校是我逃家的正當

想要藉由讀書離家出走的我，從十五歲進入護校、十九歲畢業進入護理職場直到退休，甚至退休之後近十年來，「護理」從未離身。我十五歲進入護校，學校確實實施軍事性的集體生活與規訓，強調需絕對服從、犧牲奉獻。寢室與軍隊一樣，幾十個人一間，沒有書桌、衣櫃，別說什麼隱私權。吃飯、睡覺、洗澡、起床一律按表操課，連考試期間到廁所開夜車都是違規，假日休假要看表現，如果寢務檢查沒有達到優良，或收到男性的信件[4]，那週週日就難逃禁足的命運。

護校第四年，我整年都在彰化基督教醫院實習。教會醫院，

4　當時學校教官每封來信都查，我曾任值星糾察，工作之一就是幫教官拆信、封信。

每天上班都得先進醫院教堂做個禮拜，才到崗位報到。離家很近，放假就回家，那一年是我十五歲離家以後至今為止，回家次數最多的。

我在小兒科的實習很不適應，那段實習期間，我常覺得很難過。看到病童用力哭我難過，看到無力的掉淚我更難過；看到心臟病、氣喘病的我難過，看到癌症病童更難過，加上看見病童父母背著孩子掉淚的場景更是難過不已。我除了在逗他們的時間外，經常覺得沉重萬分，這個難過與沉重映照出沒有童年的過往生命經驗[5]。

我最喜歡的實習科別是「開刀房」，因為不必看到病人痛苦，只看到不好的組織被切除，且得以享受組織修補完成後的成就感。其次喜歡的科別是「急診室」，送進來的，不論是模糊的血肉、窘迫的呼吸、聲淚俱下的劇痛，通通很快解決，迅速好轉或很快終了。病人不是快快回家，就是轉進病房、開刀房，連最糟的死亡，也毫不拖泥帶水地送到太平間。大家動作迅速，分工清楚，井然有序，更重要的是根本來不及進入病人的真實世界，關係就結束啦。

一九七〇年代，護校畢業，家庭經濟比較寬裕的同學都會繼續升學，我當然也就興沖沖準備赴考，不料父母爆出家庭經濟困難問題，我也當然就去找工作賺錢幫助家庭了。老師轉來宜蘭員山榮民醫院的徵人啟事，就這麼遠赴他鄉就業。

5　我三歲時目睹父母爭著自殺，我從躲藏的櫥櫃爬了出來，說：「你們都去死，那孩子怎麼辦？」阻擋了悲劇的發生，也截斷了我的童年，我一直都老成深算與未雨綢繆地生存著。

逃離：擔不起孤苦無望老榮民之重

一九七二到一九七三我是國軍退除役官兵輔導委員會員山榮民醫院護士。當年，我與另外三位同年畢業的護士一起報到，我們是那家醫院第一批擁有正式護士證書的護士，護理長對我們相當看重，副護理長雖是護校畢業，卻連考九年證書都沒考上的護佐擔綱。這份工作我只幹了一年半（半年試用），那段時間護理長常常告訴我們「白紙黑字的重要」，也告訴我們「我們是吃公家飯的」，這兩個概念奠定我當公務員的基礎。

病人、院長、組長、醫師、醫務兵全都是榮民。醫院有三個病房與十六個隊，病情嚴重時住病房由醫護人員照護，轉輕時或慢性病的則住在隊上由醫務兵看護。常常有人病逝，有些甚至還來不及轉到病房就死了。病房裡除了偶爾出現的一、兩位「自謀生活」的榮民家眷，全都是榮民弟兄。當時的工作很單純，就是外科換藥、內科給藥。每天上班不是發口服藥、打針，就是推著換藥車跟外科醫師一起換藥，偶爾幾個需要打 IV 吊點滴的。內科絕大部分的病人是肝病、肝硬化腹水。當時聽到他們痛的叫聲，好像還真能做點什麼——給藥、按摩、泡腳等。可是看著他們空洞的眼神，實在相當沉重，所以我喜歡在病房裡走來走去，大聲說話逗他門開心，為了回報我的用力，常有病情稍好些的一起呼應我，大夥起鬨，胡鬧鬧事為趕走一些削人骨魂的孤獨與寂寞吧。

結婚後，我離開醫院，就沒再回去過，護理長對我相當好，幫我先生找到了員山國中設備組長的缺，幫我請了婚假、喪假（剛巧繼祖母過世）、事病假、休假，還說開新病房，報我當副護理長，總之他們希望我回去。對於當時的絕情，我真是自己也沒搞懂，唯一比較確認的是，如果繼續待下去，我很可能會參政，因為要改變那種「無望」，似乎必須有一個更大的位置或力量。現在回觀那個絕情，看見二十歲年輕小護士，其實是擔不起孤苦無望老榮民的沉重而逃離的。

我的學校護理實踐之路

讀護校時，學校沒教過我學校護理是「什麼」？學校護士該幹哪些事？到學校以後，我謹守護理「補其不能」的原則，協同服務對象邁向「自我照護」的路徑，一路增長著我的在地護理實踐知識。學生們及教職員工同仁們，不論是身體的病痛傷害、心理的困惑、親子同儕關係的緊張難解，甚至難以啟齒性議題等等，我都是他們求助或諮詢的對象，我成了全校師生的「護士阿姨」。這個校護阿姨角色讓我得以穿梭學校與學生家庭之間、學校與醫療院所之間、教育與衛生體系之間、教育與社政體系之間，看見不同社會系統的運作與差異。

我三十餘年的校護生涯都在同一所國中。我的學校護理知識在這裡生成，也在這裡落地實踐，同時在這兒我見證了台灣經濟是如何影響學校的興衰歷程。

大環境的變遷牽拖了學校的興衰

甘蔗田裡建校

學校原位於鎮郊，緊鄰著工業區。我剛就任時，工業區尚未開發，所以看到的都是甘蔗田。我上班搭乘客運時，下車後必須走五到八分鐘的路程。那段路兩旁經常都是高高的甘蔗田，學生經常反映甘蔗田裡，有人「暴露」下體。我走的時段，通常是整條路上就我一個人，我覺得走起來蠻恐怖的。我的護理知識告訴我「暴露狂」僅是「暴露」，不會有其他的行為，我也如此告訴學生不必害怕，可是知識僅止於頭部，無法及於我的雙腳，所以每次看到我還是拔腿拚命地跑。更可怕的是，甘蔗田裡三不五時竄出流浪狗，會一再逼近，就是嚇得要命也不能跑，因為一跑牠就追咬，只能盡快找個石頭作勢丟牠，然後面對著牠慢慢快快地拉開距離，快到校門時，我就又叫又喊地衝進學校。那個時候（一九七三～一九八〇），我們學校的規模是四十幾班，有兩千多名學生，一百一、二十個教職員工，學生的家長職業多元，軍公教商農無一不有。

廠房林立中發展

漸漸地，路邊一棟棟工廠廠房蓋了起來，步行到學校時不必再害怕甘蔗田裡冒出什麼東西來。當時，最大的困擾是工廠發出巨大的聲響與刺鼻的味道。那時候，因為鄰近彌陀的學區劃分，學生家長職業就沒幾個軍人了，務農、經商、公教的也都慢慢減少了。後來緊鄰學校還蓋了一間超大的鐵工廠，豎立的煙囪不時排放黑墨墨的濃煙，我們五位熱心的同事成立檢舉小組，輪流打電話給衛生局環保單位，奇妙的是，每次稽查人員到場前幾分鐘，就停止冒濃煙了。

有一天，廠方大概受不了我們的「電話檢舉」次數過於頻繁，特別邀請校方過去喝茶，校長把我們幾位小組成員硬是哄了一起去。我記得工廠老闆說：「請你們幾位高抬貴手給我們工廠一條生路，如果不是我們這些工廠，你們的薪水可以這樣每年加薪嗎？而且你們那樣搞，我們一些工人也很不滿了，如果大家出個什麼意外，我當鄰居的也不好過。」

返校後，校長幾乎是命令式地要求小組解散。我們幾位成員討論後決定，不跟校長正式對立，也不再以學校成員身分檢舉，而是把小組「地下化」，任務行動化為零星的個人行為。一段時日後，工廠建了一座更高更大的煙囪，又過一段時候，工廠遷移了。對於大汙染源的遷移，不能說是我們小組運作成果，因為其間也有個很大的變數，就是環保局從衛生局獨立出去，承辦員異動，他們到場勘驗取締的速度快了。然而，我們不放棄連續幾年的行動，想必也非沒有作用。

這個時候，確實是台灣經濟突飛猛進的時期，我們公教薪水也確實翻了好幾倍，不過還是比不上外面公司行號，所以好幾個同事都離職高就他行了。就在這個時期，我們才稍有積蓄，勉強貸款買了個房子。我還記得當時總務主任還當面譏笑我：「兩夫妻都在上班，買個房子還喘兮兮。」我立即反擊他：「你都是靠著祖產買屋蓋房子，有什麼了不起，我們好歹是靠自己勞力賺的錢。」同事聽了在旁鼓掌。

這段時期（八○～九○年代初期），學校升學、就業的學生都各有出路，升學率幾乎一直是這個地區的第一名，教務處喜氣洋洋，升學班的老師也跟著補習費賺翻天；就業的學生在輔導室安排下，也絕大部分是去「建教合作」的工廠半工半讀地繼續升學。

消失、流離、再起

大約不到十年，鄰近的工廠噪音與廢氣逐漸減少了，一間間工廠停工，後來還慢慢地成為廢墟，路過時，總有種不勝唏噓之感。這個時候，學校的升學率也跟著節節下滑，幾乎是殿後了。學生班級數在一九九三年從三十三班驟降到二十九班。一九九五年成立分部，隔年分部獨立，班級數降成二十班，接著逐年遞減兩、三班，二〇〇一年降到十班以下。那段時期，學生上課時間翻牆出去的不少，中輟學生也愈來愈多，輔導室天天到校外遊戲間找尋學生。學生家長職業欄填寫的多是零工、無與空白。

那個時期，不舒服來健康中心休息的學生，生理上都沒發現問題，所以我通常是以泡茶、吃餅乾、聊天對話處理，也會加上一些黏土，哄那些預備翻牆的學生，一起吃吃喝喝捏捏的，總是能讓他們在健康中心玩玩。老師們則在每減一班必須出去二．五人的壓力下，惶惶度日。當時，年齡、年資上可以退休的就申請走人，無法退休的，在校長設計的機制下，比較會有聲音的會先走，所以老師們對於校務幾乎都三緘其口了。我經常使用來催化老師「良知」的那套道德勸說再也起不了作用，好像學校蕭條了，道德也少了。

學校從二〇〇七年遷址以後，班級數迅速上升，幾年下來，現在已經達五十五班，學生一千六百多人。當年我們學校的興衰，許多人都認為是因為「升學率」下降的關係。現在回首探究，大環境的變遷及學校的地理位置才是關鍵。當然，我們參與其中的每一個人，不論是積極出現還是消極隱藏都一樣，對於其間的每個變化都有作用。

歷史感知與政治性的生成

回觀校護的第一次街頭遊行抗爭，第一個具體出手協助的團體是台灣醫界聯盟，其綠色政黨的色彩非常鮮明，當時還有好幾位民進黨立委大力相挺，那時民進黨雖然尚未取得政權，氣勢卻已經高昂；案子走到最後得以成功，卻是因為有藍色立委大力介入黨政協商。校護歷經組織再造，走到必須靠主導立法才得保住職位，而立法得以完成，過程確實也跟政黨政治有著不可分的關係。協進會能保有主體性，以及校護運動一直沒染上政黨顏色，我認為我這個人在其中發揮了相當的作用。

成長在政治性相當豐富的家族

我出生在一個白色恐怖威權的年代。記得小時候隔壁的旅社，半夜裡經常有抓人的事件，我同學的父親在半夜裡被抓走，就一直沒有回來。當我問為什麼？爸媽都會很緊張地告誡我：「小孩有耳無嘴，不可以問。」

1. 強烈台灣意識的母系

我直到六十歲才知道，我有個堂舅叫作陳篡地[6]。有一天我探視爸媽時，巧遇小時候幫他當花童的表哥，當時電視談及與二二八有關的話題，我實在不喜歡老爸老是聽那些我認為偏激煽情的政論節目，所以就順手關了電視。表哥說：「二二八，我也算是受害者，我那個時候跟我爸爸隨著謝東閔來高雄縣政府，因為亂，薪水都發不出，物資缺乏嚴重，我國小生搭火車不必買票，所以每個禮拜回去一、兩次負責帶米與菜回來給大家吃⋯⋯我們一個叔叔叫作纂地，躲在老家周邊戒備，大家都不能靠近，後來他被拘限在台北開業，我們家的一個姑姑還嫁給長期監視他的人。」媽媽突然很緊張地說：「不可以講，不要講了。」我與表哥異口同聲說：「現在都什麼時代了，沒關係了啦！」然而，看她一臉嚴肅，我們只好轉移話題，回來後我上網搜尋「陳纂地」，才更了解何以媽媽一直無厘頭地反對我的校護抗爭行動。

母親出生於一九二一年，三歲喪父，外祖父因抽鴉片，家產變賣光光，連孩子都相繼送養（八個孩子只留下三個），年輕就死於肺病。外祖母以幫人洗衣維生，在大阿姨與舅舅的協力護衛下，母親受完日據時代小學教育。小學畢業後，到她當醫師的五叔家幫傭，負責照顧小孩，也到過鳳梨會社當領班。原本祖母跟人家約了一門親事（對方在水利局上班，家境不好），後來在舅舅的作主下毀約，嫁給家產十足又英俊瀟灑、在農會工作的父親。

爸爸是媽媽的老天，即便老天經常狂風驟雨，她都能接受。每次爸爸搞外遇，她都會收拾善後，碰到硬的女人，她會抓人打

6 陳纂地（1907-1986），彰化二水人，台灣二二八事件參與者。於台中一中畢業後，就讀於大阪高等醫學專門學校（大阪醫科大學），期間曾加入日本共產黨外圍組織「戊辰會」，一九三三年畢業回台，先後在雲林斗南、斗六開業，二戰期間，被徵調至越南擔任軍醫，一九四七年二二八事件爆發，組成「斗六治安維持會」，統率「斗六隊」，攻打虎尾機場，國民黨軍隊進攻斗六，發生小規模市街戰，陳纂地不敵乃率部隊撤往小梅、樟湖一帶，「小梅、樟湖之戰」後，部隊瓦解，潛逃並藏匿在二水陳家大厝後方的山區。一九五三年遭人檢舉而「自新」，入獄不久後獲釋，被迫將醫院遷至台北後車站附近，以便特務就近監管。

人告人；碰到軟的女人，她會懷柔哭窮，拉攏邀請一起回來同一屋簷下生活。從我懂事以來，他們幾乎天天為了其他的女人吵架。小時候，我常問媽媽為什麼不離婚？她總會回答：「為了你們小孩。」我信以為真，以為應該為她的婚姻不幸負責，直到我婚後三十幾歲回家處理父親的外遇問題，我開給父親良好的條件——我們每位兄弟姊妹各給他五十萬元，請他拿著錢跟那個女人走吧，從此斷絕親子與夫妻關係！之後，我成了他們的公敵，我才理解根本不是那麼一回事。這奠基了我協助個案或朋友婚姻問題的能耐。

母親的家族諸多學養豐富之輩，她的堂兄弟有多位就讀日本大學，其中我最熟識的舅舅是東京帝國大學醫科畢業的，母親因為在少女時期曾在這個大舅家幫傭好長一段時間，所以與這個舅舅情感深厚，而且我家從台中市搬回鄉下，落戶在同一鎮上，所以我小時候經常跟母親到他的醫院溜達，他開的醫院明亮，可是藥味很可怕。

舅舅一百八十公分高，笑起來轟轟作響，我因為害怕吃藥，所以一生病就得去打針，每次去他都說：「又要來打針囉！」然後就逗問我要不要吃藥。他會故意以大眼盯著我看，看我一再搖頭就哈哈大笑。我會讀護理也是因為他的建議。在我讀護校那年，舅舅舉家移民墨西哥，後來移居美國、日本等地，在日本當過「公醫師」，約莫七十歲落葉歸根返台，在舅媽往生後還到過屏東開診所。從小到中年，每次聽舅舅大力批評國民黨政府，我想認真追問時，媽媽都會拉我回家，所以我確實也沒聽過任何完整的故事，都是一些片段的句子罷了。奇怪的是，不管他那些片段是悲苦還是趣聞，我聽起來都覺得真確、開心，也許那就是風裡來雨裡去的睿智長者敘說的魅力吧！舅舅育有五名子女，一個是全職牧師，一個是醫師兼牧師，兩個女兒都是醫師，他們都定居美國。唯一回來的小表弟開眼科診所，我們兩人是落戶在高雄的唯二親屬，他繼承父親的政黨取向——反藍，見面聽他罵罵國民黨政權，也是我這個表姊跟他聯繫感情的方式。

我的親舅舅是中醫師，小時候偶爾跟媽媽回娘家，都看到他前面是好大的桌子，背後整牆面的中藥櫥櫃，幾乎每次去，他都忙著看診與抓藥。他個子矮壯，不苟言笑，我覺得害怕，所以去回都匆匆叫聲舅舅就快閃走人。他靠自學，中醫師證書在七十歲那年才考上，那個時候我已嫁為人婦，他跟我先生莫名地有話說，在一次我們一起送媽媽回娘家時，他興沖沖地把他考了九次才考上中醫師證書的點點滴滴，嘟嘟嘟地說給我先生聽，也說了幾次考試黃牛找他的故事。他說人家笑他屢考不上，他卻認為自己能夠堅持憑實力才是驕傲。他不談政治，唯一的兒子讀法律，卻開電器行維生，偶爾幫鄉親寫寫狀子。

大姨媽比母親大將近二十歲，她的大女兒僅比母親小兩、三歲，嫁給警察，三女兒嫁給大陸撤退來台的外省退伍軍人，四女兒的老公也是外省人，任職政戰學校。我那兩位外省姊夫對姨媽真是孝順，尤其是三姊夫就像招贅似地住到姨媽家，燒飯掃地樣樣來，見他跟前跟後地服侍姨媽，可惜姨媽有些嫌棄他，每次姨媽叨叨唸，他就愣愣地笑，幸好他聽不懂台語。他超愛我家姊妹去他家，每次一定把我們的口袋塞滿滿的糖果才放我們回家。一九八七年政府開放大陸探親，**兩個表姊家都經歷了姊夫大陸親**

人頓然出現的情感辛苦。

2. 缺乏台灣本土意識的父系

父親生於一九二二年，六歲喪母，祖母過世時還很年輕[7]。父親在曾祖母的溺愛下成長，九歲才上學，上學還有長工背著去，直到現在我看他，都覺得他還沒落地生活。「浪漫」幾乎是他的全部，浪漫的想法、浪漫的行事。他喜歡新的「人、事、物」，一生中外遇不斷，常常為了宣示愛情搞自殺；因為宗族人多，所以一直以「票倉」參與了台灣早期的政治選舉活動。

祖父是日據時代的「保正」，他在我小學四年級時往生，父親一直相當懼怕他的爸爸，所以我們並不常回祖父的居所，祖父非常忙碌也非常照顧鄉親，所以在國民黨政府實施三七五減租與耕者有其田之前，祖父早就把田產分出去了。

聽說從早年起，鄉親如果困苦找他，他就會給他們一塊地耕作生活。以前我認為那可能只是要彰顯他的一些說辭故事，後來發現那很可能是事實，因為他負責當時濁水溪築壩工程，河川、壩堤規劃確實可能生出土地來，他跟日本官員關係良好，得到將土地劃給了鄉親的機會。

祖父是一個相當嚴謹認真的人，我的祖家跟台灣一般鄉下的房子一樣，是土泥建造，也是塗牛糞的竹造穀倉。當年祖父擔任「保正」，家中經常得接待一些日本官員，卻沒有看見任何高

7　我的祖母是醫師的女兒，死於盲腸炎。在我二十幾歲時，父親幫她撿骨，我代替姑姑去撐黑雨傘，我看她的骨頭顯示死亡時相當年輕與健康，唯一稍有缺損的確實是在盲腸的部位。

級家具的遺跡，可見鄉親鄰人對於他清廉無私傳述的真實性。聽說當年他負責濁水溪築壩堤工程，腳部受傷，因為看上醫師的女兒而多次就醫，醫師肯定其認真態度，不嫌家世平庸而將女兒下嫁，因為岳父的關係，結識了日本官員。**那個堤防歷經多次地震水災，直到今日都還堅固無損**。

原本父親小學畢業那年，接受日本老師的建議要去日本升學，臨上船前，祖父去拜訪其日本友人，該友人跟祖父說：「一流的人應該留在台灣，二流的才讓他們去日本。」所以祖父臨時取消讓父親去日本的決定。對於這件事，父親經常怨嘆他的爸爸。我直到父親八十幾歲才得以搞清楚，我問爸爸：「你經常說你與三個同學原本要去日本，你那三個同學現在成就怎樣？」

「他們很年輕就死了。」

「啊……都死了？」

「是啊，他們當年去日本讀書，後來就是去當紅巾特攻隊的。」

「那你幹嘛老是怨嘆阿公沒讓你去呢？你跟著他們可就活不到現在了！」

「人家他們都是光榮的陣亡。」

「也就是你寧可當年也光榮的死囉……」

「是啊！他們家裡都有領到褒獎令耶！」

喔！真敗給他，莫名的浪漫思維，這就是我的父親。

爸媽結婚時，家族還是共住共食，每餐有五十幾個人一起吃飯。父親雖然是家族的長子，卻比幾個堂叔晚婚，媽媽的家族雖然也很大，卻是在她童年以前早就各自分家了。媽媽說，第一次輪到她負責煮飯時，她緊張到無法入睡，再看到盤底朝天、飯鍋見底，卻有叔叔剛下田回來，她嚇到都快哭了。她說她永遠記得那個叔叔跟她說：「嫂啊，沒關係。」然後貼心地轉身到煮豬飼料的大鍋裡抓起蕃薯，吃吃就走的。我家每餐煮的食物永遠比能吃完的食物多許多，我想跟這些多少是有關連的。

因為祖母早逝，父親在曾祖母的羽翼下成長，祖父侍親至孝，對其母親的話絕對遵從，族親都相當尊重祖父，於是層層疊疊的照顧加諸父親身上，而且家族人認為父親是「文身」的，所以幾乎豁免了所有的田地勞務。也因為這樣，父親相當斯文，也很少跟人發生衝突，我見過唯一一次比較大的衝突是，房客沒付房租又對收租金的媽媽口出三字經，爸爸找他理論，被打得掛彩。媽媽打電話回鄉下，隔天一早十幾位叔叔拿鋤頭、提扁擔上門問罪，嚇得原本仗著開貨運行有幾位貨車司機的房客立即付款賠罪，而且租期未到就搬走了。

聽母親說，祖父在分財產給爸爸時說：「不必怨嘆我把不良耕種的田地分給你們，因為你們將來不會保有田地。」媽媽早年認為是祖父偏袒小叔叔，直到父親把田產權變賣以後，她改口說：「原來你阿公早就算準你阿爸財產『居』不住。」

爸爸是家族兩代唯一外出「吃頭路」的。祖父的兄弟與我父親的二十幾位堂兄弟上下兩代，除了我爸爸外，都在務農，即便外出讀完書還是回家務農。我每每回鄉下，看著我的堂兄弟姊妹們田裡跑、溪裡游快樂矯捷的身形，都只能張目結舌，而他們則羨慕我家小孩住在都會。

事實上，到我這個年代，台灣社會要靠務農維生已經是不可能了，所以我的堂兄弟姊妹也都只能進入工商的年代，只是因為他們自幼跟土地比較親，適應工業化的腳步確實比我家的小孩辛苦一些。

3. 了悟氣勢控制

日常打小孩是媽媽的工作，印象中父親只打過我一次，為了何事被打？直到長大以後追問，打人的與被打的都說不出個所以然，可是那次被打的過程，記憶非常深刻。我雙手被綁，掛在屋樑上，父親抽出他的皮帶一直鞭打，我則是靈魂出竅，看著自己被打而沒有痛覺。媽媽在旁一直說：「還不快點認錯！說下次不敢了！」我一直堅稱：「我沒有錯，為什麼要道歉？」後來直到皮帶斷了，爸爸離開現場，媽媽罵我：「你實在太壞了，你爸爸都哭了，你還嘴硬！」我回答：「奇怪！被打的都沒哭，打人的哭什麼哭？」之後，我就不曾再被打，連媽媽都沒再打過我。

我與大哥常常爭執，他生氣會把我提起來摔。我與他相差六歲，大哥的高中讀了兩所學校，大哥高中時與我互動頻繁，他們同學經常到家裡練樂器，我喜歡與他們混在一起唱歌嬉鬧，武俠小說是我們相同的喜好，爸媽不准我看，他會掩護我，也常在傍晚騎摩托車載我兜風看夕陽。

有一次，為了他吃飯時嫌飯菜太燙而掀桌子，惹哭了媽媽，我跟他吵架，免不了又被他揍，我憤而衝進廚房提起菜刀跟他對抗，他拔腿就跑，我一路追趕他，直到大街上，因此一舉成名，街坊鄰居都知道鄭家有個非常凶悍的女兒，此後他沒再動手打過我，我也悟到氣勢真可扭轉局勢。

4. 看見桌下運作

因為家裡田產多，祖父兄弟多人是農會的理事，所以父親在日據時代高等科畢業就到農會上班，從日據時代做到國民黨政府年代。台灣的農會在政黨政治中一直處在「選舉樁腳」[8]的位置。父親工作於縣級農會，上有省級農會，下有鄉鎮農會，剛好卡在中間的位置，所以可以看到整個農會官僚系統運作。童年時期，爸爸經常在逢年過節送禮打點任務時，帶我去跟班。

5. 外省兵的恐怖印象

聽父親說在美援時期，因為要到碼頭清點物資，他每年住在高雄的時間超過八個月，在家的時間不到四個月，難怪在我小時候的記憶裡，父親經常不在家。他說那個時代很混亂，一些外省兵會偷東西。確實我小時候的記憶充滿小偷的故事，那個時候夜裡相當可怕，雞鴨會被偷，連窗戶的玻璃都會被割走。我記得一次夜裡醒來，忽然看見一個小偷持刀正要從窗戶爬進來，我用力搖醒媽媽，媽媽大叫：「賊啊！賊啊！」住在家裡的眾叔叔們[9]聽了都起來，媽媽居然跳下窗子追小偷，後來被鄰居以「勿逼虎

8　二〇〇八年立委選舉候選人票之分析（蕭怡靖、黃紀研究論文）：在一黨獨大的威權統治時期，國民黨為了達成並鞏固在地方上的實質統治，藉由地方農會等基層組織建立地方派系，並透過各種特許及管制所產生的經濟津貼，掌控地方資源分配與派系運作（朱雲漢，1992；陳明通，1995）。在選舉時則利用農會等基層人際網絡進行組織動員，以致農業地區往往成為國民黨組織動員的重點所在。

9　那個年代到都會區就學的學生都借住親友家。父親是家族的長子，我有二、三十位堂叔與表叔。大哥出生後，爸媽從彰化縣大庄村搬到台中市居住，一百多坪日式房舍有許多房間，家裡常住了許多為求學或經商或出遊而來，鄉下來的叔叔、阿姨。

傷人」才攔了下來。加上在我小學五年級時，學校的榮民工友在學校廚房割頸自殺，我正好抬便當要去蒸，看到他鮮血滿身而且氣管沒全割斷，發出嘎嘎的聲音，非常恐怖。總之，在我小時候，對於外省人滿是恐怖印象。

受教於背井離鄉的外省恩師

一九六六年，我十五歲，帶著「不能萬古流芳也要遺臭萬年」的叛逆豪氣，與老師相遇，他如師如父亦如友，在「不刻意」的教誨下對我的全然接納，我逐漸轉化！

老師一九〇一年二月十八日出生於河北省故城縣鄭口鎮前香坊村。橫跨滿清帝朝與國民政府；歷經國民革命、北伐時期，參與抗日戰爭，親歷十萬青年十萬軍、五四運動、國共相鬥。三十歲時曾拋妻棄子剃頭出家，被親友硬是拉了還俗；但躲紅禍橫跨海峽到台灣，到底還是得拋妻棄子了。老師於民國前四年入初等小學繼升高等學堂，復在翰林公賀芷村先生自辦的芷村書院專讀經書四年。他曾任江蘇、安徽、徐州、膠、澳商埠等警廳書記、科員、巡官、督察、分所長等職，北伐統一後任山東硝黃總局視察員。一九四八年進入海軍，一九五〇年隨軍隊撤退來台，一九五九年七月奉令以上尉除役。退役後教書二十餘載（明誠中學、道明中學、國際商職、慈惠護校）。

老師顛覆了我對外省人的印象，也顛覆了我對人的不信任。他住在學校裡，護校在校期間，我幾乎天天躲到他房裡搗蛋，每天他都得跟我說故事，否則我就不許他批改作業，甚或不准他睡覺。我們一老一少漫天地談，他對於我說「天下無不是之父母這句話是個狗屎」的反應，跟我以前的師長大不相同，他是直接唸出「孔子曰：『立身行道，揚名於後世，以顯父母，孝之終也。』父行不義，則子諍之，無使其遺惡於後世。天下無不是之父母，以其真無過耶？非也，是為人子者，不令父母陷於不義，又不怨父母之過也，此為至孝。」我瞪著他說：「幹嘛唸一堆孔子曰的什麼鬼八股！」他哈哈笑著說：「哇！你這孩子像個小共產黨……天下哪有不犯錯的人，父母既然是人，當然不可能不會犯錯，是你自己搞擰了意思，還氣呼呼的，真有意思。」

老師隻身在台，在那個物資缺乏的年代（一九六六），他的薪水全數和學生共用，沒錢註冊找他，沒錢零用找他，生病急用找他。他與學生互動頻繁，可是他的鄉音與他上課說的笑話，我是唯一能聽懂並哈哈大笑的學生；我耍賴，他是唯一能接受的老師；我有疑問，他是唯一永遠有答案的老師。

有些夜晚，我們散步月光星空下，老師會指出天上的一些「現象」預測天氣，我毫無學習只是說「打賭」。有些時候，老師會敘說「浩浩江水」、「滾滾黃河」、「澎湃錢塘」，我躺在床上，順著他的描述，可以看到長江、黃河、錢塘江等大江大河滾滾流水與波濤浪潮，以及沿岸居民的生活，還有縴夫勞動的身影。

老師講的歷史故事包括他童年國父革命的故事，以及北伐時期的軍閥事蹟，既充滿戲劇性，也很現實。老師口中的孔子、孟子、莊子，甚至老子都神靈活現地具足人性，《三國演義》、《水滸傳》等故事也精彩。他還說了他在南京大屠殺一個月後夜宿城裡親耳聽見的鬼哭神號，所有故事落入我年輕的腦袋，情感與價值評斷都植入我心。記得有個中秋前後的夜晚，幾位同學一起在老師宿舍外看月亮，一位同學突然說：「老師，我知道你為什麼這麼命苦了，因為名字取壞了，你看，景波，一景又一景，一波又一波的。」說得跟真的一樣。老師還沒回應，我搶著回答：「你胡說，又不是人人都叫景波，你看，多少大陸來的人，不是一景又一景，一波又一波的。」每次我們問起他的私事或家人，他總口氣平淡地說：「不提它！我現在是一個人吃飽全家飽。」那個夜晚我們才知道原來他有妻子及二女一男的孩子在大陸。

當年與森雄吵架，老師的住處是我唯一可去之處。媽媽在我結婚當天潑出去一盆水，她說：「嫁出去的女兒，潑出去的水。有事自己承擔，不可以回來。」婚後第一次離家出走，我帶著孩子去了老師家，他接過孩子，只問：「吃飯沒？」

「不吃！」

「下個麵吃點吧。」

吃過飯才問：「怎麼了？」

「要你管！」

「好！不管。」果真不囉唆，就幫著帶孩子與煮飯給我們吃，隔天才再問：「還生氣嗎？」

「當然！」

「好，繼續氣吧！」

第三天森雄找來了，他對森雄說：「這孩子委屈受不了了才會想不開。」不用說，他都知道我「委屈」，也知道我「很忍耐」。

他不會問理由，不會說教，不會嫌笨，他是我這輩子唯一能夠不需「整裝」就能面對的人。不管多晚，多難堪，多笨，多生氣，多歡樂，多可惡，他都「容得下」。他打破了我自幼「人對你好都是有目的的」的信念，也給了我「愛本身就是目的」的輪廓。老師往生，我依照女兒[10]抬腳尾的習俗要幫他入殮，頓時昏了過去。那時，我還不知道傷心原來是永無止息的，思念也是綿延不斷的。森雄往生後朋友帶我去做催眠治療，催眠師努力了半天，我就是看不到森雄。不過，當時「老師」的影像卻清清楚楚出現在眼前，那時距離老師往生已是二十五個年頭。

老師是個從不「刻意」的人，不論是處事、做人、待物皆然。然而，奇妙的是在他的「不經意」之下，我卻是每每領受到滿滿的「善緣果報」。老師在他往生前幾個月，突然對外宣稱我是他的「乾女兒」，於是我有了可以為他的「遷骨、化灰、骨灰罈移動」，以及處理沒有產權遺產的正當性。

一九九〇年七月我與森雄帶著爸媽、二兒子跟學校同仁赴大陸旅遊十八天，趁到北京之便，拜訪了老師（義父）的兒子——北京大哥。那時得知在濟南大學教書的二姊，歷經文革時期艱辛罹癌過世，她唯一的兒子受困於就讀大學所需的自費負擔。大哥跟我訴說此事時，我說：「我負責跟同學募款。」大哥回說：「我們不接受募款，但是如果是我家老爺子的錢，我們就可以接受。」我心想：「哇！這可難了。老師七七年走的，十幾年了，就算真有留下錢，也早不知去向了，**何況老師的錢一向是誰有急難、誰有需要就歸誰的**。」於是我沒吭氣，就讓這個話題終止。

回台後，有天突然想起「老師有個**沒有產權**的房子在左營高

10 有次回學校看老師，學生當我的面問他：「她是你女兒嗎？」「不是！她是你們的學姊。」卻在他過最後一次生日那天，對著他的教友突然聲稱我是他義女，對於我事後的詢問，他說只是方便交代我何以經常去教堂看他。

中後方巷子裡」，因為房子在老師身後由乾兒子接收，讓給他老婆的妹妹借住，於是積極聯絡老師的乾兒子蔣大哥，商討設法賣屋籌錢之事。不料，蔣大嫂不僅不同意，還三天兩頭在三更半夜打電話怒罵我，最後連蔣大哥也神隱起來。為了這事，我連著兩個多月睡不安穩。

直到十月我在佛光山的地藏菩薩殿看見牆壁上貼著一張佛光山預計辦理皈依大典日期的通啟，順口說了：「如果老師房子處理順利，我就要來皈依。」當下森雄回答：「我跟你一起來皈依。」就這樣兩人像是發願似的決定。不可思議的是，事情有了戲劇性變化，蔣大哥的小姨子隔天打電話到學校找我，要求我把房子賣給她。於是我與蔣大哥共同以「讓渡人」的身分，他小姨子以「承讓人」的身分，於一九九〇年十月三十一日簽下「讓售房屋契約書」，完成買賣。十二月，趁著請同事去哈爾濱賞冰雕之便，我把賣屋籌到的二十五萬台幣兌換的美金，請他幫忙帶去北京交給大哥，做為老師孫子就讀大學的學費。

就此因緣，我與森雄皈依佛光山道場，而這個道場，在數年後森雄意外往生時接住了我的傷心欲絕，同時讓我得以有機會接觸「經藏」。現在回首，一九六六年，十五歲的我帶著「不能萬古流芳也要遺臭萬年」的叛逆豪氣，與老師相遇，在他「不刻意」的教誨下，逐漸變化轉彎，在我即將面臨生命的艱難之前，老師在這個轉彎處已經為我點上一盞「明燈」。

我直到二〇一二年將老師的骨灰捧回北京時，才深刻體會老師當年常說的：「我是一人吃飽全家飽」的意涵，原來當時他打死不跟家人聯絡，是因為他知道大陸正展開「文化大革命」，他無論如何都得讓自己音訊全無。在那個討論「大陸政局」是個禁忌的年代，老師的一、兩個友人到訪時，刻意避開我們細聲講話的樣貌，在我們少不更事的少女看來真是神祕兮兮的。記得我跟同學還曾經告誡老師要小心，我們說：「老師，他可能是匪諜，你要注意。」現在想來還真是好笑。

老師往生後，我以「義女」的身分保有一些他的文字手稿，在北京大哥以戲曲學院院長的身分來台參加學術交流時，除了老師的一份「自傳」，我全數交給了他。之所以留下這份自傳是因為我聽說大哥是「共產黨高幹」，而老師的這份自傳對於當年共產黨對其迫害有著清楚的描述。

我與大姊出身同樣的家庭，可是我們在思想上很不一樣。以前我以為造成我們差異的主因是課外讀物，因為她只看瓊瑤，所以單純夢幻到莫名；我看金庸、《老人與海》、《儒林外史》、《厚黑學》……亂七八糟看，所以好像知道很多。回觀護校四年，我與老師相處的許多夜晚，老師以「敘說」的方式教我歷史、地理、人文、政治、天象、兵法、人生哲理，即便那時似懂非懂，有一搭沒一搭的回應，甚至還常常與他爭論，年長之後確實印證了許多他說過的話。原來老師的每一個故事都是他生命的積累，藉由敘說滲透入我的生命，讓我得以增長視野，看來，對於校護姊妹缺乏政治眼光與判斷的不耐煩，傳承老師以故事敘說事理的能耐是可循路徑。

嫁進一個對台灣政治充滿討論熱情的夫家

先生家有六個兄弟，沒有姊妹；先生排行老三，我差他九歲，三位小叔年齡跟我相仿，四位比鄰的堂弟年紀也相差不遠，家裡真是熱鬧。

在我家，自幼全家必須等爸爸一起吃晚餐，除非父親出差外地確定晚上不會回來，否則怎麼晚都得等。我的父親吃飯一定要有人隨侍在旁。先生家則完全不同，沒大沒小的，誰想吃誰就先吃，沒有一起吃這回事。婚後，我第一次隨侍公公吃飯，他疑惑地問我:「有什麼事？」我說沒事，他說:「喔，你也還沒吃喔？」我確實等他回來才吃，他看我還站著，笑著說：「等我幫你添飯喔！」我趕緊自己添好飯坐下來吃。

我的夫家雖然經濟條件不及娘家，可是家裡充滿「自由」氣息。先生的三個弟弟跟我年紀相仿，最小的小叔小我一歲，唸台大醫科，每逢假日回來，會哇啦哇啦地說台北的所見所聞，其他兩位小叔分別大我二、三歲，唸淡江歷史的小叔看了許多書，相當飽學；就讀高醫藥學的小叔則有許多南部鬱卒經驗，所以對話都相當精彩，而且他們每講到激動處一定插上一個「幹！」字，他們的話題幾乎都圍繞在時勢與黨外運動人士，相當推崇高雄縣的「余登發」老縣長。因為繞在時勢上，對於高雄縣的紅、白、黑黨派評論也相當熱絡，這對於自幼被規訓不得談論政治議題、不得情緒激動[11]，更不得說髒話的我，還真是「解放」。

年輕時期的我，就在與幾位小叔的時勢與政論文章激烈討論中受到滋養，因此對於八〇、九〇年代解嚴前後的台灣黨外運動與社會運動充滿談論[12]的熱情。而他們不僅在家討論，也實質

11　自幼如果激動或興奮會被罵或罰跪，所以我在婚前連汗都不會出。

12　現實上，我正處於適應鄉下生活方式與學習為人妻、為人母及應付生活費窘困階段，所以僅能光說與偶爾聽聽選舉演說。

參與，如提供政治獻金、製作選舉文宣等。由於他們的參與，我的「視角」就更深入，兄弟三人原本都挺綠，其中一人還曾任綠色執政縣市的一級官員，後來在台北挺扁的，對於扁的深刻失望轉而挺藍，先生則自始至終挺藍，所以每到選舉時刻，兄弟儼然候選人般政見發表，最可貴的是他們兄弟民主素養都高，既不曾人身攻擊也非常尊重個人選擇，就這樣藍綠的原始主張及各種動向，我都有機會聽到，也有機會評論。

然而，近十幾年台灣的政黨政治可以說被政客扭曲纏繞到糾結難理，加上看清政治家族的世襲與看懂立場與主張的虛假程度，我們身在其中的世代，許多人無能也無從梳理，所以不再熱情。然而，當年那些討論、分析以及他們親身參與的經驗，對於我後來的校護社會行動都有實質的作用。

上位置，承擔校護戰鬥主帥責任

校護姊妹初始集結時的核心主力，是我們這群走到中年的五〇年代婦女，我們的共同經驗是父母「男尊女卑」的對待、經濟的翻倍成長、政治環境的快速變化。我們剛出來時，首先必須克服的是「虛假的拋夫棄子的真實焦慮」[13]，緊接著的是對於體制官僚的陌生。剛好我因為早婚，孩子比較大，先生是同事，隨時可以補位關照。更重要的是，我的母系與父系家族差異、我予外

13 明知先生與子女都有自我照顧能力，卻還是對於沒有待在家燒飯做菜照顧他們而心理不安。

省老師的遭遇、我的夫家與娘家不同，以及先生的兄弟提供政治訊息，都幫助我得以身手比較敏捷，自然就上了主要行動者的位置。

姊妹們稱自己的行動為「打仗」，這個主行動者自然就是作戰主帥了。幾次重要行動雖然過程辛苦，卻也打得漂亮，這個漂亮是作戰部隊整體發揮精良的戰鬥力。我們以疊羅漢的方式讓「娘子軍變身金剛」。當然我這個主帥的運籌帷幄精準也是重要關鍵，而我的父系、母系、義父系、先生家族的差異交織豐富我的政治歷史感知，這個感知是我得以精準的基石。

年輕世代的姊妹欣羨我那主帥功夫，希望我能不吝傳承，我自己不但想也急著去做，卻屢屢慘遭傳承雙方的挫敗。回觀這些功成與挫敗，發現「學習無法產生力量；力量的生成與增長都來自承擔」。承擔之際自然得以「看見」自身、組織的社會處境；透過自我梳理以及組織運作「看懂」觀照著自己的私心慾望及「守護」組織的社會性、公共性，本於初衷「千里之行，始於足下。慎終如始，則無敗事。」

【後記】

人飢己飢不逾矩

鄭麗貞／二〇二〇

我今年七十歲。今年是個不好受的年。去年八月底大法官解釋公教年金改革對於公務員退休金的處置沒有違憲，顯示我所認知的法律不溯及既往以及誠信原則都已然不適用於蔡政府。年初蔡英文以八七一萬票當選連任，比二〇一六年當選時的六八九萬票多出一八〇萬票。開票當天她的當選演說說了「很顯然我們的改革方向是被人民支持的，所以未來的四年我們會繼續改革之路。」開票當天我的血壓升高，而且連續三天都居高不下。擔心萬一中風連累兒孫，就到醫院看診，吃了一顆降血壓藥，併發劇烈頭痛，只好停藥。天天監測血壓，直到清楚看見自己是「心有不甘以及對於未來生活感到恐懼」，同時認了「這是人家的天年」血壓才逐漸平復起來。

除夕前四天（一月二十一日），台灣發現首例武漢新型冠狀病毒肺炎確診病例。於是天天電視滿滿的武漢肺炎疫情報導。除夕當天兒子帶一個天津大學跟東海大學的交換學者回來跟我們一起吃年夜飯，我一聽他過幾天就要回大陸去，交代他回到台中時一定去要多買一些口罩、酒精、乾洗手等物資帶回大陸。豈料，我自己年初三從山上當完義工回家順道要去買口罩，商家說「我們現在規定要會員而且要先買五百元的商品才能買」。回到家打開電視發現「口罩」已經成了作戰物資，政府已經全面管控了。那個禮拜兒子們回來吃飯時，媳婦說「口罩禁止出口政策非常對，人本來就應該先照顧好自己才是對的」，「自己如果沒有很充足就不應該去幫助別人」。就著她的言論印證了我想的天年，我同時看到了「世代的巨輪」。

這次的新型冠狀病毒肺炎在媒體的推波助瀾之下，台灣社會產生集體焦慮、恐懼，於是為了「生存」，「自私」成了必要。「口罩」成為最重要的作戰物資，也是媒體的最大寵兒，成天竟夜的催化全民關注。同時，新聞報導滯留湖北的台人，有小孩祈求蔡總統說請幫助我回來的信件；有台灣阿嬤哭訴兒媳被卡在湖北，被迫獨力勉強照顧幼年兒孫的畫面；有說要集結告蔡總統違憲，馬上就被內政部長駁斥告不贏；有台灣人在歐洲被誤認為大陸人而被歧視被辱罵；有歷任衛生署長要求加入 WHO 的聲明；有醫護人員禁止出國的規定；有台灣醫療世界第一、台灣抗疫世界第一等等言論。但是，就是沒有看見「人權、人倫、人道」等的對映言論，即便有，也只是小小聲的類似說詞，而且也馬上會被網軍撻伐後而改口或禁聲。

二月二十九日，北京大哥發微信給我：

防疫困守家中。最好的生活就是讀書。再次拜讀賢妹的大作《烏雲中夕照》。賢妹文筆極美。讀論文竟似讀小說一樣的愉快！讀到第四十頁，就看到了我的老爸。你太幸福了！有緣在老爸身邊生活數年。我已是八十多歲的老者，讀這些文字仍不免流淚。

爸爸離家時，我才九歲。我有關爸爸的回憶，止於一九四七年。其後的三十年，我們一無所知。

隔了幾天大哥 e-mail 來一份自傳。他寫道「這是我的自傳也是一部家史。大哥的自傳，有一段一段描述：

> 一九四三年，是平度的大災之年。四鄉的老百姓擁到城裡討飯，有人倒在路上成了餓殍……爸爸像發了瘋似的，背著我一口氣跑回家。他淚汪汪地拽住媽媽：「育珍媽，錢呢？」媽媽指一指寫字台的抽屜。爸爸打開鎖，從抽屜裡抓出一堆數也不數，把它們往大褂子前襟裡一兜，扭頭就要出門。忽然，他又折回來，問媽媽：「還有嗎？」媽媽歎口氣：「還有些銅子兒，在地櫃裡。」爸又打開當作板凳坐的地櫃，取出一笸籮銅元，也兜在大襟裡，扭頭出門。爸爸拿著這些錢上了街。在十字路口，他買光了一爐燒餅，兜在大襟裡，見了討飯的就一言不發地塞給兩個。走到東門，已經把滿大襟的燒餅分光。又在東門橋頭買了一鍋包子，油脂麻花地兜在大襟裡，一路上分發。一路買，一路發，還沒走到蓮花灣就把僅有的一點錢花得一乾二淨。

看著大哥對於義父的描述，對映到我童年看爸媽每次遇到乞者一定會佈施。猶記得從前家中即便米桶幾乎都快見底了，媽媽還是會毫不遲疑的拿出來給左鄰右舍應付眼下這餐，我也還記得媽媽當下還會說「人家今天都餓肚子了，我們何必擔心明天的飯在哪裡。」

的協進會創立與組織經驗是台灣社會不可或缺的一頁護理實踐知識。二〇〇八到二〇一二年，鄭麗貞成為心理系研究生；就是在這樣的緣分裡，我聽麗貞多次提及影響她甚大的外省老師，這位孤單一人在台的老師晚年收了麗貞做義女，於是麗貞這輩子有了三個家所給予她的滋養，是三個家庭的文化經驗與麗真學校護理工作之志業主軸是相互轉化的一股力量。

我與台灣校護姊妹們的情誼，則是由女性共通的婚姻家庭經驗開始的。

一九九六到二〇〇〇年間，創會理事長鄭麗貞謀思著協會理監事群體的學習活動，我們為校護姊妹們進行了以女性生命經驗為主體的工作坊。我腦海中還存在著姊妹們在員林的相互共振，接續談著自己要出門開兩、三天會議時，會先在冰箱塞滿全家人飯菜的故事。這群在不輕的家務勞動裡負責承擔起妻、母、媳角色的女人，同時都是創會階段擔起組織發展重任的理監事。做為校護，她們細細密密地在校園與協進會裡來回忙碌；做為女人，她們相互幫襯，讓先生和家人們放心與支持。女人們因而得以在相濡以沫之際，游向全台灣學校護理工作的廣闊海洋。

稍後，我方知道我所欣賞的，麗貞開拓性的領導能力中那樣一股堅毅的鬥爭能力，竟是由她幼時有理就不認輸的倔強性格一路發展出來的。成年後，校護協進會的公共性，滋養著她為公共的教育利益據理鬥爭的能耐；做為一位學佛者，麗貞為此文下的標名為「邊緣行者的三個家」。這篇文章所摘錄整理的重點偏重於麗貞與外省籍義父相通的情與義，閱讀重點在於讀者如何看見草根深綠閩南女人與外省老師義父所交織生成的一位「行者」，麗貞的情與志！當然，讀者若願意延伸閱讀，可去搜讀校護協進四〇到六〇年代，不論在大陸在台灣，似乎都有窮困飢餓的體驗，也同樣都有著「人飢己飢」的普世價值。現今，人們對於飢餓的認識得從刻意的參加所謂的「飢餓三十」才能稍稍知道什麼叫做「餓」；對於「窮困」的認識就都簡化為懶得工作懶得照顧自己所以得病。同時稱強取豪奪資源叫做有本事。

「防疫如作戰」，從疫情報導的第一天以來，我就覺得蔡政府的作戰目標是「防武漢重於肺炎，抗中國甚於病毒」。深刻感知「這是無良政客操弄無知世代的天年」，我選擇「任他來隨他去」。我在得知公共電視「南部開講」節目有意邀請映雅理事長上節目談「防疫」時，鼓勵她迎上去並積極協助她作好上台準備；我協助所居大樓進行防疫規劃；我每天早晚課誦回向「肺炎罹病者早日痊愈；往生者得生善趣；疫情早日消彌；大眾不驚慌失措；兩岸政權彼此包容尊重，」祈求諸佛菩薩慈悲加倍，別讓兩岸的家庭歷史悲劇重演。

IV
歷史皺褶裡的匯流與斷裂

和丹鳳一樣，瑩琪與大千在他們長大成人的過程中亦是想逃家的；面對自己在父母關係及家人互動中所承受的痛苦，瑩琪與大千不只更理解父母，他們也各自追溯尋找到家族父系與母系的來源。「桃李不言，下自成蹊」，瑩琪與大千的祖輩如不說話的桃李樹，祖輩無須說話，亦或根本於生時，沒能得到任何表述自身歷史的機會，但兒孫輩往復來回走動，落花就逐漸鋪陳出蹊徑了。

戰爭帶來離散與對立，流離失所、隱名埋姓求存、五湖四海共聚一處同甘共苦，都是戰亂變動時代裡的生命常態。敵我對立仇恨殺戮的傷痛窩陷在歷史皺褶內。然而，移動遷徙的求生慾望與人情關愛仍然展現出延續生命創造生活的動能。一個家族的小歷史，都會是展現歷史皺褶特定形狀的一朵花。歷史紋路的皺褶之花並不鮮麗，甚至它可以狀似萎縮乾枯，但當家庭成員得到歷史訊息的線索，帶著關切細細尋索時，一絲如碎片般的記憶將引領你去安排一次旅行，或搜尋到一些書籍文檔；發皺壓縮的花瓣突地沾上水似地舒開一角的紋路，舒心的欣喜如山縫一澗清泉，「清明」不再只是掃墓的習俗，而是成為引導你輕輕明明白白的一縷香煙了！第七、八章，瑩琪與大千的故事都走在這樣一條道路上。

當家人關係所承載著的歷史皺褶得以開始被看見與拉開，成為一家人的聚合緣分，被至少兩、三代人求生存、謀發展的行跡鑲嵌入多維度的時空載體，「家」所蘊藏著的政治歷史訊息戶戶皆豐沛！當前台灣社會需要如瑩琪與大千這樣，探尋家人關係所承載著的歷史皺褶，以免細微沛然的歷史政治訊息被固化的皺褶所封存。

【第七章】

浮生千山路

多民族血緣匯流下的性別、權力與階級意識

導言／夏林清

文本、後記／朱瑩琪

我出生的家庭和我的性別即決定我會走進這個培力弱勢者的社會運動。我的父母在婚姻中的權力關係從小便成爲我極力反抗的對象，同時也成爲我做爲一個女性這半生對親密關係痛苦的枷鎖！

【導言】

分頭迴旋於父女、母女關係

夏林清

我認識朱瑩琪較為深入的時期，正是瑩琪於故事中提及她女性意識高漲的那個時候，所以當然是聽了不少這位女兒對爸媽的嘀嘀咕咕，作為家中的大姊，她是好姊姊、好姑姑，也與媽媽最為親近，當然也就最易被夾在雙親關係的矛盾張力中。許多年卡在、處在父母夫妻矛盾中的朱瑩琪，無疑地也練就了一身本事，視而不見，馬耳東風地，對關係中的矛盾十分敏感，卻能自然存活於衝突中。

我相信許多身為兒女的，也都是以這樣的方式與父母同在共存。不過，如朱瑩琪般的成年女兒，能有意識地一步步經營著母女、父女這兩組關係，讓女兒居中的位置成為兩組關係分別轉動的樞紐機制。這讓父與母，這對夫妻，皆因女兒而在晚年尚能獲得一個空間，讓雙方得以迴轉無傷，這種在矛盾中持續工作的關係能耐，是瑩琪分別對父、對母的理解之情。

一八九五年的馬關條約，清廷賠款二．三億兩白銀給日本的同時，亦將台灣割讓了！這筆巨額賠款中的大部分被日本用於戰備建設。一九〇四年日俄戰爭開打，北朝鮮平壤村落中一金氏家族憂心戰爭的殘害，為了護住血脈傳承，家族中若干男丁便坐上了一艘船，展開戰亂離鄉的移民歷程；船隨風向停泊在南台灣枋寮，男丁們上岸，四散各地求生存，其中一名流浪至花蓮玉里落戶，這位朝鮮村民便是瑩琪母的外公。同樣是戰亂離鄉，瑩琪父十六歲便離開了黑龍江的老家，一九六八年，三十九歲的瑩琪父在台灣與時年十九歲的瑩琪母結婚。

瑩琪，家中的長女，一方面是照顧兩個弟弟的長姊，一方面是承受到父母關係矛盾的女兒。瑩琪的成年道路是她對女性主體意識的追尋歷程。工作多年後，她才一步步地穿透、理解父母！瑩琪大學畢業後投入自主工會的工人運動中，一九九九年九二一地震，她轉往災區工作，後於社區大學工作。瑩琪是在三十多歲，於工人運動與草根教育工作多年後，對父母夫妻關係中的權力不平等現象感受深刻。這種對夫妻關係中權力不對等現象的關切，啟動了她對父系與母系家庭歷史田野的探詢。

瑩琪對父、母家族追溯的動能，亦是因為周旋於父母／夫妻之間而加速行動出來的，漢、滿、朝鮮與平埔的血緣，匯流的移動歷史就是她這一路的收穫！生命悄然已轉入中年的瑩琪，因這兩支血緣的脈動啟動著她的歷史之眼，不論是在台灣或是大陸工作時，對工作對象身上所蘊藏著的歷史訊息，充滿關切的情感，這是脾氣暴躁的老朱與美麗的朱母所沒料到的——女兒以歷史溯源的方式，接續了父母的文化傳承！

【文本】

滿、漢、平埔與朝鮮的血緣匯流：一個女性運動者的溯源反思

朱瑩琪

女性運動根本的核心是權力關係！這種深刻認識並非是在工人運動中體會到的，更多的是我從小到大，浸泡在我父母權力關係不對等的婚姻生活中而了然於胸的。只是在這之前，我無法以精準的概念來框定我經驗到的父母婚姻關係中的痛苦是什麼？而我的階級／權力意識正是從我的家庭存在著底層婦女（我娘，小學畢業的農村婦女）和黑手工人（我大弟，高一沒唸完就中輟）對上我那位階觀念分明的父親互動中開始啟蒙。也因此，從青少女時期，我就有當時自己未意識到的「仇男」情節，這種情結又與我正在經驗異性相吸的青春期自然發展情緒相牴觸和矛盾。後來成人後，很長一段時間，我可以很容易進入短暫的情愛關係，卻無法維持長時間的親密關係，這與我的「仇男」矛盾情結有很大的關連性。

這些我在家庭中活生生的體驗成為我珍貴的經驗知識。二〇〇一年，我進入社區大學工作後，這種了然於胸的經驗知識讓我在三十歲不婚的年紀，完全能夠進入那些婆婆媽媽的婚姻糾葛中，去理解和感受她們的處境，成為我在社區婦女工作中重要的經驗土壤！

公娼抗爭之初，正是我剛離開學校教師的崗位，進入報業工會開始運動組織者生涯的開端，公娼阿姨們的生命故事很能觸動我，就如王芳萍[1]第一次在「公娼存廢座談會」聽到官姊（公娼自救會會長官秀琴）發言[2]之後的激動，做為社會底層的女性被

---

1 王芳萍時任公娼自救會組織工作者，一九九七年公娼運動開始即投身於台灣性工作者權益運動，並以其碩博士論文 (分別為：《差異美學、關係跨界、底邊連線：妓權運動的文化實踐》、《差異美學、關係跨界、底邊連線：妓權運動的文化實踐》) 紀錄了台灣性工作者權益運動。

2 官姊在「公娼存廢座談會」上的發言：「你們大學生大家好！對沈小姐講的話我非常反對，因為你坐在冷氣房裡不知道外面辛苦的一面……公娼是政府發的牌，為公眾服務的，男人上酒家消費要好幾萬，收入少的就沒有那個消費能力。我在一個月前，賺到一個身上只剩七塊錢的客人，他說他需要性，站在公娼館對面，整副「牲禮」（老二）都在那裡，我問他，為什麼不進來「那個」，他說，我沒有錢。社會是有這種服務的需求，對不對，今天娼妓這麼多，為什麼是我站出來，我也有父母、親戚……媒體問我要不要遮臉，我說不用，我為自己的生活，我為大眾服務，我賣自己的肉，我賣自己的貨，我沒有去偷去搶……請問沈小姐，講一句難聽的話，你敢保證你丈夫沒去過『很高尚』的地方『怎樣』嗎？」沈美真有點尷尬的回應，還好，我先生說他從來沒有嫖過妓……還好他沒有過，不然沈美真在做娼妓救援工作就名聲不保了……不過人家不會看不起嫖客，娼妓反而被羞辱……政府要如何幫助大家不要再去過這樣的生活……我們應該幫助婦女免於成為娼妓……」她怎麼說，都念念不忘要拯救娼妓。「哪一個人能夠幫助到那麼多的小姐！你能幫助到嗎？我請問你，高級官員沒有去嫖妓嗎……他們當然不會公開去找公娼，一定去那種比較高尚很祕密的地方，你反對（公娼），對我們太不公平！」

官小姐理直氣壯繼續鏗鏘反擊，「今天要做檢查，得先走了……過兩天就要廢娼，我母親住院，我一天沒賺錢就不行，我希望今天、明天就可以複（覆）議，讓我們邊緣女人繼續做下去……我今天很勇敢，人家要遮著面紗，我不用！我不是像人家笑貧笑娼，大家都是為了生活，今天如果我有像沈小姐的學歷或財產，我就不用賺錢，坐在冷氣房一個月領五、六萬，我沒有唸書，講話對你們比較那個，請你們原諒，最主要的是要拜託大家，支持我們這些已經走到溪邊角落、要跳下水的女人，這一、兩天可以幫忙我們繼續做下去。感謝你們！」

踐踏的憤怒，與我母親在婚姻關係中被父親蔑視的情緒相通。雖是新人，但參與了不算少的街頭公娼抗爭行動，自然衝擊很大，學習也很多。我一直感佩官姊的膽識和她豪氣的大姊精神，我跟她不算很熟，但她做為一位社會最底層女性——娼妓，卻勇於與強權及自己命運搏鬥的精神，我一直銘記在心。二〇〇六年八月，官姊因北市府廢公娼，讓原本合法的性產業被迫地下化後，最後被債務逼得走投無路，選擇跳海自殺。這個消息震驚全台灣社會，我心裡特難過！官姊走後，我夢過好幾次官姊，夢中的她總是臉上畫著漂亮的紅妝，站在離我一個不遠不近的距離，對我微笑！我想，這是對我做為一個女性運動者最好的精神支持與鼓勵。她的精神是我心中永遠的火炬！

家庭經驗中性別權力的啟蒙

如果回觀自己為什麼會走入社會運動，我想這不是個偶然，我出生的家庭和我的性別即決定我會走進這個培力（empower）弱勢者的運動。我的父母在婚姻中的權力關係從小便成為我（內在）極力反抗的對象，同時也成為我做為一個（異性戀）女性這半生對親密關係痛苦的枷鎖！我看我父母婚姻的痛苦，有宿命的因果，也存在著歷史條件使然。我的父親，中國黑龍江省（民國時期叫松江省）一個十六歲的少年，在國共內戰，共產黨鬥地主的歷史背景下，我爺爺為保留家中男丁命脈，囑咐我老爺[3]送十六歲的兒子離家到吉林長春唸書，但我爹一輩子的認知卻認為是他的父親嫌他調皮而不要他。他在長春跟著松北聯中的流亡學校一路「逃」到台灣後，受國民黨朋友的照顧，他家鄉一起出來的遠房親戚給他牽了線，唸了師專夜校成為小學教師。

我的母親，一個台灣花蓮農村的姑娘——佃農家[4]的女兒，家中十一個孩子，排行老五。小學畢業後的十五歲便離家出外討生活，十九歲前先後學過裁縫、在冰果室賣冰、跟著賣膏藥的師父在街頭唱歌賣膏藥、到工廠當女作業員，十九歲那年經由我娘的小姑姑介紹認識我爹。我的小姑奶奶嫁給一個江蘇籍的文職軍人，住在中和的眷村，出生在農家的她也沒唸書，卻個性強悍，標準的刀子嘴、豆腐心。她們家隔壁鄰居是我爹的同鄉，我爹娘認識半年後就結婚了！那年我爹三十九歲，我娘十九歲。我娘說當時外公不是那麼同意，因為我爹是「外省人」且年紀差那麼多，我的小姑奶奶以她那刀子利嘴說服了我外公，認為我爸當小學教師的鐵飯碗摔不破！但我爹娘結婚沒幾年，我的小姑奶奶就後悔讓我娘嫁給我爹，並感到非常愧疚，因為我爹的火爆脾氣實在令人難以忍受，且在我媽娘家人面前愛「擺譜」，看不起我媽的家人，覺得都沒受過教育，沒水準……！記得小時候回外婆家，我的舅舅、阿姨們對我爹的態度都畢恭畢敬，我爹活像個大老爺！除此之外，除了買菜錢，我爹從不給我娘生活基本所需的任何費用，如果月生活費花超了，我娘想要再向我爹拿錢，肯定

3 台灣叫叔公，我爸的小叔叔，我爺爺的親弟弟。

4 我娘說三七五減租政策之後，我外公終於有了不到一甲的自己的田地，也叫富農，是因為娘說她們小的時候能吃上白米飯且用豬油拌飯，聽她說她自己的童年回憶，說外公讓她去雜貨店買東西，都是用賒帳！她小時候不知道，天真以為不用付錢，還會自己多拿糖果吃，不知道雜貨店老闆，也一起記在帳上！但我兒時印象中的外公家一直是稻草屋頂牛糞牆！

先挨一頓罵，也不見得拿得到錢。我在長大過程中，我爹如火山爆發且無法控制的脾氣是一家人躲都來不及的恐懼，而我父母的婚姻關係本身就是個階級矛盾的組合！

父親如火山爆發的脾氣

我有記憶以來，第一次經驗我爹火爆脾氣大約在三、四歲左右，我爹為了想調升主任，選擇被調到偏遠地區的小學校當分校主任，再調回大城市當大學校的主任（當時的學校制度是這麼搞的）。我在台北縣土城出生，三、四歲時搬到台灣北部近鼻頭角一個叫南雅里的地方（我幼年最深刻的經驗就是搬家，我上小學之前搬過四次家），那是北海岸邊一個小漁村的港口。一天中午吃飯時間，找不到我弟弟的行蹤（大弟小我一歲），我爹責問我弟弟到哪去了？我真的完全不知道弟弟跑哪去了（我只是個三、四歲的孩子），至今仍印象非常深刻，我爹大發雷霆摔桌椅、碗盤，我一直害怕我爹會拿東西摔我或把我抓起來摔，我嚇得已經不知道魂飛哪去了，只記得一直哭！哭當中除了怕我爹打我（因為我覺得只要他一動手，我一定會被他打死），同時害怕弟弟真的發生什麼意外！我娘在一旁連忙護著我說：「她也只是個孩子，哪能看好弟弟」之類的話，我爹根本聽不進去，我只記得他如雷聲的吼聲，讓我耳邊響起嗡嗡的聲音——耳鳴。果不其然，弟弟掉到港裡去了，差點溺死，幸好遇到我娘口中所謂的「貴人」把他救上來！這件事真把當時小小的我給驚嚇到，現在仍記憶猶新。

到了大一點上了小學，我們一直住在父親工作小學裡破舊的校長宿舍[5]（獨門獨戶大約二十坪、只須付水電費的宿舍）住了九年，我印象最深刻的就是爹娘常吵架，我娘常哭著跑出去，我常懷著一種恐懼，怕娘一跑出去就不再回來了。小的時候我們一家（娘、我和弟弟）都很怕我爹出去應酬喝酒，因為一回家，他不是吐得亂七八糟，就是會把我和弟弟叫到跟前，開始講一堆酒話，要我們好好讀書、他打我們也是為我們好之類的話，一講可能會講上一鐘頭，我娘想讓我們去睡覺，離開我爹說教的現場，他就會不高興地罵我娘。後來我和弟弟學會，只要聽到大老遠傳來我爹如雷響的咳嗽聲，我們便會以迅雷不及掩耳的速度，奔到床上假裝已經睡著。我和大弟的童年即在我爹的打罵管理中長大，但我又常見我爹在毒打我們一頓之後坐在一旁嘆氣，一副很懊悔的樣子。

我與（父）權力保持距離，以策安全

我爹在學校學區一帶也是以訓導主任的凶狠著名，他是會摑學生耳光的訓導主任。每次看到我爹打學生，我都會從心底油然升起一股愧疚與羞愧感。我和弟弟並沒有因為我爹的權威而在小學生涯中得到特別的權力，反倒因為父親在檯面上幫忙我們安排或護航，檯面下我和弟弟便成為老師或學生排擠或攻擊的箭靶。相對於大弟以牙還牙面對這些報復，我總要弟弟忍氣吞聲，低調不需回應別人的任何言語辱罵，因為我知道逞一時之快，只會遭受更加倍的攻擊。

5　因為實在太破舊了，校長不願住，才輪到我爹這個主任一家去住。

我大弟是個十分好動和調皮的小孩，某個假日在學校裡幹了件什麼調皮的事情我已經忘了，被某位主任逮到，當場重摑了我大弟好幾個耳光，我弟當場臉色發白、翻白眼差點昏過去，後來被一起玩耍的夥伴帶回家。我爹不在家，我娘除了心疼自己兒子被打成這樣，也很憤怒，但從頭到尾都不敢跟我爹說，我娘也囑咐我千萬不能讓我爹知道，否則他會宰了那主任！我娘也很清楚，是我爹常打人「造孽」，印象中那位主任的兒子好像也被我爹打過，像這種性質的事情層出不窮，這種檯面上／下報復行為不斷的循環，讓我也因此憎恨權力。

唸小學的時候，我娘常在幫我穿衣服準備上學時跟我說：「你要好好唸書，將來才會被別人看得起！」小的時候不太懂娘為什麼這麼跟我說，愈長愈大，我才漸漸知道娘所謂被「人家」看得起，其實那個「人家」是我爹。

連我自己也說不清為什麼，也許在潛意識中，我的行動就已經反抗我爹待人的邏輯，我從來就不喜歡和功課好或家世好的孩子交朋友，總覺得那些孩子姿態多、難相處，我從來就不願和班上功課好的嬌驕女玩在一塊，小學時代我要好的朋友都是班上很邊緣、功課不好甚至有弱智，但都十分善良素樸的孩子，有些甚至被標籤為壞孩子的學生，我也不以為意地跟他們一起玩，我們會想各種方法來相互幫忙和玩耍。我和大弟都是上了小三開始功課一直往下滑，愈是這樣，我爹愈逼我們讀書、買成冊的參考書、測驗卷，不准我們出去玩，除非寫完規定的學校功課和我爹規定的家庭作業（但通常寫完也天黑了），他才會給一個固定的時間讓我們出去玩，但我和大弟經常不管那麼多，尤其在寒暑假期間，趁爹娘睡午覺，偷溜出去玩是家常便飯，即使聽到爹娘的叫喊聲要我們回家，我們通常裝聾作啞，因為玩一個小時回家被打，玩五個小時還是被打，當然選擇玩五個小時來得痛快！我和大弟小時候感情很親近，有一部分是這個原因！

恐懼親密關係：趨近與逃離

我這輩子最後一次（我想未來我爹不會再有機會打我了）被我爹毒打是在我國二要升國三的那年，我娘偷看我的日記，知道我暗戀補習班的一個小男生，她告訴了我爹（現在想起來我覺得我娘當時大概很焦慮不知怎麼辦吧），這件事是從我兒時一個非常要好的玩伴口中得知的，她說她偷聽到我娘告訴她媽這件事，還聽到我娘說我爹會找機會修理我。那年暑假我二舅媽因腦瘤開刀，把他最小的兒子（我小表弟比我小弟小一歲）暫時寄住在我家，讓我媽幫忙照顧。我只是帶他上街買糖吃，回家之後就遭我爹一頓毒打，他打我的表面理由是不該帶我三歲的表弟上街，萬一發生什麼意外，如何向舅舅家交代？他拿皮帶鞭打我，打完之後還被他罰跪在原地好長一段時間，才准我進房間。我的雙腿被他打得都是大塊瘀青，有些地方還滲出血水，我看著我的瘀青心想：「怎麼辦？明天學校做大會操要穿短褲……」，因為哭得非常累，不知不覺睡著了……，我現在也已經忘了隔天我到底怎麼辦？儘管如此，我仍非常清楚我爹打我的真正原因，到了二十五歲我才發現這讓我在日後發展異性關係有一種怕被人知道（公開）的莫名恐懼；現在我四十五歲了，我爹從不知道我跟男人交往過，我從不會告訴他，他也從不過問！

我爹與我娘的夫妻關係中，完全不把我娘（和娘家）放在眼裡，常常他跟我娘的互動中，我娘只能聽、不能說，只要我娘一開口，我爹不同意的地方就會回一句：「你懂什麼？你懂個屁……」我娘就閉嘴了。

我從來不知道我父母的婚姻關係帶給我什麼樣的影響，直到我專二唸了普通心理學，開始對人格是如何形成的萌生濃厚的興趣，這也是後來為什麼我會堅持想唸心理系的原因！從小我就非常想獨立自主，沒人特別教我，很多事情我抗拒爹娘的幫忙，寧可自己努力，也努力幫忙分擔我娘的家務活。從小學開始，我就非常渴望快點長大，能夠自食其力，就不需要看我爹臉色過日子了！我小弟（小我十歲多）出生後，我幾乎變成小娛母，小弟跟我很親，他幾乎是我一手帶著長大，從小就很愛跟在我屁股後面跑。小弟出生時，相對於養我和大弟，我娘輕鬆多了！我娘也因有我這樣一個大女兒常感到欣慰，在她苦命的婚姻生活中，還有個女兒陪她和聽她說話，我娘常跟她的姊妹這麼說。

我太熟悉我父母這對夫妻的關係性質，我熟悉我爹用情緒控制人的把戲，看懂太多他的父權生存姿態。他認為我娘照顧他是理所當然，他也從不會照顧我娘，我娘稍有個不舒服或生病，他就會顯出一副不耐煩的樣子！說我爹與我娘如同主僕關係一點也不為過！我太熟悉我娘忍氣吞聲過日子的氛圍，聽太多我娘跟我說其他苦命女人的故事，不知不覺在心裡烙下對男人的敵視與憎恨，對婚姻厭惡與恐懼！我對爹娘充滿怨恨！厭惡我爹徹底的封建沙文，怨忿我娘無能在夫妻關係中進行鬥爭。他們兩個相互期待，拚命希望對方給予他們想要的，即使在關係相互期待落空之後，仍不放掉期待，各自繼續帶著期待尋找情感的出口。他們不但相互折磨，同時也折磨照顧他倆的女兒。

我十五歲選擇到外縣市讀專科，離開家開始自己生活，也暫時逃離那個讓我窒息的家！每年寒暑假必打工，我討厭我爹給我錢，拿他的錢或受他的惠是必須付出代價的，他是施一點小惠要個十年人情。我從唸專科開始，學費都是自己辦助學貸款，大學插班三年，我爹幫我付了五個學期的學費，研究所則是打工加上姊妹淘們資助借款完成！我唸專科階段，我爹則拿我的學費收據去申請教育補助款[6]。不是我爹真小氣，我若開口向我爹求援，他也必定會奧援，但就是不想落入被他有藉口用來說嘴或要人情的關係中！專科階段我不斷萌生自殺的念頭，人活著到底有什麼意義的問題困擾著我，一度差點當了修女。同時，十幾歲的我便在心裡暗自發了誓，這輩子絕對不結婚，也不想碰討厭的男人。那段時間我厭惡當女孩子，把自己打扮得非常中性，跟女同學非常親密，即使有男同學靠近，也一律保持距離。我不願承認我對男性有親密關係的想望，否認自己的慾望……直到我二十歲那年，遇到專科學校的男性輔導老師（某大心理系碩士畢），他溫和與接納的態度讓我開始轉變對男性的認知，卻發現自己對他的態度成了「趨近與逃離」的矛盾[7]。這也是我後來唸心理系的開

6　那個年代軍公教子女有教育補助款可領，這也是國民黨時期穩定軍公教群體的福利政策。

7　我曾經對此男老師表達過自己對他的欣賞，他放在心裡，我和他以師生身分互動了一年。等到我專科畢業典禮那天，他送了一束鮮花並表示要請我吃飯時，我幾乎是本能的反應婉拒了他。然後在心裡對自己說：要準備插班大學考試了，不能分心！但我第一次經驗到我這麼強烈的矛盾，我不是期待很久了嗎？為什麼當他真的伸手要牽我的時候，我反而轉身跑掉了？！這件事我一直放在心裡多年一直覺得愧疚！

端——想認識「我到底怎麼了？！」

直到我進了心理系之後，我對自己害怕的矛盾成為具體的探索行動，但仍在不斷重複「趨近與逃離」的矛盾，在關係中最後仍不自主地選擇逃離……。「趨近」是我做為一個女性／異性戀的一種本能的親密趨力，而「逃離」卻是我徹底經驗我父母如上了鎖的牢籠——夫妻關係無解的相互憎恨的心理深層恐懼，而這個恐懼也同時是我父母這一生中無法擺脫的無奈與自怨自艾。而我，只能在我的意識層面發下狠誓，我絕不要成為像我娘那樣的女人，同時也拒絕婚姻！

政治歷史文化視野下的關係承載能耐

父親清晰的封建階級視框對我和母親的壓抑

我會講話的年紀很早，一歲時就能表達得很清楚，我大弟能表達清楚時都過兩歲了。小時候我是小我一歲大弟的翻譯，媽媽聽不懂大弟說什麼的時候就問我，我都會告訴媽媽「弟弟要幹嘛幹嘛……」。我開始會講話時，是見人就喜歡主動跟人打招呼，叫阿姨長、阿姨短的小女娃，我弟認的乾媽他都不叫，每次碰到乾媽都是我很熱情地叫「乾媽」。童年的我活潑、愛笑、喜歡瘋瘋野野地跟玩伴一塊玩，這些特質像我母親。但在凡事一板一眼、脾氣暴戾，任何事情都講究中國傳統「刻板」規矩的我爹的教養下，我和我娘都十分壓抑這樣的特質[8]，小時候在家裡大聲笑會被父親喝斥沒規矩，要我們閉嘴。我的小學階段，每個學期老師給的評語都大同小異：文靜有禮。我在小學老師面前演出被我爹教成那個樣子，但跟好朋友玩起來照瘋照野。我爹的階級觀念，有個十分有趣的例子：他對民進黨的蔡英文和前韓國女總統朴瑾惠，同樣都是女性領導人，他的評價卻有天差地別。他對民進黨的蔡英文完全持嗤之以鼻的態度，「一個女人出來拋頭露臉幹什麼……又沒什麼能力」（又開始咒罵民進黨都是一些沒水準的傢伙），而他對朴瑾惠完全是另一種態度，十分誇讚朴瑾惠是女強人，中文也很好，好像他很認識朴瑾惠似的，沒有特殊原因，只因為朴正熙當年曾經在東北待過[9]，中文說得非常好之類的，而朴正熙當過南韓總統。他的「傳統階層」視框是：民進黨出身的一律都是跟底層老百姓一樣沒水準，而朴瑾惠可是「總統」之女耶！「韓國極右軍事政權殘餘勢力的復辟……」永遠不會進入我爹腦袋。

父親是那種以自掃門前雪，勿管他人瓦上霜，免得自找麻煩

8 我娘都會半開玩笑跟她的兄弟姊妹說，我爹是她的（惡）「婆婆」，就是管東管西什麼都管……我爹「教導」我們時連我娘一塊「教導」〞。

9 朴正熙（1917-1979）在一九四〇年日本控制下的滿洲國軍官學校在朝鮮招生，以日本姓名高木正雄考進新京（今長春市）滿洲軍官學校就讀，結束兩年的預科學習後，一九四二年去東京的陸軍士官學校攻讀本科。一九四四年畢業後，到齊齊哈爾關東軍六三五部隊擔任見習軍官。三個月後，朴正熙又被分配到當時熱河的滿洲國軍第八團任少尉，擔任團長副官，有說他在滿州時升為中尉。一九四五年八月十五日日本投降後，朴正熙的第八步兵聯隊拒不投降，並槍殺蘇聯紅軍聯絡員。紅軍展開圍殲行動，朴正熙帶領三名朝鮮籍軍官突圍而走，之後他喬裝難民來到北京，混入國民黨中央軍，軍統調查知道他的真實身分後，解除他的武裝，羈押數月後於一九四六年遣返他回國。（出自維基百科）

的保守心態過日子的人。我年輕時曾經看到大老遠的山頭失火，急忙衝回家打電話要報警，卻被父親大聲怒斥多管閒事；二〇〇六年我首次和父親一起回東北老家，途經香港機場轉機，在機場我引他坐在一黑人旁邊，他立刻轉頭找別的位置，還吐了兩句：「黑人又髒又窮，坐這兒幹嘛？！」自己挑了一個白人旁邊的位置坐下，我心裡臭罵著他，嘴上卻啥話不能說。他是個傳統社會（含種族）位階觀念特別清晰的人，一輩子都活在這種清晰的價值觀中。

我父母夫妻關係中的權力與「內部殖民」

從歷史上直到現在，兩性之間的狀況，正是韋伯（Max Weber）稱為支配關係與從屬關係（herrschaft）[10]之狀況。在我們的社會秩序中，大致上未被人們所檢驗且甚至常常易被否認的是，男人藉制度化的便利統治了女人的天賦權利。一種最巧妙的「內部殖民」透過這種體制而實現，且它往往比任何形式的種族隔離更堅固，比階級的壁壘更嚴酷、更普遍，當然也更為持久……同時也是最根本的權力概念。—— Kate Millett,2003,p.39

這種內部殖民反映在我娘前半生的價值觀：她不讓我告訴任何人她在藥廠當清潔工[11]這件事，覺得丟我爹的臉（我猜可能我爹也有特別交代她）。當她這麼交代我的時候，我很生氣地回她：「當清潔工有什麼好丟臉，又不偷不搶！」我小弟一九七九年底出生後，我娘開始去工廠當女作業員，是家裡多了一個孩子的經濟壓力……；一九八四年我們家買了房子，我娘爲了補貼家裡房貸的經濟，那幾年換了幾家電子工廠工作。我讀專科期間，每年寒暑假不想向我爹伸手拿錢，也去我娘工作過的工廠連續幾年當寒暑期女工。到她眞的敢大聲罵以前工廠裡被資方壓榨或被領班欺負的事，則是我一九九七年開始進入工會工作，有次我問她認不認識一個藥廠的工會幹部，她才開始跟我講她工廠裡的勞資關係！而我娘一直很清楚我在幹什麼，這種清楚是因爲我在做的工作是幫忙像她這樣在底層階級工作的人！但做爲一個傳統的母親角色，她又不希望我因爲工作把自己搞到身體又累又糟！而我娘的政治傾向，一向跟我爹的政治態度一樣挺藍，但這種挺藍的政治態度是完全可以理解的。軍公教做爲國民黨穩定政權重要的群體，相關的福利政策就足以收買其投票行動。到現在二〇一四年台灣的政局爛到如此，連我爹都開始罵馬英九了，我娘似乎對馬英九還沒有負面的感覺。

---

10 「在最普遍的權力意義（即某人將自己的意志強於其他人的行為中之可能性上），支配能以無數不同形式出現。」這是韋伯《經濟與社會》（Wrtschaft und Gesellschaft）一書的中心思想。他格外關注兩種形式：通過社會權威（「父權制中，官吏的或君王的」）實現的支配，以及通過經濟權力實現的支配。在父權制中，就像在許多其他支配形式當中一樣，對經濟物品的支配(即經濟權)是支配權最常見、最蓄意造成的一種結果，同時也是它最重要的手段之一。」引自萊茵斯坦（Max Rheinstein）和希爾（Edward Shill）所譯的《經濟與社會》之一部分，標題為 Max Weber on Law in Economy and Socirty(New York: Simon and Schuster,1967),pp323-24.

11 應是一九八八～八九年間。

支配與從屬

我父母的夫妻關係中很清楚存在著支配與從屬關係，我爹以經濟權來支配我娘，是出於他內心的不安全感，我娘比我爹小了十九歲，長得漂亮，帶出門我爹稱頭，但又怕其他男人覬覦我娘……，我約略明白我爹不安全感的情緒來源。我爹在家裡陽台有張他專用的小書桌，桌上他貼了一張不知哪剪下來的一段話，寫著：「希望，一個家庭，沒有它，覺得生活乏味；有了它，卻為它辛碌，是一種煩惱。」反映出我爹對於家（人）溫暖親情的渴望，卻又無能處理家人關係的無奈！而我娘在十九歲就嫁給了我爹，沒有清晰主體意識的她，只能從屬於我爹的價值體系。

在大陸國共內戰的年代，我爹在亂世中為了求生存，顛沛流離輾轉來台，我曾問過他為什麼要跑出來？他說：「我也不知道，你爺爺叫我跑，我就跑。我小時候調皮，常被你爺揍，你爺不想要我了，所以叫我跑，沒想到這一跑，就回不去了。」每次講到這，我爹仍會哽咽流淚。

我在父母夫妻關係中的槓桿作用

大學選擇唸心理系，逐步鬆綁自己做為父親以「工具性」價值標準被教養中長大的箝制，父親的工具性價值雖不是現代資本主義框架之下被形構出來的，但其表現結果相似。八十五歲高齡的父親仍活在他出生那個年代——民國初年半封建中國社會的價值中，士商工農高低層次的社會階層觀念依然清晰。父親的工作做為家庭主要經濟來源（小學教師退休，享有退休金十八趴存款優惠利率）讓他穩坐家裡權力核心的大位，身為家中長女的我，應該是被薰染其習氣最深的才是，但我的「性別」卻埋下了反其（父）道而行的種子，我的性別意識讓我在生命前二十多年的時間都成為護衛母親的角色。我大弟高一中輟跑去當修車學徒，我爹覺得家裡有個讓他抬不起頭的兒子！他覺得這個不爭氣的兒子丟了他的臉！我的「階級」意識正是從自己原生家庭中啟蒙，準確點說，我的階級意識是被我爹那清晰的位階觀念給啟發的！而我對家人濃厚的情感並沒有因為我爹認為我娘和我弟登不了大雅之堂，而拋棄我的家人，因為我的家人遭受屈辱和壓迫，反骨長在我身上[12]，日後這反骨長成了一種社會性的階級情感，進入社會運動就成為我人生命定的道路！

我的母親一輩子都是家庭主婦，只有小學畢業的她，進入婚姻後完全沒有自主經濟能力，一輩子仰我爸鼻息過日子。夫妻兩人一頭栽進各自對婚姻的想像，無法溝通和各說各話是我對他倆婚姻日常生活的形容。我早年問過我娘，我爹對她那麼不好，她為什麼不離婚？她說都為了我們（小孩），這種說法我認為只有一半的真實性，另一半的真實是，若要她獨自生活或帶孩子獨自生活，她沒有那種勇氣！她十九歲就嫁給我爹，凡事都以我爹為主，沒有自己的思維想法，即便有，若不合我爹意也是白搭。她真的開始比較有膽子「忤逆」我爹，是我大學畢業有了工作和收入後，離家在外住，我在背後幫她「撐腰」。我是有意識地找各種理由把她從跟我爹的關係中拖出來，我住在外縣市的幾個地

12 我小時候也深受父親和學校主流價值影響，以功課好不好來評斷自己是不是個好學生的歧視而自卑！

方，我娘幾乎都去跟我住過。

我爹早年顛沛流離的辛苦，是屬於他們那個時代的大環境使然，但來台灣吃了幾年的苦[13]當上小學老師後，他的生活經濟條件便一路十分穩定到現在。我爹小學老師的工作崗位，讓我們家能過上衣食溫飽不算太差的物質生活。我爹非常節省，有來自他出生那個年代某種節儉的慣性，也有在關係中不安全感的經濟權控制。我爹的觀念是「錢不是萬能，但沒錢萬萬不能」——有錢才有尊嚴，不向人伸手借錢，維持一個基本家的樣子，也就是他所有的願望了！也是因他節儉過日和優渥的退休俸，我參與社會運動的生涯也得以不需多花心力操心我的家庭經濟，這是我感謝他的地方，儘管他對我的生涯選擇完全是丈二金剛摸不著腦袋，無法理解，到現在時不時還會叨唸兩句，問我到底幹的是什麼工作？沒賺什麼錢工作卻又多又累。

我從新竹的私立高中回到台北，在工會工作時，便有意識地開始照顧我爹娘的關係。我在工會工作第一次辦會員旅遊走草嶺古道，把我爹娘和大弟的兩歲兒子一塊帶去了！在社大工作，舉辦班代聯誼活動，去南投進行農民合作社的工作，也都順道帶上我爹；在他們夫妻關係愈來愈冷淡的老年期，我分場合輪著帶我爹娘出門，有些地方適合分開，有些時候會一起！我上大學的年代，曾經發現幾個微小的細節，有天家裡來了一個我爹的朋友，忘了聊到什麼事情，對方問了我一個問題，我直接回答不知道。

13 我爹自述他到台灣時身上半毛錢也沒有，幹過車子打蠟工、豆漿店磨豆腐的夥計……工作時間不長，老闆稍有點嘴臉，我爹立刻跟老闆幹架或破口大罵老闆後，直接走人不幹了！

我發現我爹有點小訝異地看了我一下。但那之後，我發現我爹也開始會承認他有些事情是不知道的！一個許多年前的深刻印象是：我爹有一次跟我說他和我娘的關係時（已經忘了說什麼事了）竟然冒出一句：我也不是說什麼事都我對！更早的年代，我爹還跟我娘說過：我就是脾氣不好嘛，你就多忍耐點。描述這幾個細微之處，我想，**應該是有些關係中的縫隙可以讓我爹轉變的**。

我娘出去工作的那幾年也正是還房貸的那幾年，不然，我爹是不願我娘出去工作，到最後，我娘也被養成無法出去工作（她在久違就業市場後，也沒有信心回到就業市場，她五十多歲時，我曾鼓勵她去服飾店工作試過一次，她已經無法勝任扛衣服的體力活）。我在社大工作那段期間，都還慫恿我娘出去開個小吃攤，因為她廚藝特好；但她總以「身體不好，做吃的太累，做了一輩子的菜，不想再做了」等說法推掉了！沒有經濟實權是她一輩子被我爹吃定的根本原因！

我開始在社大工作時，也把我娘帶進了社大的學習，我有意識使用社大的學習土壤，讓我娘慢慢學習長出一些自己的主體性。在社大七年半的時間，我娘也確實長出了一些能耐，**可惜她學會的能耐僅足夠讓她抵制我爹，尚未長到足以在關係中變化我爹的態度和行動，來轉化她的夫妻關係**。

我娘若回娘家或和同學出去玩幾天，都會事先把出去幾天的飯菜準備好，滷菜、滷肉、冷凍水餃、餛飩、醃鹹菜……，這些都方便稍加熱或從冰箱拿出即可食用的食物，都是一包一餐地分配打包好，放在冰箱冷凍庫中，告訴我爹有些什麼可以吃的東西。但我爹的策略是：我動也不動你那些冷凍食物，然後看到他女兒（我）在家便唉聲嘆氣直搖頭！雖然一直都是這種循環不變的情況——我娘回家後，冷凍食物依然塞滿冷凍庫！但我娘每次出門幾天依然如此準備！

我娘的策略是：她在「演出」一種我爹腦袋中／傳統社會價值認為「家庭主婦」該做的基本（分內）工作，就是在家洗衣、做飯、打掃，即使我要出門，我這些工作每一樣照常做好，在我的「社會角色」上做到完滿，讓你（我爹）沒有找麻煩／刁難的藉口；「演出」是一種不帶情感的、是一份不得不做的「工作」，因為她需要靠演出這樣的角色，才能在這個家庭中維持合理性和合法性的位置生存下去，讓我爹（對外親友）沒得話說，雖然我爹仍幾乎天天嫌棄她所做的飯菜不合他胃口，不然就是嫌太硬，牙口咬不動（但如果是他愛吃的如螃蟹，他也會冒著牙疼的風險啃，啃完再嚷牙疼）。我娘現在面對我爹如山洪爆發的火氣時，拳頭逼到眼前要打下去，能十分冷靜地對應，也是這些年被逼出來的能耐！

我從旁觀察，我娘現在卻會在某些與我爹對話的過程中，（我認為）有意地激怒我爹，吐他槽。我跟我娘說過，年輕時你不搞他，現在年紀大了，你才弄他，這不是在惡搞他嗎？！我只是沒說得更明白：我娘年輕時，能力弱，我爹欺負她，現在我爹老了，也變弱了，她才反過頭搞他，不都是同樣強欺弱的邏輯嗎？！

我娘用「抵制」做為她僅有的武器，在與我爹夫妻關係中進行鬥爭，這招是算狠，當然，這並非說她完全不對，我娘會出此「狠招」，也是積累了大半生我爹對她的羞辱和踩踏。我娘曾經跟我說，我爹跟她吵架的時候說過：「你就是我娶來傳宗接代、洗衣燒飯的啦！」

我爹的娶妻工具論太傷人。即使我爹說的是一時氣話，確實太糟賤人，而從日常生活中，即使我娘和我爹差了將近二十歲，我爹對我娘少有任何疼愛少妻的行徑，反倒是一個大老爺在家茶來伸手、飯來張口。我的一個姊妹淘曾經跟我說一件事，有次她打電話到家裡找我，我不在，我娘在電話中跟她聊天，說：「我恨到想把他（我爹）給殺了！」乍聽之下我心一驚，我有幾年在家生活直覺的擔心，應不是空穴來風！

> ……這些暈影般的卑賤羞恥還反映了性工作與家務工作的相依相存，這兩者在私領域裡其實曾經是分隔不開的一體二物，在現代工作領域中被一分爲二，而且受到不同方式的汙名。……通俗女性主義意識，甚至女性主義的社會科學研究似乎又再度複製了這兩種工作在現代社會的差異性。家務工作被視爲低賤的，但性工作卻是更低賤的。這類看似關於選擇的問題，其實與選擇無關，而是跟主體在既定的職業階層（也是階序）裡（被認定）的「個人」價值有關。這種職業貴賤的階層觀念其實是一種文化記憶，理應隨著舊社會階序、無所謂個人自由意志的奴婢制度一起消失；然而這觀念不但更新了，還加入了階級觀念、甚至種族歧視，益形活躍於現代社會。這文化記憶及其更新的效應對已經隨著時勢具體轉型的主體或許（還好）起不了太大的羞恥作用（現代的性工作者、外籍家傭坦然面對自身工作的性質與選擇，積極爭取工作權益）。眞正持續受到影響的，是那些在轉型過程中既忘不掉卻也記不清楚過去的人，也因

此這種文化記憶才會在現在社會裡形成光暈般的疊影

——丁乃非，二〇〇二，頁一三五～一三六

我娘的恨是來自於夫妻關係中有如主／僕的權力關係，封建時期的妻妾／婢女的關係性質，仍深深烙印在二十一世紀的我母親身上！

我爹現在八十五歲，已經退休十九年，沒有任何朋友，因為他認為外面人都沒水準，不值得來往！他是個眼睛長頭頂上的標準階級觀念清晰的老人。每天在家除了看政論口水節目，要不就看充滿性與暴力訊息的摔角節目，那是他情緒的出口，卻仍無法解決他在親密關係中匱乏的需要，這與他十多歲就離開老家，離開脾氣跟我娘一樣好的奶奶有密切關係。

我爹與快速變化社會的新世界交流的恐懼，讓他拒絕與外界交流，只能停留在他舊有思維的世界中，而我娘太晚學會對抗我爹對她的「壓迫」，讓他們夫妻關係變化的機會看起來極度渺茫！

在我的性／別鬥爭的經驗中，許多行動邏輯和感覺，包括恨的感覺，其實跟我娘是如出一轍的。我的社會位置和在家裡的權力關係中，不像我娘那麼弱，但我看見，自己的鬥爭策略中有我娘的影子——強烈死命地抵制！

開始認真看待我父母的夫妻關係也是從我大學開始，而進入運動生涯，我才開始挪動視框，從「夫妻關係何以形成今天的局面」進行一種歷史過程動態演變的回溯，而在社大工作期間，夏林清校長每年固定開設的家庭經驗工作坊，開始拉開歷史的皺褶，縱身歷史，才逐漸明白夫妻間也存在政治關係，這政治關係也需要組織、經營和鬥爭。

他們兩人是在上個世紀亞洲政治歷史發展過程中，在台灣結合的一對平民夫妻，夫妻間卻有著鴻溝般的差異；他們所沒能看見兩人身上各自承載的政治文化與家族歷史的差異脈絡，但這些差異卻在他們的關係中發生著十分複雜卻實質的作用力。

母親家族譜系簡圖

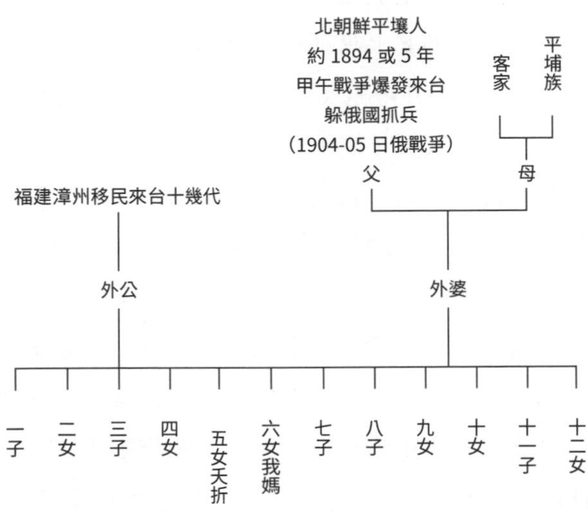

母親家族祖輩的移動歷史

我的母親是台灣出生且土生土長的「台灣人」，但往上追溯她的祖輩，以她祖先移動歷史的角度來看，是個十分有趣、卻無法命名她是「什麼人」！

母親出生在台灣山明水秀的花蓮玉里鎮觀音里的一個農村，我外公姓林，祖上從福建漳州移民來台灣在員林落腳已有幾百年歷史，外公的母親年輕時就死了丈夫，後來帶著外公改嫁魏姓，才從員林遷居花蓮，又生了三個魏姓的妹妹。外公原是小佃農，在國民黨政府來台後實行「耕者有其田」政策，才有自己家裡約八、九分的土地。外公、外婆共生了十二個孩子，夭折一個，外公、外婆生活的年代，正值日本統治台灣時期，我的大姨、二姨都有日文名，外公、外婆平常都喚她們日文名。

母親的外公（我的外曾祖父，一八七一～一九二九年）姓金，朝鮮平壤人，從我的表舅（媽媽的表哥）的口述中，推算他們家族男丁到台灣的時間約莫一八九四到一八九五年[14]，當時朝鮮半島的政治環境雖脫離了中國藩屬國（馬關條約第一條），卻落入日本控制中，當時朝鮮已是日、俄兩國覬覦奪取的目標。

為躲避俄國抓兵，外曾祖父家族每一家挑了一名男丁離家，共十五名男丁一塊逃到台灣（我表舅說叫「留種」），因東北季風的關係，船隻因風向在枋寮登陸，金氏家族男丁在枋寮住一年多，有的往南，有的往北。外曾祖父成了流浪漢，流浪到外曾祖母家，其父要他幫忙砍柴，看他手腳不錯，就問他要不要當他們家女婿？來台灣兩年都學閩南語（推估我的外曾祖父到台灣時已二十二、三歲），外曾祖父在老家時學過漢學[15]（私塾漢文），識字。

岳父很強勢，交代他劈柴火，臘月二十七要求他劈柴火到過年夠用的量，劈到手起水泡，被岳父罵：「劈柴劈到手起水泡，沒錄用！」要他閃一邊，岳父自己劈

（示範），這時候有村民來了，當時下雨好幾天了，要從觀音跑到玉里買春聯，路很遠，全村人都緊張，大家七嘴八舌要過年了，沒有春聯，這下該怎麼辦？外曾祖父說：「我來寫吧！」大家半信半疑：「你會寫？」外曾祖父就開始寫了，橫的、豎的都會寫，「唉唷，眞會寫耶！」才發現家裡有個讀書人。從那天開始寫春聯，寫到三十晚，全村都來找他寫。這下好康了，村民拿一條豬肉來換春聯，家裡不用殺豬了，岳父傻眼也高興說：「我怎麼那麼傻！不知道這個女婿識字！」岳父就認分了，自己劈柴，因爲女婿忙著寫春聯，哈！（我表舅口述）

外曾祖父後來便在村里當私塾老師，教村民學漢字。據說，當時台灣原住民社會結仇後，心眼壞的人經常會下蠱害人，以此報仇。外曾祖父會義務幫人解蠱，但他最後也死於被人下蠱。他

---

14 一八七三年，興宣大院君（高宗生父）引退，高宗名義上正式掌權，但實權被高宗王后閔妃掌握。朝鮮宮中的高官都是閔妃的親屬。明治維新後的日本，一八七六年依靠西方先進武器迫使朝鮮簽訂了《江華島條約》。日本取得自由勘測朝鮮海口、領事裁判權、貿易等權利，外強的入侵和朝鮮腐敗統治使民眾不滿。一八九四年一月十一日，全琫准在全羅北道發起東學黨起義，提出「輔國安民，斥倭斥洋，盡滅權貴」。高宗恐慌，向清朝政府告急。清朝派出三千軍隊與起義軍達成停火。一八九四年六月八日，日本得知清朝派兵到朝鮮後，派出八千軍隊佔領了景福宮並成立親日政府。此次事件最終升級為甲午戰爭。一八九五年四月十七日，清軍戰敗，《馬關條約》簽署，朝鮮不再是清朝的藩屬國。為了遏制日本，明成皇后試圖拉攏俄國成為日本的絆腳石。一八九五年，明成皇后在景福宮玉壺樓被日本右翼暗殺並焚屍，史稱「乙未事變」。日本駐朝鮮全權公使三浦梧樓被認為是乙未事變的主導者。（出自維基百科）

15 那個年代朝鮮人能認得漢字的家族，非富即貴！

義務幫人解蠱，得罪了壞心眼下蠱的人，那個人卻轉向外曾祖父下蠱，他自己無法替自己解蠱，撒手西歸時，五十八歲。我的外曾祖父從朝鮮逃到台灣，終究也沒能逃過日本的統治。

外婆的母親（我的外曾祖母，一八八〇～一九七三年），是平埔族與客家人的結合。我上幼兒園之前約三、四歲吧，回外婆家曾見過外曾祖母，當時她年紀很大了（推算已過九十歲），個子挺高的，長的模樣我已記不清，只記得額頭上有一條黑色的布圈著，穿著打扮像古時候的人，但印象中有著像原住民深刻的輪廓。當時外曾祖母眼睛已經看不見了，農村都是用木板製作的大通鋪房間，小時候回外婆家，因為小孩的體溫高，老人家怕冷，我就被放到外曾祖母旁跟她睡。她有一個習慣，就是睡到半夜會起來摸人，當時年紀小搞不清狀況，剛開始還被嚇著，原來她是起來檢查我有沒有踢被子。在我表舅（姨婆的兒子）能說擅演的說故事能力中，看到外曾祖母重現她小時候清兵打台灣平埔族的歷史現場，在他的口中如影像般重現：

> 從一八八五年恁阿祖五歲開始講起，清朝第一次登陸東台灣，花蓮是個廳，花蓮廳等於是個縣，平埔族差不多抵抗半年，美崙溪從東到西到出海大約有二十五公里，北面種刺竹，敵人、土匪不易侵入，清兵沒辦法進入，清政府沒來之前無政府，第一批從美崙溪上來三艘船，沒多久被原住民射死光，第二批增加成五艘，也被射死光，回去上報清廷說台灣這有神兵猛將，參謀問軍師有無良計？軍師想半天回：「用火攻！」等東北季風來助長風勢，箭上沾油點火，火攻開始了，乒乒乓乓燒起來，

房子開始燒起來，下午兩、三點正煮飯，哇，那些人（清兵）來啦！平埔族用淋濕的整片竹子蓋住，防火勢助長，暫時抵擋後連夜逃跑，跑到現在（花蓮）海洋公園再下去一點那裡（瑞穗？）隱姓埋名，剩六個還是八個人，其他人都死光了，入東台灣第一個戰役，那些官兵恨透這些平埔族，就這樣來的！剩下向南推進，由奇美（？）登陸，打觀音山放火燒，四十六名能征善戰，留八人守村，捆木石磊……歷史上有名的「觀音山事件」。馬關條約定後日本人來了，日本下令在台灣「焦土政策」，走到哪打到哪，經過十年，外曾祖母約十六歲左右，日本人從好幾個地方登陸，從九份也有……不滿日本人來，想拿刀砍日本人，被日本人的武士刀當場砍（半）死，可憐哪，台灣人！

民國六～八年（一九一七～一九一九）第一次歐洲（世界）大戰，發生全球性的瘟疫，美國派去打仗回來都得瘟疫死了，歐洲、亞洲都因爲瘟疫（一九一八年全球流感大流行）死好多人，二伯公十歲差點死（阿祖第二個兒子），服用搗碎的草藥才活下來，你（對我三舅說）媽（指我外婆）沒事、我爸也沒事，就第二個有事。第二次，飢荒——無數蝗蟲飛到觀音山這兒，吃稻、地瓜葉、地瓜……吃光光，老百姓沒得吃。第三次，第二次世界大戰，恁阿祖（外曾祖母）經過五次大的社會動盪事件——觀音山事件、日本人登台（殖民）、瘟疫、蝗蟲災導致的饑荒、第二次世界大戰，我們沒經過，我們是最幸福的！現在的小孩不知道芋頭番薯，不知道以

前人的日子多麼難過！（我表舅口述）

外曾祖母一生見證了台灣從清政權到日本統治再到國民黨來台統治的歷史——觀音山事件（清廷屠殺平埔族）、日本人登台屠殺反抗的台灣人民、瘟疫[16]、蝗災導致的饑荒（這我在台灣歷史中尚未查到資料）、二次大戰後國民黨政權來台統治。

這些在外婆家族二、三代相傳的祖輩移動的歷史，都是從能說擅演的外曾祖母口中傳下來的。媽媽說，她的外婆非常會講故事，她和舅舅、阿姨們小時候，吃了晚飯最喜歡圍著外曾祖母，吵著要她講故事給他們聽。我的表舅傳承了外曾祖母能說擅演的說故事能力！也幸好他有說書的能力，我這個曾孫輩的孫女還能接上他們的歷史。

父親家族的歷史

黑龍江省寧古塔朱氏族人就憑著寧古塔族譜原文和口耳相傳的朱三太子案流放寧古塔的傳說，花了近半世紀的時間，終於找到歷史中那根移動軸線的起頭。黑龍江寧古塔朱氏一族和江西南昌朱氏一族的歷史給聯繫了起來。父親家族的來龍去脈，從此撥

16　一九一八年流感大流行（1918 flu pandemic）是於一九一八～一九一九年間發生的全球流行性感冒傳染事件，由一種稱為西班牙型流行性感冒（Spanish flu）引起的傳染病，曾經造成全世界約十億人感染，兩千五百萬～四千萬人死亡（當時世界人口約十七億人）。這一波大流感也傳入台灣，當時造成約四萬餘人死亡。

《寧古塔族譜原文》

原籍京都漢軍正黃旗關勝保佐領下人，始祖朱義翁係世襲騎都慰因事於康熙元年間遣移寧古塔地方占居產業後後於康四年間奉到。恩詔赦回原籍開復原官我始祖因有人口以兼戀土以距京迢遠難移請副都統衙門詳肯我。聖祖仁皇帝念惜奴才無力回京就近入寧古塔旗籍後遵部文准入寧古塔正黃旗三福佐領下當差開復原官於遺後世知悉哉。

始祖議滃，號仲山，明曆四十五年（1617 年）二月初十寅時生，封輔國將軍；清兵入關，「江西亡，起兵山中」；永曆十二年（1658 年）率眾南昌降清；清康熙元年（1662 年）五月授「拜他喇布勒哈番」（騎都尉），同年被人奸告，流放甯古塔；康熙四年（1665 年）奉詔赦回原籍，給復原官充差；盛華由京至甯古塔接父；始視以人口有多，兼以戀士，路途窵遠，無力回京，情願歸入寧古塔旗籍充差，准入寧古塔正黃旗當，開復原官；晚年遁入道門，兼守三官廟、子孫娘娘廟；康熙四十五年（1706 年）病故寧古塔，葬於寧古塔大朱家，享壽九十。

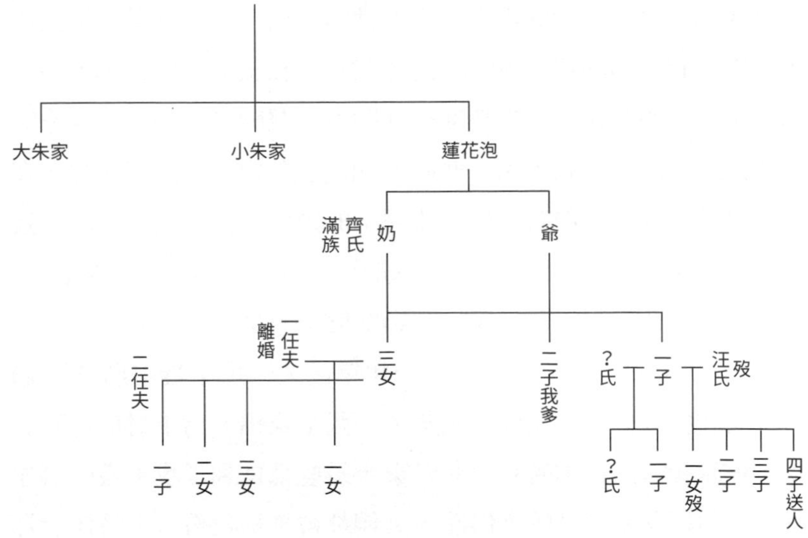

父親家族譜系簡圖

雲見日。

我的奶奶姓齊，是旗（滿）人，寧古塔是滿族的發祥地之一，滿族八大姓（佟、關、馬、索、齊、富、那、郎）之一。

父親一九三〇年出生在中國黑龍江省牡丹江市寧安縣蓮花泡（村），位於中國東北邊陲地帶，東鄰俄羅斯，南鄰北朝鮮邊境。父親出生的第二年滿州國成立，父親童年和青少年時期是在日本統治東北的大環境下度過，小學時代基本學的是日語，父親每講起他在記憶中老家僅存的幾個記憶，露兩句俄語或日語甚至朝鮮話，是我兒時有的記憶。我的爺爺當時是屯（村）長，農村中屯長的位置就相當於家族中的權力核心，是有田產的地主（至少是富農）。但日本人來了之後，一把火把老家的房子全燒乾淨了，父親家族卻因此躲過了文革鬥地主的災難。我爺爺應該是很有意識地讓我父親離開家 （我的判斷：家裡只有兩個兒子，我大爺（父親的哥哥，比我父親大六歲，性格靈活、腦子轉得快）又給國民黨軍官當過副官，我的老爺（父親的叔叔）當過日本警察，再加上我父親在國共內戰時期一九四六年離開老家後，對老家的家人來說完全是去向不明，他們不知道我父親到底跑到哪裡。在中國文革年代，叫作有「海外關係」的嫌疑（特指台灣），這幾條「罪狀」，讓我爺爺、大爺和老爺在文革中沒少戴高帽挨批鬥。

我有印象父親與老家親人開始聯繫上，是在一九七五年我六歲，唸幼兒園大班（父親離家十九年後），那年趕上蔣介石過世，父親把我們全家拉到相館照了一張全家福，寫了封信寄回老家，信是輾轉由日本轉回東北老家，這些都是到了我十幾歲時才知道。每每父親老家轉來信件，父親都會拿給我看，小時候看那些信件不太有什麼親人的感覺，有感覺的只有小時候父親喝醉時想家的眼淚，小小的我心裡留下權威至極的父親也會有掉淚時候的詫異！

我和弟弟從小就被父親嚴格的家規管訓著，父親總說要你爺爺在，可不會像我這樣（鬆）。他總說爺爺如何嚴厲對他，說爺爺的規矩更多，說我們家是貴族，所以規矩特多！我曾經問過父親，我們家是哪兒的貴族？父親也不清楚，就說是貴族！而黑龍江老家族人不懈地「尋根問祖」，終於幫我解開了這個答案！我父母的家族歷史跟日本統治殖民有著情仇，這似乎只是做為左翼運動者我的心情，殖民的情仇似乎沒有在我父母生命中留下什麼痕跡。

兩條平行線的夫妻關係

我的父母，他們只在形體上遭遇做為夫妻，這輩子大概無法彼此真正相遇而深入認識彼此了！不同時空、歷史背景下結合的夫妻，在台灣不是唯一，在國共內戰歷史大潮中的一整代人，我看到絕大多數本省與外省結合的夫妻，幾乎都過不了這一關，國／族政治意識型態的分／切割下，家庭經濟分配通常成為鬥爭的焦點。整個台灣社會沒有機會咀嚼這種深怕台灣「這邊」家裡經濟支援中國「那邊」家裡時的心理恐慌是什麼？經濟的不安全感，只是更加深了國／族主義的政治切割！這是台灣真正的悲摧！

歸去來兮：日久他鄉是故鄉

二〇一六年初，我結束北京社區工作，總覺得老爹日漸消瘦的四肢讓我著實不放心，那是人走向生命終點身體明顯變化的徵兆，最後一年，他一直嚷著腿腳無力！除夕當天回到家，也不知哪來的衝動，在機場買了一瓶三千多塊的威士忌，送給老爹喝。平日喜好小酌的父親，那時連酒都很少喝了，他的身體一直很好，沒有什麼病痛，偶爾因為腸胃老化問題短期住院，娘一直把他照顧得非常好，飲食起居特別仔細！那瓶高檔的威士忌打開了老爹的食慾，那年除夕夜，他比平日多喝了不少！我沒料到，那是我們全家與老爹最後一頓年夜飯！

二〇一六年五月底，發生輔大心理系性侵案的案外案——一名陸生與其女友因情感難題無法面對，轉而栽贓、汙衊夏林清老師及輔大心理系的案件。當時我擔任夏老師在社科院院長的專任助理，我們用盡全力想讓事情真相出土，開始了沒日沒夜的瘋狂工作！那段期間，即便我天天回家，卻很少與老爹碰上面。我回家時經常是半夜或凌晨時分，他已經睡了；我出門時，可能是一大早或午後，他不在家出門溜達或躺在床上休息。十月底，為了轉進我家社區工作進行鋪墊，我和另一名住同社區的運動同志，在競爭激烈的社區管委會委員選舉中，搶上管委會委員的位置，從二〇一六年初回到台灣，半年多的時間忙得我天昏地暗，完全沒有任何感覺老爹即將離開我們！在社區管委會投票當天，老爹很積極地拄著枴杖去投票！仔細問我票要如何投（他擔心投錯票，他女兒的票就少了）；看到計票結束，我高票當選，老爹就心滿意足回家了！那段時間，心裡一直掛記著等這段時間忙完，要開車帶老爹遊花東，他幾年前就叨唸他想去！選舉完後兩週，老爹突然躺床不起，娘說老爹在外摔了一跤，肋骨摔裂，吃西藥也沒減輕他的疼痛，我帶去給一名中醫看，幾包中藥下肚，就比較沒聽到老爹喊痛，卻一直臥床不起。老爹摔跤後，一度喊著他不想活了！還打電話給大弟講同樣的話，我們都以為是老人家討拍，老爹經常會做一些希望家人關心的行為（比如演出不舒服，大家就會關照他），我們也沒有特別注意。但老爹摔傷躺下後，我那陣子一直拉肚子，娘也是！我心裡愈來愈覺得不太對勁！就在老爹摔倒的時間前後，我娘說她做了一個夢，夢到一個陌生空曠的地方，四周掛著白幔，有一個人躺在那兒用白布蓋著，露出穿著白襪的腳。媽媽想走過去看清楚到底是誰？旁邊有一名老翁，阻止媽媽不要過去看，後來就醒了！媽媽心裡覺得不安，因為媽媽娘家老人很多，但她怎麼也沒想到那個夢是預示老爹的終點！直到老爹走了，她才恍然大悟！

老爹自從臥床後每下愈況，讓媽媽覺得老爹的情況不太對勁，很快變成只願意喝中藥和一些流質食物。我看到老爹的四肢急速消瘦，心裡有底了！跟媽媽和弟弟們商量，大家一致決定要讓老爹在家安靜地離世，爸爸退化的速度之快，從躺床無法起身到最後彌留狀態，前後不過兩週，老爹離世前約十天，我停止工作，在家照看老爹，在他離開的前幾天，那時候他已經呈現昏迷狀態，呼吸急而短促！只能進點流質食物。有天上午媽媽外出買東西，我走到老爹的床邊，在他的耳邊跟他說：「爸爸！小琪（我的小名）愛你！」他突然將臉轉向我，但眼睛沒有睜開，露出像嬰兒一樣的笑容！我的眼淚如湧泉無法停止！他這一生大概最缺乏被親人關愛的感受吧！我把這一幕告訴了小弟，小弟也忍不住激動掉淚！

就在老爹呈現彌留狀態的那天，老爹高燒不退，我使用精油幫老爹退燒，溫度有降，但還是無法完全退燒！全家商量著要不要送醫院，因為不確定是因為高燒昏迷還是彌留的昏迷，我們決定叫救護車送醫院，先送台大急診室，急診室說老爹的狀況很可能隨時都會走，無法擔保。我當場再叫救護車直奔慈濟醫院，在慈濟的急診室進行一系列檢查，慈濟急診室的答覆跟台大一樣！我們全家在慈濟急診室陪了老爹一晚，隔天中午等到一間單人病房，在十五樓的角落，十分安靜，很符合老爹怕吵的需要！老爹在那間單人病房住了三天，我們決定不做任何急救措施，老爹最怕痛，任何會造成他身體疼痛的措施都不做！就給老爹戴氧氣罩和監控基本的血壓、心跳，但對我來說是十分煎熬的內心過程！老爹在離世前一天，突然睜開眼睛，我看到他的眼睛十分清澈，他看著我們，不同於昏迷前的眼神沒有焦點。他看著我們每一個人，同時想掙脫掉手指上的夾子（監測血壓和呼吸心跳的儀器夾），他幾乎沒有力氣了。那天晚上，小弟也在病床邊湊近老爹的耳邊，跟他說：「爸爸，我愛你！」他說老爹睜開眼睛看他特別激動，很想說什麼卻已經沒力氣說了！二〇一六年農曆十一月十七日午夜剛過，老爹走完了他這一生！媽媽說那天是阿彌陀佛的誕辰！我從老爹斷氣後開始唸佛號，一直唸到隔天中午近十二點半，我一心就想送老爹往生佛祖的修行世界！我在助唸室裡唸了近十二小時的佛號，當時什麼念頭都沒有，就是專心一意地唸佛號！我娘唸了一兩小時就被大弟帶回他家休息，大弟覺得娘年紀大了，受不了整夜唸佛號的折騰！小弟唸了幾小時之後，也實在不支倒地。我讓他去助念室外的大廳休息。我就和佛教團體派來的一位助唸師兄，整夜不間斷地唸佛號，那位師兄唸完八小時就離開了。我接著繼續唸，天亮之後，娘和小弟又回到助念室繼續助唸。我一路沒停！小弟跟我的姊妹淘說我瘋了！我只是強烈地意念想要幫助老爹引道走向修行世界！助唸結束，禮儀社的工作人員要將老爹大體送進冰櫃前，打開「往生被」讓我們對老爹的遺容做最後的巡禮，原來斷氣當時張開的嘴已經完全閉合，頭向一側微傾，面色白皙透著一點微紅，表情安詳，他的面目表情是我從未見過的莊嚴，略帶女性氣質的溫和，宛如安詳地睡著，我確信我們將他引送至修行之路了！

媽媽說，以前老人說這種時間走（早餐都沒吃就走了），意味著把財產都留給子孫後人。這完全符合老爹的做法，他省吃儉用了一輩子，最後啥也沒交代就走了，正如他多年前曾經跟我說過，我要錢幹嘛呢？存起來最後還不都是給你們！老爹做到了他對自已的要求：當一個盡責的丈夫、父親的標準，賺錢養家，讓妻兒過上衣食溫飽的生活！

老爹走後，我和媽媽、小弟吃了七七四十九天的齋，老爹給我和弟弟們傳達的夢境都是他很開心、高興！

老爹生前是個很能跟人辯的人，當台灣政客們操作統獨政治論點撕裂族群的時候，老爹大白話的妙語還真有智慧！數年前，老爹外出回家後說他去某個地方，遇到一個年輕小伙子當他的面批評外省人如何如何。老爹嗆他：「誰是外省人？你幾歲？我比你在台灣住的時間長得多了！我比你還像台灣人！你有什麼資格說你是台灣人，我是外省人！」那年輕人馬上啞口無言！我聽老爹這麼回那年輕人，真覺妙透了，哈哈大笑！老爹早把台灣當成他的故鄉了！他只在他的出生地生活了十六年，在國共內戰時期，離家在大陸內部輾轉顛沛流離了三年！之後六十七年的歲月，他在台灣安營紮寨了！他既是中國人也是台灣人，一點都不衝突！

【後記】
烽火寓禪機

朱瑩琪／二〇二〇

這是我給自己論文定的標題！作為這篇短文的小結，也覺挺合適！我是在各種（不論在運動場域或家庭或性別）關係鬥爭中，看著自己／他人的人性能夠如何變？變好抑或變糟？甚或這一輩子無法再變，只能維持現狀？還在找出路的過程中！有句俗話說，不打不相識，確實，會打，就是有衝突、矛盾！我們都是在與自己的矛盾衝突中認識自己，自己與他人的矛盾衝突中，認識自己與他人。前提是，要有客觀的反觀自省能力！話又說回來，什麼又是客觀呢？相信每位看倌眼中或許都各有一把尺。

這篇文字在出版前夕，遇上了全球瘟疫（新冠病毒肺炎）大蔓延與爆發的時機！電視媒體天天報導從中國武漢開始傳播到亞洲各國，再從亞洲傳到歐洲，哪個國家哪天又新增多少病例，有死亡了多少人……這種新聞天天看得我娘心驚膽跳！她不希望我出門做剛開始的小生意！我又開始跟我娘鬧矛盾了！

台灣當局從去年香港反送中運動，到今年的新冠病毒肺炎疫情，真是撿到了大砲級的政治手槍，與對岸的政治關係，似乎在這一局的較量中，佔了上風！所有媒體言論一面倒的盛讚台灣的防疫工作做得好！台灣是成功的防堵了疫情的擴散！

現看起來，台灣實施的「防堵政策」，暫時有效的遏止了病毒擴散！其他國家似乎也拿台灣作為模仿學習的對象！放眼全球來看，似乎「防堵」成了唯一的「好方法」！但我心裡卻藏著不以為然！其實，這種時候，還真是思考人生死議題的絕佳時機（當我這麼說的時候，應該會被多數看倌臭罵的口水給淹死）！但，這世界人只要活蹦亂跳的活著，還真沒幾個人會想「死亡」的議題！其實，每個人最後都得走到那個終點！為什麼如此恐懼「死亡」？！捫心自問，我自己是否害怕「死亡」，我無法說不害怕。但，就是因為人生來就害怕死亡，更要面對「死亡」的議題，而且要練習面對「死亡」！即便要面對死亡議題，也不是「個人」面對「死亡」，而是全球人類該面對這一波瘟疫要人類死一群，到底是什麼意思？有心理準備面對死亡與抗拒面對死亡，真正面臨死亡的時候，質量會大不相同！

而這個資本的世界已經讓人忘了什麼叫「團結是力量」，或說資本邏輯的社會讓人逐漸沉溺在一種沒有價值方向的安逸生活中，一切的付出都是因為享受似乎才是人生終極目標！誰願意在活著的時候，想到自己總有一天會死這件事！

人類的世界已經走到面臨危機事件，一切都用專業技術、用防堵、用切割，形成對立面（敵人）處理！無非都為了自保！中國雖離那個「團結就有力量」，動員老百姓群策群力克服困難的年代還不太遠！但，資本發展的力量，讓在資本邏輯成長的一代，認為那些根本是不切實際、老掉牙的可笑與跟不上時代的過氣！

前些年我有機緣曾在北京的基層社區工作，我特別喜歡經歷文革那一代，甚至文革之前年代的老大哥、老大姐們！他們展現了艱苦年代的集體意識的精神與為人處事的方式，他們總是有社會結構的視野，去看待個人或家庭中，所謂的「問題」！甚至有能耐處理個人或家庭的「問題」！只可惜，在絕大多數的資本主義國家中，中國集體年代社會所發展的一切制度，只會被去脈絡化的被汙名成沒有自由、人權等等而論。也鮮少人會有興趣去挖掘這樣國家社會的發展歷史！回到台灣的我，對於大陸過去左翼社會曾經存在歷史的興奮感，也只能對自己的運動同志叨叨！

在從前的蘆荻社大，夏林清校長每年會定期開設「家庭經驗工作坊」，在百來號人參與的經驗中，再現從個人或家庭經驗，看到社會結構如何影響個人或家庭的視野，再回到自己，為何長成今天的樣子！這是個從微觀到巨觀，再從巨觀回到微觀，來回辯證的好方法！也是反觀自省的不二法門！剩下的，就是自己修鍊的功課了！

【第八章】

宮廟之子

穿梭於底邊的歷史迷宮

導言／夏林清

文本、後記／范文千

我媽媽那種強烈的直覺與感知，是從極度的流離與痛苦中琢磨出來的。對於台灣四處可見的仙仔仙姑，我認爲更要用一種勞動與政治歷史的眼光，去看他們做爲一個人是如何生長至今。

【導言】

一個社工的逃家與返家

夏林清

初見大千是在輔大聖言樓八樓電梯口，那天應不是大千初識我，但我對大千的第一個清楚的記憶是在電梯口，他側轉身與站在研究室門口的我相照見的一雙亮眼！彼時這雙亮眼的主人亦正在「逃」離宮廟的幾年後，謀思如何側身迴轉的那個過程中，我與大千的師生緣份是他逃離再到往宮廟走回去的這個轉折點開始的。

歷史碎片藏在難以言說的情緒包裹中，若非這名宮廟之子的返家，細細深深地嵌在母親芝身心情感塊結內部的歷史訊息是無法浮動流顯的，機緣也就可能沒能發生了！如文中所載，大千原本對媽媽芝幼年的時地人事物了解十分模糊，學姐鄭麗貞順手的一個幫忙，竟讓芝難以言喻的家的歷史坑道口，亮出了一盞照燈！文中大千提及自己對「政治歷史的陌生感」，亦是逐步由暗轉明地被大千理解著的。

范大千於東吳社工系讀大學時，便因社工系萬心蕊老師的引領進入了精神病人的療養院工作，也因這一經歷轉入了心理系研究所就讀，現在的大千仍與一群復元中的精障朋友工作。唸社會工作的大千，整個大學生涯亦是逃家的。大千的「逃」所反映的是現代性社工專業對宮廟之家的貶抑與否定。客運司機的父親，拜了師父入了道教，且於家中建立了宮廟；母親婚前為車掌小姐，婚後則投入宮廟禮佛求神的修行路，於是大千的家就是一間田邊巷尾的小宮廟。由孩童走向大學離家住校讀書前的大千，在宮廟內外玩耍，亦咒罵過菩薩，他一度可以說是恨死了宮廟文化。然而，台灣這個宮廟道場林立的島嶼恰似蓬萊仙島，五教共處，各擁信眾相安共存。青少年的大千憎恨過宮廟，疏離過父母；青年大千認真做個社工，走上精障社工專業道路，但他反而於唸研究所的三年中，返家認廟，與父同行，習符咒、練毛筆，與母一起探究拆解著靈異感知和個體主觀依附的心理建構歷程。

大千母親是命運奇特的辛苦女性，她的成長、情愛婚姻及家庭關係的重量，夾纏著幼時家庭所承載著極為隱蔽、破碎的家的歷史政治訊息。即便與父祖輩有關的真實訊息極為稀少與破碎，但在家的政治歷史經驗面向裡，各種情緒訊息的小包裹仍會在家人關係中傳遞著。大千由母親芝那聽到有關外省外公混雜在警察身分裡的政治性，是伴隨一種「不可多說」的政治恐懼情緒質地傳遞給兒子的。二〇一五年我與大千和他的父母一同探訪大千父親家族業已荒廢的山上客家宅院時，芝和我一聊到她養父時，亦是流瀉著不能多說的政治噤聲恐懼，然而這個被我稱為政治恐懼的情感，在協同大千一路拼圖般地走入日本殖民與國民黨治台交疊相錯的歷史迷宮後，不再是含混化約地歸因於政治壓迫的一整塊鐵板式的恐懼！

這些年「宮廟之子」與父母共同走過的家的歷史田野，相信是對他這個階段實踐的細實功夫有一定的作用。與精障夥伴及他們的家人來回工作，尋找到與對方能回返社會生活的一個地方，許多時候，也是靠工作者認真對待精障朋友及其家人所傳遞的片段扭曲訊息和事實碎片，變化的機緣才瞬間從時間隙縫中展現出來！在大千與其家族親人矛盾衝突的對話裡，歷史再現，哀傷與欣喜的情感湧動而出，銜接上了過去並望向未來！

【文本】

穿日破台：歷史刻痕與宮廟之子的追尋

范文千

由斷裂到接續：殖民歷史的理解道路

我是在成衣材料堆的嬉戲玩耍空間中，一步步進入了媽媽斷裂而滿是失落的生命歷史，從她伴隨著縫紉機聲響流著淚的故事中，帶著幼小的我跨越台灣／中國族群認同看似矛盾的二元性，抵制去接受任何單一而簡化的歸類與劃界。

我是在一九八九年出生的，恰是解嚴後兩年，鄭南榕以肉身為台灣歷史留下深刻燒痕的轉折時分。九〇年代唸小學的我著迷於電視台播出的黃俊雄布袋戲，然而時常三餐醬油拌飯配煎蛋和地瓜葉的我們家，「玩具」是奢侈的消費。於是，媽媽從成衣廠[1]拿回的多餘的五顏六色的材料布，就成為我掌中戲耍的想像布偶。到小學六年級家裡開宮廟以前，縫紉車與滿地的衣布是我們母子倆共伴共處的童年場景，我在那嬉遊、拉小桌矮凳寫功課，

1 當時中壢、龍潭都有許多小型成衣廠，小老闆們到大紡織廠接單，再發包給家戶個體的女工，以件批數計酬。有些人是到成衣廠上班，有些人則是自行購買新式縫紉車（縫紉機），批貨回家，此一工作我們俗稱「車衣服」。

同時也成為媽媽唯一可以傾訴心情的對象。從中我日漸知悉了她和養母（我的阿嬤）的過往、她那不知來處的日裔爸爸與充滿人情味的高雄鄉下派出所村落，還有她與爸爸的婚外關係及債務壓力……

也記得，幼稚園時曾被帶回高雄，緊挨著岡山後火車站的後紅里老宅，那位睡在樓梯間轉角處的白髮老婆婆，我聽不懂她任何一句夾雜著日語腔調的台語，最後只留下模糊印象：她從柑仔店買了乖乖桶送我，帶著我們偷偷從火車站後方溜進月台，以及上車後，媽媽要我謹守約定，不可以和「阿嬤」說她回來找「媽媽」——時至今日，才曉得我的外婆有個美麗的名字：牡丹！

多年以後，我的媽媽成為專職的靈乩，一位個性強悍、發怒時如獅吼的宮廟女主人，過往那溫吞委屈的瘦弱姿態，似乎隨著她生母過世後生命線索的消失，以及勞動職志的轉換而塵封。二〇一一年我進入輔大心理系碩班，以家中宮廟做為行動田野，重新進場認識、貼近那有著敏銳身心感知、時常用起乩辦事來解決事情的媽媽。我常覺得雖然自小就親近，但和她相處時卻有種進入找不到門的迷宮的感覺。直到有天她做夢夢到了逝世多年的養父，指引她返鄉重遊，我才找到隙縫，試著摸清隔在我們母子身上的，由日本殖民到國民黨統治的政治歷史的作用力。

會想寫與繼續追尋這些故事，是被關係中的衝突情緒引發了動能，想透過歷史追溯來辨認自身來處，以免誤看與誤認了自己與親人；另一個理由是，從小就難以被國家／國族認同收編的我，在拼湊媽媽的故事的歷史線索時才驚覺，我對於日本殖民到國民黨接收後的一連串複雜過程竟是如此陌生！媽媽的流離移動給了我一個具體的位置，踩在昏暗未明的邊緣處去辨認「我們是誰」、「我們如何成為我們」。特別在經歷二〇一四年反對歷史課綱修改、立法院街頭的反服貿運動，場內外洋溢的統／獨與國族認同議題、反／仇中背後的焦慮與憤怒情緒，我更覺得年輕世代的我們得對殖民政治歷史如何作用在自身與家庭關係中有更貼身的理解，才不致隨波逐流、無處可立，才有辦法回答：我們要怎樣的台灣社會與國家發展的想像。

二〇一四年四月，原是我的碩士論文完成、等待隔月口試後要畢業入伍之時，一場運動比賽的意外傷害，使我拖著骨折的右手多出了半年休養期，也留給我持續追溯歷史線索的餘裕。或許這是老天再給我機會，得好好珍惜地拿起這項工作吧！

政權轉換下的底邊流離：關於媽媽的出身

一九六二年，我的媽媽芝出生在高雄縣燕巢鄉深水村一帶。從前無法抽取地下水，因此皆是逐水源而居，早年居民移居此地時於山麓間發現水源，便將此地取名為深水。當地老地名「澳深水」之意，乃指靠近水岸之處。[2]

幾個月大的芝，因飢餓、營養不良而骨瘦如柴，險些就要夭折。外婆，也就是媽媽的養母雲在我十歲大時把這段故事告訴我：那小娃兒被扔在路邊樹葉堆，這些講著台語、嫁給外省老兵的太太們不忍心，連忙撿回派出所內照養，最後才由膝下育有一

2　出自教育部學習資源網高雄縣國小鄉土教材，出處：http://content.edu.tw/local/kaushoun/chaukong/88thtm/tm.htm.

子的雲和其夫——在所內當工友的王老先生收作小女兒。那個年代報戶口還是紙本作業，派出所內的一位巡官就透過關係改了小娃兒的戶籍資料——後來媽媽一直不敢去戶政事務所，因為那改得一塌糊塗的原始資料常讓公務員一頭霧水。頗有意思的是，芝所登記的出生日期恰好是九月三日軍人節。

每當芝想弄清楚「為何我當年會被扔掉？」「我的出生究竟來自哪？」時，養母雲也說了同樣的故事，免不了要將芝的親生家庭描繪為狼心狗肺，順道歌功頌德一下自己的慈悲。等到她真正見到其生母，已是十多年以後的事了。在那之前，只能用各種傳言來填補這段缺憾的空白。唯一拿在手上的訊息是，她是日本人的孩子，親父曾是日本軍人，但三十多歲就年輕早逝，且在過世前把所有與身分相關的文件物品都燒掉了。芝年紀稍長後曾查閱戶政資料，最終只得到親父看似詭譎的姓名「陳氏」。有段傳言是這樣說的：這位年輕日本人來自山崎縣，戰後便躲進了深水一帶，恰好當地有個村落住戶皆姓陳，他就改姓易名地藏匿起來，到岡山街上去做勞動工作餬口。一日他遇見一位算命仙仔，仙仔警告他去日將近，恰逢大病的他害怕死後因其身分而牽連遺族，連忙把所有相關物都銷毀，當他死後，這些線索也就永遠消失了。

儘管無法進一步證實這些故事的真實性與細節，但我是這樣理解的：一九四五年八月十五日日軍戰敗投降，結束在台長達五十一年的殖民統治，旋即在九月一日成立台灣省行政長官公署的國民黨政府，得立即面對滯台日人的遣返或留用問題。這些過往是年輕的我未曾讀到的[3]。從這些史料裡，我隱約辨認出一群群受殖民戰爭、移動流離的失落世代，這個世代經歷了年少時的皇民化運動、在日語基本教育中度過相對安穩的年代，卻得重新適應戰後米物價飆漲、族群衝突不斷的國民黨接收的生活處境！戰後，在美國施壓下，在台日人與日僑進行多批遣返，國民政府以「實際需要」為由而留用日人、直到二二八事件後國民政府為終止「日人餘毒」而終止其政策的期間，那些沒有土地與資本，也沒有顯赫學歷而取得技術人員身分攀上留用之位，因而落入底層的日本人與日僑們，他們無法或不願返回日鄉，便四處冒用假身分潛伏於窮鄉僻壤或原住民部落，終生過著躲避政治清算與困苦的生活。[4]

二〇一四年二月，我陪著媽媽芝和外婆雲，再次拜訪深水老鄰居錢家。趁著雲去廁所，媽媽詢問年事已高的錢奶奶：「我

---

3 我正從一些線索開始進入。第一條是日人遣返／留用的時代軌跡研究，如許育銘〈 後留台日僑的歷史軌跡——關於澀谷事件及二二八事件中日僑的際遇〉（二〇〇四）、吳文星〈戰後初年在台日本人留用政策初探〉（二〇〇五）、歐素瑛〈戰後初期在臺日人之遣返與留用：兼論臺灣高等教育的復員〉（二〇一〇）；第二條是關於當時在台日人的行蹤動向，如陳幼鮭透過《臺灣新生報》資料蒐集整理出〈戰後日軍日僑在台行蹤的考察（上／下）〉（一九九九、二〇〇〇），及參考資料性質的〈戰後日軍日僑在台行蹤的考察——戰後初期日軍日僑在台記事 表〉（二〇〇〇），還有對其回應的林炳〈「戰後日軍日僑在台行蹤的考察」〉（二〇〇二），以及 鳳翰《日軍在台灣》（一九九七）；第三條是對日本殖民政策，特別民生、戰爭動員與國族意識教育的部分的考察，經典研究如周婉窈《海行兮的年代：日本殖民統治末期臺灣史論集》（二〇〇三）；最後是一些值得對照的，因殖民與戰爭而移動的故事，如與那原惠《到美麗島：沖繩、臺灣——我的家族物語》（二〇一四），以及台灣行動研究學會《來去吉野村：日治時期島內移民生活紀事》（二〇一七）。

4 根據許育銘〈戰後留台日僑的歷史軌跡——關於澀谷事件及二二八事件中日僑的際遇〉的研究，截至一九四六年止，官定應遣返人數為三十萬八千兩百三十二人，但當時遣返與留用的日人總數卻多出近六千人人；同樣地，戰後日軍部隊也陸續有人逃亡、混跡在台人之中，而這些潛伏的黑數到底有多少則無法確認。

媽媽(養母)總是說我是被丟掉的，這在我心裡留下一個沒辦法抹平的痛和疑惑，我一直不知道自己生父、生母的詳細背景，也不相信媽媽說的故事版本。」錢奶奶雙眉一皺，嘆了好幾口氣：「唉！你也不要怪他們，你的爸爸我沒見過，但是牡丹喔，實在是真可憐喔……」，她說牡丹當時是在家照顧小孩，沒有工作，她的丈夫則在岡山街上替人洗衣餬口。但陳氏過世後，牡丹只得再嫁。依照錢奶奶的記憶，王老先生在芝出生之前，就很常接濟牡丹一家，而芝出生的那段時間，牡丹也常進進出出的。錢奶奶認為應是牡丹拜託王老先生收養芝，因為他們如此困苦又喪夫的家已有三個孩子，如何能再養一個女兒！

這些零散的歷史線索對媽媽與年輕的我而言，是我們解開體內模糊不清、卻實然存在的政治力道刻痕的線繩。牡丹過世、兄長失聯後，媽媽想探索真相的動能，始終伴隨著政治性的恐懼壓制力道，擔憂著自己竄改戶口的事會被追查（在當時那封閉而緊張的年代，老巡官是冒著風險改戶口的，還多次要她承諾終生不得對人提起），也害怕日本人出生的背景使她被清算與排拒。因此對於我的追尋，她向來是一會兒探問、一會兒又生氣地教訓我：「你都不懂啦，有些事情不可以弄明白。」（但幾天後她又會問我進度如何。）同時我也會想著，每每起乩辦事、開口或吟或唱或說的做為乩身的媽媽，那些我聽不懂的連串「天語／靈語」(一連串的難解方言)中，常常夾帶著不成語法的日語單詞，但我卻探問不到其背後的意義，也不清楚究竟是如她所說：「我都懂，但這是神明在溝通，天機不可洩漏，我不可以講；」還是她其實也搞不懂，但基於某些理由而不願承認？媽媽前半生的勞動流離再到後半的靈乩生涯，看似久遠的殖民歷史時空的某種刻痕，彷彿透過她那難解的天語再次浮現於我眼前。

我想掀開這種被遮蔽住的「不可說」、「無從講」的聯繫感，將斷裂的重新接續。不只為了媽媽的缺憾，也是為了能夠更加辨清自身。我從來都不輕易接受任何一種國族認同的圖像，在服貿街頭所激起的「統／獨」二元矛盾中，我無法快速滑入台灣人／中國人的認同激情隊列，我不想不經思辨地高舉「我們都是台灣人」這面大旗子，然而看似掉隊的我卻對社會中流離、失序、邊緣與被排除的人們始終懷有著一種特殊的聯繫感，也對土地與不同階層群體的社會生活充滿情感。這到底是什麼意思？我如何說「我」到底是誰？「我們」一詞裡頭到底又夾雜著何等差異的複雜色彩？我從沒有想到社工系畢業、當初踩著宮廟田野而進入研究所的我，竟然在畢業前夕攀著乩身媽媽的失落與遮蔽，走到此處思考這些無從迴避的問題。我希望這個探究故事的完成，能對帶著類似矛盾與聯繫感的讀者是有所貢獻的。

深水深深深幾許：惡地烏山下的童年

對於拖著一條跛腳(據說是童年爬樹後摔下來，沒有醫好)的雲而言，多養個「妹仔」可不是什麼值得高興的事，更何況她為了承擔王老先生多年來「行善舉」的美德，可是十足吃足了苦頭！雲出生於雲林縣二崙鄉楊賢村，小小的土角厝農村鄰近濁水溪，越過去便是彰化縣竹塘鄉，而村子隔壁就是以醬油聞名的西螺鎮。雲是透過人介紹，才認識了三十八年來台、在村內義賢國小當工友的退休老兵王先生，並結為夫妻。

媽媽芝曾住過的親戚家，現已荒廢

二〇一四年二月與外婆雲重返楊賢村其大哥家，堂口掛著「神農衍派」匾額

一位講著河洛話的小姐嫁給擁有穩定工作的外省老兵，看似稀鬆平常，但對雲而言婚姻裡卻承擔了許多意料之外的事。雲從來不曉得丈夫在大陸的往事，她唯一親身擔受的是，王老先生交

友廣闊，使得他們小小的居所常常像交誼廳般，三不五時就要燒菜買酒招呼客人，對於村中困苦居民也常借錢送米。這下可苦了雲，這些在她眼中近乎是揮霍的行為，光靠王老的薪俸根本入不敷出，於是雲只得凌晨三點多起床做饅頭，一個賣三毛錢，每天做上百個拉去賣——但常常半數就被丈夫送人了，返家後還得做家務、下廚，疲憊之餘又時常被丈夫打罵。到王老先生因調職而舉家搬到高雄縣燕巢鄉深水村派出所旁的日式宿舍，僅管在民國六十年左右能領有數千元月薪（已比一般勞工階層高），雲還是得到村邊的磚窯廠上班。

因此，扛著疲倦的勞務，還有對來尋求接濟的牡丹的防備反感，雲對於家裡多出的這個小娃兒自然是沒有好感。按照芝的回憶，她從六歲起就得學煮飯燒菜，還得跟著跛腿養母攀爬惡山撿拾柴火——深水村一帶皆是高鹼性的青灰岩、白堊土地形（也就是觀光聞名的「月世界」地形），不然就是冒著熱氣泡的泥火山（當地人台語稱「滾水沫仔」），多數地方僅有刺竹可以生長，撿一次柴火往往弄得滿身傷。但芝不敢抱怨，否則就惹來咒罵毒打。

除此之外，由於雲平常講台語，普通話說得不好，但養父及派出所內外都是講外省腔的國語，而幼時的芝亦是講國語，以致母女倆常陷入互相聽不懂彼此的僵局。有回雲拿了錢讓芝去雜貨店買「梅子」（台語：ㄇㄨㄟˊ　ㄚˋ），芝因聽錯而買成「襪子」（ㄨㄟˋ　ㄚˋ），回來又是討打。

儘管和養母相處不睦，家中經濟也只是勉強溫飽，但每當芝回憶起在深水派出所邊的童年時光，她幾乎都是帶著笑容、滔滔不絕地在說著的。芝說：「我真的覺得很奇怪，從前做什麼事情都很不方便，要去哪也不像現在有那麼多車可搭，小時候家裡也窮，又常常被你外婆打，但我總是很懷念那段日子，還覺得那時候過得比現在好。」就像二〇一四年二月我們三代人返鄉，芝老興奮地拉著雲：「阿母啊，你看這不是以前的……你不覺得以前那樣比較好？」雲的反應卻是不屑：「看幾十年還看不膩喔？那時候過得多辛苦！」

會出此言，除了養父對她是極其關愛、不分異己地包容外，王老先生的人脈及其職務位置，使得這個「家」得以向外敞開，以派出所為中心與相鄰的其他家得以相互扣連，在彼此生存條件都困苦的現實下，這種扣連是極其富有精神情感的力量的，同時也實然地拓展了芝的社會生活，使這個孤女得以有遊走、戲耍甚至被保護的空間。當芝稍微大些後，就成了王老先生的小跟班，在派出所內進進出出地打掃、送文件——他們一家就住在派出所

老宅已不復存在的王家舊址，照片中兩株即為文中所提龍眼樹

邊，還種了兩大株龍眼樹，大家時常分來吃！

那棟被拆掉的老屋，是王老先生自己動手蓋的。[5]由於芝從小就靈活地穿梭在家與派出所內外(當時派出所與住家之間沒有上面照片中的圍牆)，她很快察覺這位養父身分似乎有些「特別」。那是民國六〇年代，芝就讀於橫山國小，偶爾會有中共的飛機闖入山中，灑下滿天的紙片文宣，學校老師特別警告孩童不可去拾撿。從小，芝懷疑著，為何家中時常有穿著便衣的軍官與士兵進出、「開會」，養父還會拿著名冊收錢？她好奇發問，養父只是囑咐她：「小孩子不懂，不要多問，他們是來繳黨費。」並告知不可對外多說。但對親生家人絕口不提過去的他，後來竟願意告訴芝，他老家在江蘇淮陰，本名王樹國，因為「大陸上有些事」，跟隨老蔣來台後改名為王健康。

芝猜測，這位腹部、大腿都有好幾個彈痕的老兵，從前若不是地下工作人員，也會是老蔣近身的侍衛或有特殊身分的人。養父曾告訴她自己是青幫的一份子（不知詳細堂部)，其餘不願多談，並警告她不可多說，以免日後被共產黨追殺。芝說，國小那幾年村裡颳颱風，家中瓦片屋頂被掀開，村中情況也是一片慘淡，王老先生竟直接打電話給宋楚瑜[6]，並得到提撥災款的承諾，

---

5 二〇一四年五月七日，和輔大同學及夏老師相約於新竹縣橫山鄉沙坑，途中我們在一處老宅邊等人，夏說起了家中的老屋瓦，勾動媽媽記憶中養父打電話給宋楚瑜一事（見內文），我在夏的協助探問下，才更具體得知王老先生的一些來歷——先前不懂得更仔細問，除了親友會有所防備外，還反映我自身對那年代政治歷史的陌生感（例如當時的幫會系統）。

6 媽媽一九六二年生，國小時應是一九七〇～一九七六年間。宋楚瑜取得博士學位後，在一九七四～一九七七年經推薦返台任行政院簡任秘書，擔任當時行政院院長蔣經國的英文翻譯。

但那筆錢最後被地方官僚系統吃下，王老先生又氣得打電話給高官罵人，最後「就有一批阿兵哥過來，幫我們蓋房子」；後來派出所內有員警舞弊，槓上了介入此事的王老先生，對方揑造事由，兩度到法院控告他罪名，但最後法院竟都退回不審，芝印象深刻，養父為此事還當面嗆過那員警：「小夥子想動我，也不去打聽打聽一下我的來路！」

初聽聞這些故事時，我其實很難想像為什麼這位可能是地下工作人員、因戰爭而受折磨與離鄉的老兵，會願意接濟牡丹的家庭、收養日裔的芝？我過往在歷史課本與媒體灌輸間，習得中日民族仇恨，以及老兵就是死心塌地遵守大中國意識的想像，又是從何而來？這究竟只單純是王老先生的個人善心，還是同樣做為被戰爭所搞到大舞台下的底邊階級流離人，而存在著跨越檯面上國族政治仇恨的真實處境相連／憐？

王老先生將芝視如己出，甚至願意透露許多連對親生妻兒都不願說的事情，或許真是戰爭流離中的情感相連！深水老宅中，掛著一幅手繪畫，畫中是一名年輕女子，樣貌和芝長得十分相像。每晚養父都會坐在沙發上喝一小杯酒，盯著畫像沉思不語，芝問了上百回，養父才鬆口——原來他在大陸有妻小，但兒子已被他親手打死，尚有一女兒名王秀蘭，家中所掛便是她的畫像！對因身分特殊而無法返鄉的他而言（而且常常說不要追溯往事，以免被共產黨清算——無論是日本人身分或王老的背景，這兩道「莫再提」的政治恐懼在媽媽身上始終烙印不滅），芝長得實在和秀蘭太像了，看到芝就像見到海岸那頭的親女！於是，他向來是把芝放在掌心上疼的。

芝的童年，雖和養母、義兄相處不睦，但在王老先生的疼愛，及以派出所為中心的社會網絡的照應，讓她回想起這段往事時仍津津有味。當時任巡官的錢先生是派出所內外職務最高的警察，而錢太太來自六龜，家中是開旅社的。經濟條件相對優渥的他們，吃不飽的孩子都往他們家跑。芝常回憶空閒的午後，他們幾個孩子就擠到錢家去吃綠豆湯、在榻榻米上午睡，醒了還一起到後山冒險——派出所後就是溪谷山群，爬到惡地之上，放眼皆是壯觀的溝壑，山林之間成了他們身心舒活的玩耍天地——從村內幾個老地名便可看出其豐富性：湖內巷、臥牛巷、塔阿腳、烏山、馬場、內深水、外深水、中坑！又或者，到附近的馬場天主堂找慈悲的老修女，參與活動後還可領取糖果米糧！（村中孩子多半都配合演出地受洗。）

除了派出所內外互相照應的情義外，另一件芝會提起的往事就是深水村內處處可見的日本殖民痕跡，這也成為我們追溯身世的重要線索。除了大量的日式宿舍外，芝就讀的橫山國小創校於民國十一年(日本大正十一年)，校名「援巢公學校面前埔分教場」，民國二十八年(日本昭和十四年)奉准獨立設校為橫山公學校，民國三十四年日本戰敗後改為橫山國民學校。芝就讀時已是五十七年後實施九年義務教育，再改為橫山國民小學，印象中有好幾位同學都取日式名字，如其中就有一位叫作「太郎」。當時的老校長陸任富(第九任，民國五十五～六十二年)於民國七十幾年在大溪相遇時認出芝(當時在大溪豆乾店當櫃台小姐)。[7]

7 媽媽的同窗與老師是另一條還可追溯的軸線。校長陸任富已退休多年，還任高雄市關懷公教退休人員協會理事長，一九九五年在《台灣教育》刊物投稿〈回首四十年教育路〉；班導師陳美惠則無音訊；她的小學死黨呂淑珍、王鳳英，後者另外從深水村（縣市合併後改為深水里）的官方網站上所寫：「本里原為深水部落[8]，日據時代地形有一條大水溝為現靜和醫院後排水溝，稱為深水，前為內深水，後為外深水。」再查詢可得，明清時期行政區屬高雄州高雄郡燕巢庄（一九二〇～一九二四），日據時期為高雄州岡山郡燕巢庄（一九二四～一九四五），國民政府接收後為高雄縣岡山區燕巢鄉，直到一九五〇年後才自岡山獨立出來。深水里隔壁的滾水庄（現為燕巢區角宿里）原為平埔族馬卡道族之「尖山社」，明鄭時期官屯政策下逐步被漢人佔據，一八九八年底日軍執行清庄，以戶口盤查為由進行對抗日漢人的清剿，十六歲以上男丁皆被殺死[9]，女眾只得改嫁，該聚落便由舊時大庄急速沒落。「燕巢」舊名「援剿」，從明鄭、清治再到日殖，背後竟是一連串殖民統治下的屠殺血淚史！

曾踏入演藝圈，媽媽看過一部她配角演出的電影，但之後無音訊。王鳳英之兄王鳳雄復旦中學畢業，其後不明，只知任教職，上網查詢後有此一人曾在台中多校擔任校長，但不知是否為同一人。最後是同國中、小，華泰電子廠一道上班的好友郭素桂，至今也無音訊，只知道嫁給香港人，媽媽很想尋覓她的消息。

8 待查證的是，此處的「部落」並非指原住民部落，而是日殖時期的特有行政單位。依據周婉窈（2003）《海行兮的年代：日本殖民統治末期臺灣史論集》，當時行政地域劃分是以「郡」、「街」、「庄」為準，原住民領域則保留「社」。但為了管理方便，還另外設有非正式的單位「部落」。

9 一八九八年政權初替換，日本殖民勢力尚遭抵抗，總督兒玉源太郎發布「匪徒刑罰令」，當時抗日人士多半躲避至山間各庄頭，日軍採取掃蕩策略，開始一連串的「清庄」屠殺鎮壓行動。其中以阿公店一帶最為慘烈，造成數千人死亡與數千戶房屋毀壞，在台灣傳教的多國宣教士向香港《每日新聞》（Daily News）投書，使事件登上國際，如今通稱「阿公店大虐殺事件」。可見〈一八九八年阿公店大虐殺事件之研究〉一文，出處：http://goo.gl/dXLcEW.。

在這兩年開始細部進入媽媽家族歷史的故事之前，從沒想過每一段看似簡單的故事背後，竟有那麼多我從未聽聞的殖民過程！外省老兵王老先生，與早逝的日本爸爸，這兩位同樣因為戰爭而流離，同樣扛著害怕政治清算而不可說的身世祕密，這一條家的政治歷史理脈匯聚於媽媽身上，與五十多年後的今日在服貿運動街頭受震撼的我相嵌連起來。書寫至此，猶是情緒高漲！

上升與墜落：勞動與離鄉的少女時代

除了養母打罵得凶外，村子裡的人基本上都對芝相當友善，這和她養父的庇蔭有關——那時普通居民看到警察還會低下頭喊「大人」（日殖時期對日本警察的稱呼），對於派出所的相關眷屬自然也就敬畏三分。承擔家務勞動、不愛唸書的芝，趕上了一九六八年後的義務教育延長政策(從六年延長到九年)，於是在十三歲那年進入國中就讀。民國六十四年(一九七五)芝就讀燕巢國中，從深水到那裡得擇近走五公里山路，約兩個小時。不愛讀字、算數學的芝，碰到課本就昏昏欲睡。但就在她十四歲(國一下)那年，學校成立了第一屆建教合作班級[10]，多數時間，芝就和一班女同學到高雄加工區一間日資公司(她不確定名稱，隱約記得是日立)，擔任電熱管的測試。國中畢業後，就近通勤至

10 燕巢國中網站並無相關紀錄。台灣自一九六九年（民國五十八年）試辦「建教合作實驗班」，但對象似乎都以職業學校相關類科為主。為何在一九七五年的初級中學會有類似建教合作的班級？恐怕是我對這段歷史還不夠熟悉。

楠梓加工區的華泰電子廠上班（至今華泰依然存在）。

對於從小在派出所邊長大的芝而言，人生似乎開始慢慢轉動。養父此時仍對她十分照顧，若見到養母雲欺負，還會為了這個養女打罵自己的老婆。而家中長子，義，國中畢業後，未依爸爸之願到岡山高職繼續升學，而是選擇去當職業軍人。對於兒子的這個決定，王老先生異常氣憤，但苦罵仍無效，最後義進入了岡山空軍官校就讀，開始他的軍旅生涯。(後來他愛上一位來自旗山的女孩，還為了她和部隊長官爭風吃醋——最後那位女孩成了我的舅媽。)

那時是外資大量進入、加工出口區興盛的年代，國中畢業的女孩多半就直接進入工廠生產線。當女工的日子並不輕鬆，但手腳靈敏又在派出所內磨出一身和長輩們相處能耐的芝，那幾年的女工生涯可說是相當愜意，不僅產量績效好，又很受工廠幹部的喜愛。更重要的，養父雖疼愛她，但家中風氣非常保守，不准她隨意外出、穿裙子（那時她都穿牛仔褲），但做女工的日子為她打開那麼一點縫隙。同窗好友、一道在華泰上班的郭素桂小姐，就很常到派出所邊吆喝「王～伯～伯」，王老先生往往拗不過她的撒嬌攻勢，也就同意她和芝一道上街玩耍。

就在那幾年，有同窗好友們的陪伴，芝能夠去高雄市區逛百貨公司、溜冰刀、各處中正堂看電影，到西子灣、蓮池潭玩耍，還參加過救國團辦的工廠女工與阿兵哥聯誼活動，在海邊玩團康遊戲，甚至認識了幾個家境不錯、想追求她的男生。同時間，王老先生很積極安排養女的出路，正動用著關係，準備未來要在公部門系統替她安插不錯的職位。

也是在國中到華泰當女工的這段時間，芝慢慢得知自己並非王家的親生孩子。最早起疑惑，是她不明白為何養母會把自己當畜牲一樣折磨、使喚，年齡稍長後，也漸漸從鄰里聽到一些風聲。最經典的是，某日她國中時放學出校門，竟被當時正在開卡車的親大哥撞見，這相遇的短短一瞬，大哥只是疑惑為何這名女孩會和他的大姊長得那麼相像？(在芝之前，牡丹生養四個孩子，兩女兩男)，回家一提才曉得可能是自己的妹妹。芝的記憶裡，有段時間校門口很常有幾個男女猛盯著她看，嘴裡又參雜著聽不懂的話，她回家和雲提起此事，心裡有底的雲臉色一變，只是不斷說：「那些人是神經病，會把你抓走，不可以跟他們靠近講話。」

關於牡丹那些年究竟如何過日子，我不是很清楚，按照芝的記憶以及鄰居錢家人的說法，牡丹在日本丈夫死後又改嫁，但不久後丈夫又死，最後再嫁給一名李姓外省老兵，舉家搬到岡山後紅里去。牡丹的姊姊，也就是芝的親阿姨，連同牡丹的大女兒都在岡山的私娼寮當小姐，這些事諸如錢奶奶這樣的村人也都知曉。因此，在芝十八歲於華泰上班的第二年，某天牡丹竟再次找上門來，想把芝帶回去。當時雲並不在場(雲平時拖著跛腿在村內磚窯廠上班)，只有王老先生和一群派出所太太們，錢奶奶告訴我，她們都很擔心芝一被帶走，就會落入火坑去當小姐，最後現場眾人和牡丹大吵一架，牡丹氣得咒罵:「那就當她已經死了，我沒有這個女兒。」從此之後便未再上門。

媽媽告訴我，私底下一直都有陸續和親生媽媽家族來往。不過，提起這些事對她而言相當痛苦，從前幼少時聽她講，我卻不懂得問；如今要問，她卻不肯再多講了。如何在她身上因斷裂和苦痛而不願被勾起的情緒性抵抗的節奏間，慢慢前進，應仍是我持續琢磨的功夫。但拼湊這些線索可知的是，牡丹一家過得並不好，因此偶爾回去，親母和大哥都要向芝借錢。並且，芝說回去時聽到他們講日本話，自己反而有種格格不入的感覺。這兩層因素疊在一起，再加上芝一直有著被遺棄的恨，還有在關係中被做為賺錢工具的痛苦（如同王老先生死後，她和養母的關係）與害怕，她便愈來愈少和他們來往。

這些年下來，我從沒聽過媽媽說自己是什麼人。她會緊抓小時候與養父相處的記憶，稱讚宋楚瑜和蔣經國的親民，但她不藍又不綠，更準確地說，她不相信藍也不相信綠會真正照顧到像她這樣在流離中長大的底邊人。她不會說自己是外省第二代，也不會說自己是閩南人或日本人，她只會說自己姓王，是王家人。但這個「王家」認同的起始與終結只建立在她和養父的關係中。也許在這一點上我傳承到她的歷史血緣，我們都很難被某種劃一的政治與身分認同給召喚。

媽媽芝的故事讓我能使用視家為社會田野的視野，將父母視作男人與女人、進入他們的勞動軌跡與政治歷史中，而非用西方家庭治療理論的眼光去框限與扁平化對他們的理解。我們這些解嚴後出生，與社會運動、街頭抗爭或深或淺地涉入的七、八、九年級的年輕人，遭遇來自父母的責怪與不諒解時，會快速給父母貼標籤，我反而會開始透過自己媽媽的故事開始想，究竟那不同時代下的每個人，其認同(絕不僅是心理學中的自我認同，也不是劃一的國族認同)以及對政治的恐懼、排斥、失落，又是如何在我們沒親身經歷過的經濟現實條件與政治歷史氛圍中生成的？

將故事拉回媽媽的少女時代。十九歲那年，王老先生為芝謀得一個外交部門基層公職的職缺，但該職缺必須具備英語能力。在養父的支持下，芝的生命似乎即將向上攀升——她隻身到台北，邊打工邊補習，在三重租木板隔間的小雅房，平時到成衣廠去車衣服賺錢，一禮拜去市區上兩次英語補習班。離鄉的她依舊受到養父和派出所系統的庇蔭，台北市警察局的警察們成了她的玩伴兼保鑣，放假時就跟著年輕警察們到西門町逛街。

然而這樣的日子大約只持續半年。芝賺的薪水扣除補習費和房租生活費，多數會寄回老家去，但這筆錢卻被養母和兄長義拿去使用，加上養母那邊嫁到台北的親戚造謠，說芝都在台北不務正業、跟男人搞在一塊。王老先生聽信後氣得把女兒叫回高雄，芝停下補習（跟她那半生不熟的英文）、離開台北，儘管後來真相水落石出，她卻失去了向上攀升的職務的機會。這之間，她曾跟隨於桃園更寮腳空軍基地下部隊的義，在龍潭九座寮租屋，到鄰近的義美食品工廠巧克力組上班。後來華泰電子公司又找她回去，芝才再返回高雄，那年她二十歲，養父卻突然中風病逝，遺留給親愛的女兒的遺產(農會帳戶裡存著十幾萬)也落到養母和兄長手上。

從此之後，芝的人生急遽向下墜落，緊接著養父過世的痛苦後的，便是養母奴役式的管控，以及長年的流浪生活。時隔久遠，她已不記得痛苦的那幾年的細節，只記得自己到處租房子，薪水通通被養母和兄長收去，只留下千餘元吃飯度日。由於義和其妻結婚後，因著部隊關係就定居在龍潭，而養母雲也透過人介紹嫁給另一名六十歲的沈姓老兵，並在龍潭買地蓋屋，雲也持續勞動，到當時還興盛的埔心工業區塑膠鞋廠上班。芝的勞動就多半在龍潭、大溪一帶，模糊記憶裡，做過幾個月桃園客運車掌小姐、迪吉多（DEC）生產線女工[11]，還曾跑去嘉義西湖的鞋廠。做最久的是在一間賣大溪豆乾的店當櫃台小姐，做了好多年，之後她就一路做以件計酬的成衣廠工作了。

這段期間她累積了非常多的恨，對養母與兄長經濟壓榨的恨、對從小被遺棄的恨、對無家可歸的恨。後來深水派出所改建，附近也有新的房屋建案，正好巷子馬路要拓寬，要徵收房子，亦沒和妹妹芝商討，就用便宜的價錢賣了老屋。那時的她只能獨自哭泣，時而絕望到想自殺。她稱沈姓繼父為叔叔，在龍潭沒有任何朋友，與同事多半也就是短暫共事的工作關係，生活又被養母給牢牢監控。童年到少女時期在深水村與養父一起生活的美好時光，只能塵封在記憶深處。

無枝可依與承擔汙名：我們這一家的機緣相聚

在我原先的碩士論文計畫裡，探究的是我與父母在宮廟裡的社會生活，對於時有感知、長年擔任乩身的媽媽，我萬分抵抗用「敏感體質」來形容她，這並不是意味著我全盤否認宗教裡的天命說、天賦體質說，而是我認為台灣民間信仰與宮廟／乩童文化是在庶民的底邊辛勤勞動與困苦中滋養出來的，它與底邊人的日常社會生活緊密地結合在一塊，相互涵容。而對於我的媽媽，夏

11　巧的是，我的碩班同學、外省第二代的家弘，她的印尼媽媽也同樣在義美、迪吉多上過班。

老師和一位同學陳怡君說得很好，她的那種強烈的直覺與感知，是從極度的流離與痛苦中琢磨出來的。對於台灣四處可見的仙仔仙姑，我認為更要用一種勞動與政治歷史的眼光，去看他們做為一個人是如何生長至今。

在媽媽擔任桃園客運車掌的短短幾個月，意外地與我爸爸相識，我爸就開始一路追求。我的爸爸金牛[12]是典型的客家農村子弟，我們這一支范氏是來自竹東一代，講海陸腔，隨後遷徙到新埔與龍潭交界處的山間（大北坑）。在爸爸小時候，他的阿公、也就是我的曾祖父那代的家族又整批到觀音買農地，放租給農戶，但恰逢當時政府推動三七五減租、耕者有其田，這筆土地投資並沒有太多收穫。他從小跟著人數眾多的哥哥、姊姊們在埤塘邊玩耍、下田、推番薯去中壢市區賣，沒錢看醫生就找親戚收驚，後來他也有了學誦經、道法的興趣，便到九斗村的長祥宮(拜神農氏)學誦經，再找專門替人收驚的堂哥學習，之後又拜了堂哥的師父為師，花了幾十年功夫學安神明、看風水、各種科儀。

金牛十四歲就上台北當木工，當時台北很多大營造廠，要蓋飯店、做政府工程，他也就在工地和一群老上海工人混在一塊，十七歲那年就當上小工頭，還參與了輔大中美堂的建造。之後他回到中壢跟著哥哥、嫂嫂的喜相逢海產餐廳，入廚房學火工，餐廳收掉後又開卡車和計程車，三十歲那年才進了桃園客運，同時一路到觀音去找老師傅學道法。能幹又好學的他，第一件遺憾的事情是家境不允許他繼續升學(他國小畢業)，第二件事就是他有個早婚但失敗的婚姻，儘管生有三個小孩，兩人還是非常不

12 他金牛座，加上脾氣很硬，桃園客運的同事都叫他金牛

合、時常打架，金牛想離婚，又可憐他那不想離開的妻子沒勞動生存能力、三個孩子又需要照養，就一路拖延，相互折磨。

金牛和芝相差十二歲，又有老婆、小孩，兩人原本不該兜在一塊。怎知命運作弄，客運車站基本上就是個龍蛇混雜、八卦滿天飛的地方，司機和客人、車掌或其他女性談戀愛並不少見。原本不相識的兩人，竟因為同事誤傳他們兩人交往，金牛之妻氣沖沖到車站找芝算帳，這下是一打就相識了。芝不想捲入風暴而趕快從桃園客運離職，然而金牛卻尾隨其後、一路追求，最後兩人竟還真成了男女朋友！事後我媽媽說，因為我爸爸長相跟談吐和他養父很像，也都很樂心助人，加上追求猛烈，她才心動答應的。

然而他們的感情路註定就是不順遂。金牛和妻子談不成離婚，而芝懷孕後竟然從養母家樓梯跌倒滾下，不只孩子沒了，還被婦產科醫生判定她將難以生育，兩人的感情事也成為藏不住的祕密。對於芝而言，未來是沒有任何保障的，她不只要接受金牛兩地跑，甚至還常常出錢幫忙他還貸款、補填家用。無枝可依的她竟然跟到一位有妻小的男人，一度她跑回高雄老家去躲避（那時還沒拆屋）。怎知道，她曾和金牛說過，老家就在派出所邊、養父種了兩顆大龍眼樹，金牛竟然還一路追到高雄去，憑著這點線索找到了女友。據芝所說，困苦的兩人待在一塊其實是更加辛苦，但在金牛的保護下，養母和兄長都蠻害怕硬脾氣的金牛，對芝的欺負和經濟壓榨才減緩了些。在二十八歲那年，芝意外地懷孕，生下了我，他們倆唯一的小孩，同時也是他們這段又離又散又沒有婚姻之名的關係的重要扣鏈。

在那段失去人生希望的期間，媽媽的重要精神支柱是算命師，她常騎著五十 C.C. 的機車跑到新埔鎮義民廟旁的命相館去找一位盲眼算命師。他曾預測過，芝將來會有很多人追求，但最後她會嫁給一位困苦且有老婆的男人；甚至芝懷孕了不曉得，還是給算命師說破，她半信半疑去檢查才發現懷了我兩個月。然而，生我的過程並不順利，七個月大時媽媽落紅、腹痛難耐，爸爸連忙到老鄰居開的診所去借救護車，從龍潭把媽媽送到中壢婦產科徐文良醫師那檢查，醫生宣告胎盤滑脫到陰道口得緊急動刀，要棄子保母。

爸爸在此時做了一個重要的決定，儘管這個決定在外人看來絕對是瘋了。他不顧氣憤咒罵的醫生的勸告，將媽媽帶上救護車，開了四十分鐘的車程去找他堂哥收驚安胎。生死關頭，他的堂哥倒是很鎮定地指揮把媽媽帶到佛堂前，唸咒安魂，再燒符令水給媽媽喝——到現在他們倆都指證歷歷地說著這段往事，我也就只能信了——沒多久之後，媽媽不再流血、腹部也不再疼痛，再回婦產科檢查，嚇得醫生、護士們一大跳，那胎盤居然也就歸位了！

同樣地，媽媽臨盆時再次遭遇難產，原來是我個頭太大(生後測量，三千八百公克，破了當時醫院接生的紀錄)、媽媽身體又不好，導致她不斷流血卻生不出來，醫生不樂觀地說這恐怕得僵持一週，聽到此話媽媽險些就要爬上頂樓去自我了結。當時爸爸同樣在醫院替媽媽唸咒、化符令、向觀音佛祖祈福，午夜過後，媽媽順利生育。我相信自己的出生是意義非凡的，我不僅是她身邊唯一一個血親，也象徵著她要擺脫過往、成立屬於自己的家庭。

爸爸替我排八字，尋覓了幾個名字，但當時他還在學習、不敢亂做決定，就找了龍潭石門水庫附近的崑崙仙山的游姓地理師[13]，替我取了現在這個名字。

或許真是我們命不該絕，媽媽在生完我之後身體反而健康許多。在當時還發生一件大事，有次她在路上撿到紙條，上面寫著些數字、劃圈，詢問人才曉得那是當時很紅的地下簽賭「大家樂」和「六合彩」的牌支。當時她很常做夢，夢見觀世音、土地公等等，或顯化一些畫面給她看。民國八〇年代，經濟起飛、股票大漲，按照夢境簽明牌在當時很流行，但媽媽身上沒什麼錢，頂多就寫寫幾個數字好玩，也沒真的簽賭，只是把消息告訴組頭，但這些數字竟然中獎率還挺高，偏偏那組頭沒福氣，因為不相信而從來沒簽過。最後一回，她夢見死去的養父笑咪咪的，畫面裡有張桌子，上頭擺了些東西。醒來後，她憑著直覺寫了六個號碼，後來覺得不對，又改了其中一個數字，這回她沒再找組頭報號碼，而是自己簽下去。之後那整天都心惶惶，因為身上連吃飯錢都不夠，若賠進去還得了！遲了兩天都不敢和組頭聯絡。怎曉得，那五個號碼全中，直覺改掉的那個號碼也命中特別號，一場養父庇蔭的夢再加上媽媽強烈的直覺換得了一百多萬元，讓她後半生得以不再流浪的獎金。

拿到錢後，媽媽趕緊到中壢富台國小後面買了間二樓的小公寓，再把剩下的數十萬元存起來當保命金。從我開始有印象起，就是在那小公寓長大的。鄰居一位叫作詹森的外省老兵，跟他的啞妻很照顧我們。那段時間媽媽先是到附近的文軒成衣廠上班

13 游家人在龍潭石門、關西交界一帶是大家族，其中包括空難過世的前龍潭鄉長游日正。

（不是那種大成衣廠，而是到大廠去批貨回來分包的、隱藏在住宅區一樓的小廠），之後自己買電子車台、從該廠批貨回來，由於爸爸一禮拜幾乎只會出現幾次，媽媽便時時刻刻把我帶在身旁，遇到假日就把我帶回龍潭去找養母——那時我的外婆和外公買了塊長方形的地，尾巴處蓋小屋，前端至中端就種菜、養雞鴨。

那時我年紀不夠大，尚不能成為聽她訴苦敘說的對象，就這樣懸掛在媽媽身上背負的複雜關係中而渾然未知。在堆積如山、不小心就整批車錯得拆線重來的車台邊；在中壢到龍潭，在她和我爸爸之間承擔兩個家庭、負債生存的張力之間；在她那時常翻著白眼睡覺，夢裡跟隨著神仙菩薩出遊的情感空間。媽媽沒有朋友，和同事也不大往來，中了六合彩大獎的事外洩後，又不斷被養母和哥哥討錢。這之中的所有壓力與情感，只能不斷向內回流，壓擠成無聲的眼淚。

她說，是因為生了我，唯一一個和她血脈相連的孩子，才忍住沒去自殺——最逼近死亡的一次，是爸爸那時偷偷賣了部分因分家得到的祖產地，這筆錢則用於在新屋老屋邊蓋一棟三層樓的透天，他為此還借貸、親自下去監工，但這棟房子是給我三個哥哥[14]和他們的媽媽住。那時爸爸在桃客當司機，平常開交通車、假日兼跑遊覽賺小費（行情價，那時都會至少給司機和導遊一千到三千不等的紅包），拚了命加班（早上跑五點半的頭班車，晚上開十點半的末班，睡眠時間是凌晨一點前後到四點半），民國

14　我同父異母的大哥是六十四年次，足足和我相差十四歲。

八十多年，一個月連小費可以賺到四、五萬月薪。然而，房貸、我三位哥哥唸私立大專的學雜費、家裡的開銷，重擔壓在肩上，一有不慎就會垮掉。

就在爸爸蓋屋的那段時間，媽媽覺得關係再次被背叛，自殺忍住沒成，卻把以前所有照片都一把火燒了，我也少了一條追溯以往的線索。唯一留在我記憶裡的，是幼稚園時曾經跟著媽媽回高雄岡山，去找她的親生媽媽牡丹。然而，細節是怎樣也想不起來了，我只記得那駝著背、聽不懂在說什麼話的老婆婆，拉著我到雜貨店買了罐乖乖桶。然後上車時，媽媽不斷告誡我不可和阿嬤雲說這件事。而現在，媽媽不太願意提起過往這些事，特別在牡丹過世後（大約在我高中時），那對她而言，是種無法碰觸卻又隱隱發癢作痛的缺口。

流離中的身心感知：為了生存下去！

寫到這我就在想，媽媽的情感斷裂處境、她在不同組關係中條件不足而難解的真實張力，正是給我了資糧去看見人與家庭關係背後的勞動、經濟條件以及政治歷史的影響，才讓唸了社工系、心理所的我，斷然捨棄一種將人與人之間在特定社會條件中的關係展演，化約為情感衝突、關係矛盾的那種治療式的「看見」；媽媽與我在各組關係中無名無分、充滿恨意卻還是可以維持至今，更讓我覺得，人需要的是一種關係中具有抵制性的堅韌，去對抗各種汙名和生存條件的不利，在關係裡持續纏鬥，而不是摸摸頭的、小情小愛式的相互諒解，也絕不是換取某種位置

（如結婚證書）或條件（如金錢）後就可以煙消雲散。

我小學一下那年，外公將小屋改建為兩層樓大平房，媽媽出資三十萬，換得住在二樓的空間。我們就搬了進去，媽媽則將車台帶來，持續接成衣工作和零散的家庭代工，真不行時就去附近標會子。因為靠近龍潭街上，爸爸午後有空檔便會回來睡午覺。那是我到研究所之前，和父母關係最緊密的一段時間。民國八十多年，觀光旅遊業正逢熱潮，週末總有排不完的遊覽工作，其中宮廟進香還是佛教徒回山參加儀式居多，不是要遠下高雄，就是得開北宜、北橫、中橫等狹小山路到花東。特別是去花東，常常凌晨三點就出門，摸黑在迷霧茫茫的山路裡貼著山壁斷崖走。媽媽重操車掌舊業，成了隨車伴唱的導遊小姐，一面也陪著超時勞累的爸爸聊天，以免他不小心睡著出車禍。我則隨意挑選位置，進入一個人的觀賞風景、胡思亂想的內在世界。點唱機正流行，要充耳不聞大嬸、伯伯們的可怕歌聲簡直像是練功。

同時在每天放學後，蹲在媽媽的車台邊寫功課，她開始一個故事一個故事地說起了她的童年、與阿嬤和哥哥等人糾纏的關係、對爸爸的不滿……那時候的我承接了她的怨懟，對於身旁這些親人也充滿不解的恨意，尤其是爸爸。但那時我並不曉得爸爸每天的生活除了超時開車，常常每天都是借錢買麵包吃，偶爾盼到媽媽替她包便當已是天大佳餚；我也不曉得他離婚不成，所有老家家族的親戚都認為他背叛家庭，也嘲笑他是個「司機法師」。那時爸爸已經得到其師父認可，可以在外替人收驚、看風水、開符令，他很常免費幫親友和有緣的乘客處理各類事情。

沒有兄弟姊妹的我，也不太和附近小孩玩在一塊。國小放學後，除了陪外公下象棋、聽媽媽說話，我大部分時間都保持著靜默，只是不斷思考媽媽的辛苦、她身上承擔的每一段往事，唯一的娛樂就是帶著幾條大狗出巡到田間堆玩石頭，或撿媽媽車剩的材料當布袋戲偶玩。好幾次她和爸爸躲在暗處偷偷觀察我，險些就要帶我去檢查是不是有自閉症。好險沒去！因為他們也不知道這個問題要看哪一科。

小三那年我學壞，偷錢買玩具（看久了爸爸偷拿錢，我知曉所有媽媽藏錢的地方），也流連在電動場鬼混，到四年級時才被抓包。那段時間對媽媽來說非常難熬，她和養母再次鬧翻（為了錢的事情），決定拿身上剩下的錢去買房子搬走，物色許久才搬到我們現在住的這個社區，至今房價都偏低，約一百二十到一百五十萬可買到一層二十五到三十坪的小公寓。然而，原本經濟就吃緊的她，這下不只花光老本，還得另外貸款，而父親那邊的債務也是連連逼身，街上米店、雜貨店、客運同事、親戚呀，能借的都借了，還得時常被討債或以債養債。這下，他們是很認真在想要不要全家去自殺解脫算了。

但就在我小學五年級那年，透過開遊覽車時經人介紹，母親尋訪到中壢一處社區裡位在轉角用一層樓平房加鐵皮搭建成的宮廟，那裡每週開放二至三天晚上提供乩童問事。走投無路的媽媽拉著我前去，我始終記得第一次去問時是一位四十多歲的阿姨擔任乩身，一上身起駕，就開口說自己是孔子，一旁人連忙高呼至聖先師好。這位「孔子」給了小小的我很多意見，說我有些小聰明、會唸書，將來的工作和筆有關，要媽媽不要擔心……總之，一有空媽媽就會帶著我去，沒過多久，她開始在裡面打坐；甚至宮廟要去進香時，也是指定叫爸爸的車。

我後來才曉得，媽媽第一次去時竟看見滿天光彩，顯化出瑤池金母（該宮廟的主神）之像，並出現聲音告訴母親，她就是母娘的兒女，帶任務而來人間受苦，現在是該修行的時候了。算一算，差不多是民國九十年 (西元二〇〇一年) 左右，媽媽正好接上了最後幾波，從解嚴後就在台灣民間四處流竄、以慈惠堂母娘系統為代表而發展的「走靈山」、「靈修會母」、「靈動、說天語、讀天書、練身」、「接旨辦事」的風潮，她那在生存困苦中被逼出來的生存直覺、神遊夢境，以及走投無路的人生處境，竟就這樣接上了靈乩的訓練。

雖然後來因為該宮廟發生些內部狀況，爸爸趕緊拉著媽媽離開，這個轉折卻徹底改變了我們一家人的命運。媽媽改到龍潭山上的慈惠堂靜坐，我也從中得知，原來爸爸在鄉下有個佛堂且學習道法已十多年。我小學六年級那年，媽媽三十八歲，爸爸五十歲，在現在的住處開設了自己的小宮廟，主奉爸爸從老家移出的千手千眼觀世音。掛牌開張，由爸爸替人處理儀式，媽媽擔任乩身，頭幾年的喧鬧人潮替他們找到另外一條經濟活路，直到爸爸退休後，他們倆就專心經營宮廟，一路至今。

恐懼與汙名中的逃離與追尋：我是宮廟之子

而我，年少時期曾仇視宮廟、逃離家庭其背後是被多層次交纏、壓縮的恐懼感所推動的，而這些恐懼亦反映著對於自身來處的貶抑與汙名。

我的父母的大半輩子，幾乎都在貧困、流離與汙名的揹負中艱困求生。在那個幾乎每個人都要離家、北上討生活的年代，我的父母在壓力與挑戰中，因著各自文化、血脈傳承的因緣，而發展出獨特的生存能耐與搏鬥韌性。一如父親二十五年的公車司機勞動生涯，也是一路替乘客們收驚安魂、看風水、擇日、排姓名，大小法事到府服務的歷程。母親則通過夢境、靈感與聲音訊息，度過了大大小小的人生險難。

我的父母在彼此都被家族排除、無法登記結婚（因父親當時未能與正妻離婚）、背負龐大債務的情況下，靠著仙佛訊息指引，彼此人生奇異結合，以宮廟作為基地，延續了人生的下一口氣。當時的台灣社會，從景氣向榮的一九八〇年代，正逐漸轉往千禧年間的敗局。我仍記得當時家裡的宮廟門庭若市，內內外外來神問卜的人們，無不在此氛圍中寄望著人生轉機。其中不少人像我父母那樣，在各自的家庭與社會關係中離異、被排除，在日漸西化、建構現代性道德標竿的文化氛圍中，活得掙扎且壓抑，而在此城鄉角落處的宮廟裡，尋求一絲棲息與互相支持之地。

我鋪陳這樣的背景，旨在說明人世間種種關係的難題，其背後往往糾葛著來自歷史與結構性的交錯因緣，亦有個體與群體間要透過受苦來學習面對的課題（在民間信仰的語言，就叫作因果業力了），決不是憑藉作法、仙靈傳訊便可圓滿。我的年少時期，便反覆見證著我父母作為宮廟主事者，於陽間牽連著人們的利益糾葛，也乘載著人們未能如其所願時所發動的情緒反撲與關係報復；於人世之外則，牽動著滿是恨與失落的無形因緣，於是我時常要見到母親受靈體干擾，無處可逃，而在我面前痛苦失控、哭鬧呼喊。不識法門，也感知不到母親所感知到的無形世界的我，既痛恨著那些帶著欲望與利益進門的香客，也因自身無法消化這些痛苦背後的複雜，而一股腦兒地將過錯皆怪罪仙佛。我時常半夜獨自坐在宮廟大廳，忍著要毀壞神像的衝動，對著宮廟諸神咒罵，怨祂們為何縱容（我片面認為的）香客惡行，怨祂們為何無法保護我母親！

這些經驗反覆悶在我心中，無人可訴說。隨著升學而往都市靠近的我，亦漸漸感受到自身與其他來自市區的同學在文化背景與生活經驗上的巨大差距與隔閡。當時社會中亦瀰漫著追求科學、破除迷信、宮廟騙財騙色的新聞訊息與氛圍，更是為我的苦悶添增恐懼。這層恐懼讓我巴望著從現代性專業中找尋出口，而努力考取台北的大學社工系，且打定主意要往精神醫療領域發展。只因有好長一段時間，我恐懼著父母會被人指認為騙仙，更甚者那會聽到聲音、接受訊息的母親，是否如新聞中的精神科醫師所說的那樣，都是大腦出了問題，是精神分裂症（後改名為思覺失調）的展現。然而長年與父母、宮廟貼身生活的我，心底隱隱地明白事情絕不可能只是這樣！我的逃離，便是建立在此矛盾張力中，捲動著我往前追尋的動能。

而今，我想的還不是很清楚，但我絕不是要講一個特殊的、充滿困苦然後又回頭看見的療癒故事。

我想對話的是，如我母親這般受盡苦難、關係流離、活在勞動底邊的人，往往是沒有機會更細緻地對待自己身上的糾結，也缺乏條件去用更大的眼光辨認自己和整個政治社會之間的關係。殖民政治的刻痕始終隱藏其間，不管是她的日本父親、兒時養父與派出所，再到她和父親之間和最後走向宮廟，這些轉進轉出都立基在一定的歷史時空背景中，而不是偶然；每一段難解的關係與高漲的情緒背後，都有這些未解的殖民歷史所造就的斷裂軌跡。

那，作為擁有游離玩耍跟移動探究之條件的這一代的我們，要如何拿起從父母輩、甚至家族更早以來的這些軌跡，在探究中不只明瞭自身的來時路，而是要踩在真實的、充滿情感的血肉經驗基礎上，去說「我（們）是誰、要怎樣的未來？」

不被小情小愛的家人／人際關係矛盾式的論述給唬弄；也不被缺乏細緻對待和差異辨認的各種名目的認同大旗給收編。

這是母親的經歷所傳承給我的政治之眼。我想帶著它繼續走下去，也想邀約跟我同個世代或有類似處境的年輕人們，一起走上這條家庭政治歷史的解殖之路。

【後記】

在歷史碎片般的機緣中朝向清明

范文千／二〇二〇

從我想要逃家，到返身拼湊家族政治歷史的這些年間，一路的轉折其實充滿了各種看似奇遇的巧合與機緣，讓我得以在身處迷霧、前路未明之時，拾撿到一塊又一塊碎片般的線索，而這些機緣之間又似乎隱然存在著相連的道理，推動我們能往更清明處前行。

母親從出生起就承受著的生存與政治恐懼，讓她磨練出極度敏銳的身心感知能耐，一路帶進人生的下半場，成為一位敏感而強悍的宮廟女主人。從前的我看著她作為乩身時，開放自己的肉身貼近人世的關係紛擾與陰陽穿梭，夾纏著夢境與種種有形無形感知，其中的波折與痛苦，讓我一度想要逃家，逃離那無法掌握的「未知」。這層機緣推著我去考取社工系、心理所，且篤定地要在精神障礙領域落地紮根，這一路我碰上許許多多的人，在這個時代的結構性中陷落而「瘋狂」，終生只能依靠藥物模糊感覺、削淡記憶，無從說自己是誰、也不敢想像人生還能活成怎麼樣。這些精障朋友中，有為數不少的人的身心也是相當敏銳的，我看見了他們的人生際遇與痛苦，一道道地在他們身上刻下抹不去的疤痕，這些疤痕就像是沙灘上的足印，有時浪潮一來，什麼也看不見，浪退了，有時又顯露微微印痕。更重要的是，若停滯原地，也就只能持續擱淺、終有一日被淹沒。

從母親以及這些精障朋友的人生裡，我發現真正把人逼到絕境的，未必是貧窮、病痛。人勢必會帶著有限性與傷痛而活著的，但活得不明不白、無法作為一個主體去辨識自身的根源與來處，進而無法去擺放自身受苦的意義性，是更為巨大、且難以言明的痛苦。我們要做的不是給予安撫與激勵，而是在關係中一同面對早已支離破碎的人生脈絡中，還能如何逐步拼湊碎片而朝向清明，每個人都能夠在他／她的故事裡，重新說自己是一個怎麼樣的主體。

在我與母親共同決定要啟動追尋之路的時候，各種奇遇般的機會不斷出現，譬如：在母親還游移不決時，她的養父出現夢中，請她要回去一趟；走訪兩次高雄養母家，遍尋不到失聯三十年的親哥哥，結果在一次開會中，得知麗貞學姐（本書另一位作者）竟在同一鄰里居住過，和鄰居仍有所往來，我很快地便透過她的聯繫，拿到了媽媽的親二哥（我的二舅）的手機，順利聯繫上失聯已久的親人。以及，母親去年出了車禍，身體各處出現不明的疼痛，我才帶著她到新竹一處修道院找修女調配花精，母親在會談中淚聲俱下，第一次在我面前明白講了她兒時是如何受虐，以及教堂的神父修女們如何保護她。從那之後，母親的身體疼痛竟神奇地消失，經過喪家也甚少出現身心不適、被干擾的狀況。這類的機緣，也同樣出現在我的精障工作中，族繁不及備載。

走過這一遭又一遭，母親說，她受的苦，是時代的苦，而作為乩身的她是理解這些苦而能去對待她人的苦。母親講述這些，依然是充滿著失落與恨，但她並不是在訴說一個受害者無能為力的故事，而是在敘述自己是如何從中奮鬥與拚搏，而得以成為當下的，不斷在關係中實踐生存道理的她。我作為她的兒子，備感榮耀，也感謝這些歷史帶來的滋養，豐厚了我作為實踐者的眼光與厚度。

V
視家為田野的工作路徑

以小家庭為單位的研究，以及將家人矛盾與不和諧視為家庭成員病化與社會問題來源的觀點，幾乎成為社工、心理與教育專業領域的主導路線，但這其實極為限縮了專業工作者的創發思考範疇與靈動開放的工作方法。

貝特森（G. Bateson）引導與激發改變心理學（The Psychology of Change）的萌發 ，借用他於一九七二年《邁向心智生態學之路》（*Steps to an Ecology of Mind*）一書中對協同進化（co-evolution）的一段話，很可以讓我們來思索家人關係的變化可能：

> ……你沒寫的信、沒有道的歉、沒有給貓拿出來吃的食物，這些都是充分而有效的資訊。因爲「零」在脈絡中是有意義的，正是資訊接收者創造了這個脈絡，這種創造脈絡的力量正是接收者的能力，這一能力是接收者在協同進化中所起的那個部分的作用……。（頁 39）

因此，工作者要能辨識人們痛苦經驗的細微之處，理解沉默之音與靜默存在的生活訊息，才能發展出見縫插針、鬆筋散淤的心理教育工作方法。好的工作者需要有耐力、一步步地走出屬於自己的工作路徑：用文字做札記，用影音紀實，與志氣相投的二、三同好交流對話都是必要的助力；學院的學術工作者則可開放地援用田野調查方法與行動研究方法，兼顧學術知識生產的要求與對自身實作歷程的紀錄及反思。本書最後一部分選擇的這篇文章，可做為記錄與回看我視家為田野的工作路徑發展歷程。冀求每位工作者均能欣賞到自己有一雙能走長路的腳，漫山遍野均有行跡，斗室雖窄小甚至漏水，卻安在於我們共享的星空下，各現其光芒！

【第九章】

勁旅行腳

地方斗室與星空共享的對話[1]

文／夏林清

在社會快速變動時，「家」做爲一基本的社會單位，它也只能像一個容器似的，承擔起個人無法也無能理解、消化的各樣情緒。

在家之內、家人關係中所壓縮存放、打包擱置或掩埋藏匿著的記憶與情緒經驗的「解壓縮」，就創造了機會，讓人能在回觀傷痛與糾結經驗中與他人一起成長與變化。

1　摘錄與改寫自夏林清、丁乃非（2016 / 5 / 3）／ACTION1112／《應用心理研究》六十三期，二〇一五年冬。

台灣解嚴迄今，在我所推動與參與的社會運動發展過程中，長出了一支行動研究的隊伍。自一九八七年到一九九〇年代中後期的台灣自主工會運動歷史，是當時中壯年的我與一群青年工作者[2]投身的社會土壤。共同投入運動和一起工作的社會生活方式，同步啟動了一小群中小學老師對他們的教育實踐進行了反省與重構，並成立專業協會，推展不受學校體制束縛的教師專業自主的實踐[3]。在參與過程中，工人、知識青年與素樸基層教師在不同的社會田野中力謀改變，促使生活在不公義的社會結構性中的人們，在因應不公義的社會時能有不同的行動方式。也就是說，處境中行動者的感知方式與行動邏輯的改變，才會帶來制度變化的可能性。個人、群體及社會才得以謀取到變化的機會。這便是台灣行動研究學會發起與成立的社會條件與作用點。

一九五三年，一甲子前，社會心理劇創始人莫雷諾（J. L. Moreno）在《誰該存活？》（*Who Shall Survive ?*）書中如此描述心理教育工作者：「因為我們靠近人，我們得以在個人－心理面上推進社會韻律的結構測定（sociometric）過程。」什麼是莫雷

2　稱之為一種社會生活的方式是指這群年輕人領低薪，協同工會運動幹部發展工會，晚上則進行工作討論與學習活動，沒有加薪也沒有升遷，過著迥異於一般受薪階層的運動者（組織工作者）組織生活的社群生活。

3　台灣基層教師協會理事長侯務葵老師在一九九四年成立教師協會前，走入工會田野和工人學習的故事，她如此描述：那年（1989）冬夜，夏老師邀我們四人去南崁，旁聽鄭村棋老師進行自主工會幹部的勞工教育。那晚 F1 開著車帶著我們摸索到了南崁一座三娘廟的二樓。勞工教育會場上，相對教師研習中心的光鮮整齊而言是昏暗的燈光、散落的桌椅；會場上，一群群以男性為多的工會幹部充滿了活力，大聲地說話、笑鬧，粗獷中更顯與教師群體安靜的差異（侯務葵，2008）。

諾所謂的社會韻律的測定？「這一社會韻律不是來自訪談或問卷方法，它是一行動方法，一行動實踐（an action method, an action practice）。社會韻律的研究者（The sociometric researcher）假設了研究中一種**『萌芽狀態的位置』**，它深入到實驗方法中，是一種參與的行動者[4]。」

當心理劇能返本溯源地被理解為莫雷諾在二戰中所承受的激盪與創發實踐時，接續他的後起之秀，就不至於如斷了理脈、錯了筋骨似地演出學虎不成反類犬的戲碼。我們或許不過是牙牙學語的黃毛小兒，但為自己發聲的生之欲望是做自己主人和與他人共創未來的起點。

二〇〇〇年成立的台灣行動研究學會，從一開始的籌備就與其他學會大異其趣。走出中小學校園圍牆的基層老師、投身工人運動及其他成人教育運動的青年實踐者和一群心理、社工、教育領域中認同且追尋實踐知識的大學教師，是三股參與籌備的成員。兩年的籌備階段，主流學術環境中，對知識權力的差序位階及對社會行動者實踐作為的看重，是數次聚會的對話焦點，按薪資收入收會費，以及以發展行動研究社群為目標的知識交流活動，是籌備時期成形的立場。這樣一支在台灣開拓出「在社會田野中求變致知」的行動研究路徑（夏林清，2006；廉兮，2012；楊靜，2012），使得我們較 Altrichter 等英國教師行動研究者（Altrichter，1997，夏林清譯）更能彰顯勒溫（Kurt

4　Sociometrics 一般教科書多譯為「社會計量」，但社會計量是由一九六〇、七〇年代心理測驗衡鑑方法中所應用的計量統計用詞，故此處依莫雷諾於書中前後文脈絡的意涵，採用 metric「如詩之韻律結構」的意譯，以求更吻合原意。

Lewin）創立行動研究的初衷——社會變革的知識（knowledge for social change）；台灣解嚴後的非穩態社會動能，亦順水推舟地讓我未受限於美國反映實踐與組織學習（Donald A. Schon and Chris Argyris）的專業反思的範疇。那麼，我們在台灣這一踐行的路數到底走了哪一條路徑呢？

時空節點相會處：
共振交織冶礦煉金於何處？

一九八三年，當我的美國同學在哈佛教育學院阿格里斯（Chris Argyris）課堂上學習行動科學，反思他們的心理諮詢或組織發展的專業實作時，我所相應而現的文化素材是：由小在日常生活中熟悉的業力果報及國共鬥爭時毛澤東於長征過程中發表的談話；從「學習者為主動發生學習活動的行動者」的角度來說，我與班上美國同學、法國同學的當下思緒肯定各自紛飛。然而，不論你翻攪而出的文化碎片為何，它們都與當下課堂主軸有某種關連性。以我為例，前者（業力）與行動科學概念「行動者為自己行動後果負責任」相聯繫，後者則讓我思想：若由行動理論來看蔣介石和毛澤東的言語與其實際行動之間的關係，會發現什麼呢？[5]

5　阿格里斯（Chris Argyris）與肖恩（Donald A. Schon）的行動理論，主要是將人們在實踐行動中的行動邏輯給辨識出來的一套方法，他們十分強調行動者自身要對行動策略後果負起辨識與面對的責任。相關文獻可參考《行動科學》（北京教育出版社，2012）。

一九八三年，三十二歲的我已投入實務工作數年，實務工作者所迴避不了的在地性和取用他山之石的扞格不合，促使我一方面得對石與玉之質地紋理精確掌握，另一方面得將實踐行動扣入台灣社會的政治歷史脈絡裡。易言之，「取」有我這名行動者取的選擇道理，「用」有行動者如何使用的研判與用的作為，以及對使用後果與效應的考察與反思；更明白地說，歷史機會點裡的行動者的置身處境，是實踐路徑與地方知識確切得以開展的那個「發生處」。

共治一爐的歷史交匯點

舊時工匠的形神技藝合一，靠的是他們對物、我相望與兩忘的本事，今非昔比，我們的運動實踐，是立足在台灣解嚴社會地形中的窪地溝壑處，相互砥磨的群策群力是我們的冶礦煉金術。「窪地溝壑」是台灣解嚴後自主工會運動中的一支路線和支撐這支路線的一個支持與培養工會組織者的運動基地；然而，在我身上這一「陣地戰」[6]（王波，2013）之得以發生的歷

6 葛蘭西（Antonio Gramsci, 1891-1937）於一九二九年二月八日開始撰寫被稱為西方馬克思主義聖經之一的《獄中劄記》。他的出發點就是致力於對一九二九年的危機的重新解釋，「構建新思想、制定新綱領」以糾正蘇聯和國際共運的退化傾向。他批判經濟計畫模式下單純為政治服務的「蘇聯式馬克思主義」文化觀的貧乏性，敏銳地發現了「對勞資關係應用福特調節法」，並通過創建消費經濟，歐洲社會可以在新的、更為寬泛的（市民社會的）民主基礎上重組這種劃時代的未來資本主義統治的全新形式。資產階級對工人進行的總體統治不僅使資產階級擁有國家政權（列寧在《國家與革命》中討論的權力和國家觀念），而且更

史源泉卻是形構我的「政治恐懼」的台灣戒嚴體制。政治戒嚴體制和一九七〇年代，我的青年時期，正是一個世代壓制與追尋的辯證結構，政治恐懼與對抗此一恐懼的思想與冒險行動，成了生命突圍的發展基調。二二八與五〇年代白色恐怖政治鎮壓所極欲排除的「共產餘毒」，卻轉變成如地下伏流般對左翼革命的想像與熱情。這種亞洲冷戰格局裡，台灣政治地景內所蘊藏的恐懼與熱情，反而深刻了我的實踐！因為知道反抗要走長路，所以得有深、細與緩的踐行智能；歐美心理學領域中大小團體動力的知識和方法，是在這一地景裡被我尋覓與研究著的（夏林清，2011）。團體動力知識中，對系統層次與成員角色作用力的分辨，以及團體過程發展的參與民主，一方面拓展了我以心理教育專業介入台灣社會的參與路徑，另一方面，拉開了我觀察社會的視野。到工廠當女工，在工廠輔導女工與雛妓，這些伴隨著中壢事件[7]、美麗島事件[8]，都在一九七〇年

擁有文化意識型態的領導權，以之製造非強制性的認同和統識（葛蘭西對馬克思主義國家觀所做的新拓展：文化霸權或統識概念）。面對這種新情況，無產階級必須從傳統的諸如罷工和起義這樣的「運動戰」向新形勢下爭奪文化霸權的「陣地戰」過渡，由此才能重新獲得自身的主體性。參見葛蘭西：《獄中劄記》，北京：人民出版社，一九八三年；希爾維奧．彭斯：葛蘭西政治及思想歷程，中國社會科學報，二〇一〇年五月十四日。（王波，頁 86，2013）

7 中壢事件，指的是一九七七年縣市長選舉中，由於執政黨中國國民黨在桃園縣長選舉投票過程中做票，引起中壢市民忿怒，上千名群眾包圍中壢市警察分局，搗毀並放火燒毀警察局的事件。中壢事件被認為是台灣民眾第一次自發性地上街頭抗議選舉舞弊，開啟爾後「街頭運動」之序幕。該事件造成一名國立中央大學學生遭警方格殺。（出自維基百科）

8 美麗島事件（或稱高雄事件，當時中華民國政府稱其為高雄暴力事件叛亂案）是

代末發生。這並非西學中用或中西合璧，亦非崇洋被殖民的命運，它只是一名不中不西，又中又西的青年工作者在她的地方處境中，七手八腳摸爬滾打地幹著她自己也不甚明白的活。在二〇一四年春的這個時空，八〇末、九〇後年輕人也和我說著他們對政治的恐懼，也經驗著自己衝進抗議現場的動能，但這個世代的身形所攜帶包裹的台灣歷史碎片是什麼？又如何作用到「虛擬真實業已兩相依的生活世界」裡？[9] 此時，不能不問向一九八七解嚴前後那個年輕氣盛，見證了政黨奪權輪替戲碼的一代，這個現今四〇到五〇歲的一代會給出怎樣的證詞？[10]

社會過程永遠是一條滄浪混濁的大河，實踐者有意識的踐行如浪裡白條的起伏身形、如操舟人的穩健破浪，亦可如滔沙通淤泥的河工，在歷史的某個特定歷程中湧現的社會運動，對選擇

於一九七九年十二月十日國際人權日在台灣高雄市發生的一場重大官民衝突事件。以美麗島雜誌社成員為核心的黨外人士，組織群眾進行示威遊行，訴求民主與自由。其間發生的衝突在民眾長期積怨及國民黨政府的高壓姿態下卻愈演愈烈，竟演變成官民暴力相對，最後以國民黨政府派遣軍警全面鎮壓收場，為台灣自二二八事件後規模最大的一場官民衝突。美麗島事件發生後，許多重要黨外人士遭到逮捕與審判，甚至一度以叛亂罪問死，史稱「美麗島大審」。最後在各界壓力及美國關切下，終皆以徒刑論處。事件對台灣之後的政局發展有著重要影響，伴隨著國民黨政府的路線轉向，台灣主體意識日益確立，在教育、文化、社會意識等方面都有重大的轉變。（出自維基百科）

9 夏林清在〈社會生活中的群己關係〉一文中（社會實踐——教學與社會行動的對話，2011），用「虛擬真實兩相依的社會生活」來描述當代年輕人的生活世界，「迂迴與直接交接相纏繞的群己關係」是網絡生活的一大特色。

10 二〇一四年三月反服貿太陽花學運，我的學生們在立法院內外經驗著身心被拖打恐懼的同時，得分辨著恐中情緒浪潮所包裹住的混淆訊息，二〇一四年三月底，在立法院周邊台上反服貿演講，台下大片成群靜坐大學生是主要的風景，但仍不難看到跨年齡的台灣三代人試圖相互對話的小圈圈。

投身的人們而言是生命的志業，是行動者在社會活動中持續創發的一種志業！運動發生與轉進的、在某一特定歷史進程中屬於運動組織內部的「關係脈絡與團隊樣態」，則是被行動者之間的互動與其意含所構建。在社會運動的小組織中，反抗不義與壓迫的行動能量會在協作關係中流通並相互砥礪，但亦可能互相消磨。組織外部社會活動發生的關係場域，是運動者得以走長路的社會支撐；社會運動中，人們連結與組織起彼此的「組織工作」，也正是透過這種人民歷史經由自身行動「實踐力」的作用，社會關係場域的創發、維持與改變[11]，始得以展現。運動者（組織工作者）往復穿梭構連的社會關係行動場域，定然承受著行動者們兼具「創發改變」與「慣性習氣」的雙面性，由推翻社會政治體制的革命層次，到運動組織層次與工作團隊或小組的層次，無一不關乎行動者之間，或有創變機會，或重複難變的關係場域及行動系統；而這一台灣解嚴後社會運動地景中的「組織實踐」（張育華、王芳萍、拔奈・茹妮老王，2014、吳永毅，2014）是我轉化運用歐美團體動力與行動科學地方實踐的一種表現。

歐美團體動力的知識，使我懂得要看得到「過程」（process）的動態演變；行動科學讓我識得要對治人際行為世界的變與不變，可由何處入手；反映對話，則帶領我在制度夾縫裡覓得了空間。重要的是，這些各有道理的把式是落在解嚴後蠢動求變的社會環境中，由自主工會工人和野百合學運衝撞扎根的當代年輕人

11　二〇一四年二月出版的《伏流潛行：女性運動者的練功手記》是讀者可進一步了解台灣解嚴後當代青年投入自主工會運動的一本故事書。

相互結合的。在台灣自主工會運動的社會脈動中，青年工作者得以變化自己，學習如何與工人幹部合作，靠的是密集的工作討論；討論的有效性，靠的則是直指每人的實作行動狀態和點滴累積對勞動體制及工人身心處境的理解。我們就是在一個破舊屋頂小違建的屋裡進行著每週一次的大團體聚會談話以及數個自主工會組織工作的討論小組，白天，則各自在實踐田野中行動著。由一九八〇年代後期到一九九〇年代上旬，台灣解嚴社會求變的政治動能和接續左翼工人運動的歷史情懷，促成了此一匯流之處；在這個「地方」，二十多位青年工作者共學砥礪彼此，我和鄭村棋分工協作磨鍊著如何運轉組織並實驗著如何在運動中發展人的方法。這群青年工作者各自在不同的自主工會中與工會幹部們協作，發展工會組織；自主中小型工會的資源不足、與工會自主性格激起的勞資矛盾張力和烽煙四起的關廠事件，如爐火般冶煉著我們。

行動者的「成」（becoming）群

團隊建設（team building）是企業組織理論的一個賣點；當社會工作專業內的團體工作（group work）被譯成「小組工作」時，團體動力流變的菁華要義頓然脫水乾枯，倘使再無覺識地將之代入到體制化機構的「小組運作」意象中，那種蝕骨的「工具理性」就更僵化了團體動力這門實踐知識異地生根的可行性。對心理、教育與社工工作者而言，團體動力（大、小團體方法）、心理分析、心理社會（或社會心理）劇及家庭治療在歐美的發源與演變有其各自發展，卻又相互關連著的歷史過程與社會環境的理脈和應用套路，在被挪用時得顧及兩個前題：（一）對他山之石發展理脈的溯源疏理，（二）考察隱含於其中的方法論邏輯及其在歷史過程裡被使用時，於特定社會中的效應。這是他山之石可以攻玉之分辨判讀的基礎功。由此而知，企業組織與政府機構的部門分工與團隊建設，當然泰半得服膺於利潤中心的效率目標，因而團隊建設之於企業機構和其他體制化機構，一定和促動社會變革的人民團體發展大異其趣。台灣於過去二十年中，因過度吞食福利資源而漲大的社福團體，以及大陸在項目操作邏輯與政府購買服務邏輯中將自身工具化的非營利與非政府組織（NPO、NGO），已清楚呈顯出自陷泥沼的組織困局。然而，在困局或僵局中，最讓人神傷的是工作者們由奮力投入到無奈無解的挫折與痛苦[12]（余郡蓉，2009、李素楨，2009、李憶微，2011）。「鐵打的銀盤，流水的兵」（大陸用語，被拿來形容NGO 工作者高流動率現象）成為常態，實踐者沒頂於流沙中！回來談本文中「群」的概念。個別行動者的某些特定質地，引動著彼此間發生與發展出彼此之間的關連性，而這些關連性的運作機巧又為行動者們所掌握，故成了「群」。這是社會群體與組織在特定社會過程中產生的道理。大雁成群飛，有方向、有隊形且覓得中繼棲息處，行動者因覺識而聚合成的社會群體若要能較長時地協作，亦是有共同的方向、掌握到手的方法以及群體行動的

12 輔仁大學心理所的論文中，不乏對這種僵局的剖析，以余郡蓉（2009），《透風的小鋼珠——從精障就服員到運動者》；李素楨（2009），參與殘／障礙運動的變革知識——一位女瘸子的行動路徑》；李憶微（2011），《促使一個民間社會服務組織發展的行動研究：以失敗為師的佛子》三人可為示例。

陣勢。

如前段所述，二〇〇〇年台灣行動研究學會成立的時機點，是三群實踐者的接合：同一時段，以輔大心理系教師為基本班底的《應用心理季刊》亦於一九九九年成立，故於季刊內闢一行動研究專欄，恰恰兩相結合。專欄空間雖有限，但足以發揮督促務實的工作者將實踐經驗文字化、概念化的作用，台灣行動研究學會雖小，卻能動有機；輔仁大學心理系所師生群與研究生們的論文行動，則拓展且深化了台灣心理學系地景中，社會文化與諮詢心理的知識範疇。

社會運動的激活力

一九八〇末台灣解嚴釋放出的社運能量，或喧騰一時，或迤邐轉折，我所參與的這一小支漸次由工運延伸發展到成人教育運動[13]、妓權運動、草根教育與底邊社群發展運動（如格鬥天堂、國家協與快連線）[14]和針對台灣政黨政治的亂象，推進主僕歸位

13 由夏林清與輔大心理系畢業為主的工作團隊，於一九九九年創辦了蘆荻社區大學，與之相關的文獻有李易昆（2014），《逆風行者——朝向「解放－社會變革」的成人學習之路》，輔仁大學心理系博士論文。廖菲（2013），《蘆荻勁草：臺灣成人解放教育的行動實驗》，中國農業大學學報（社會科學版），第三十卷，第三期。

14 **格鬥天堂**：是基隆市失業勞工保護協會在長安社區所設立的一個屬於孩子休閒、讀書、玩樂的公共空間。長安社區是一個都市邊陲地區原住民居住與聚集的老舊社區。「格鬥天堂」是這群原住民小孩自己取的名稱，嘗試採取有別於主流教育

的政治運動[15]。若依行動研究創始人勒溫（Kurt Lewin）對「社會變革的有用知識」的核心關切來說，我對社會變革取徑行動研究的命名，便是對勒溫的一個呼應。而一饒富趣味的發展走勢是，被社會運動氛圍所激活的、社會實踐性格明顯的行動小群

體系的傳統作法，以自由與開放、平等、去壓迫、認識差異的另類教育方法，對待這群都會邊緣勞工原住民的小孩，希望展開一場涵蓋階級、種族等多元社會文化意義的教育實驗，尤其是在音樂表達與創作的能力，期待原住民被看見的不只是被商業包裝在流行音樂上的「好嗓音」而已。

台灣國際家庭協會（國家協）：協會成立宗旨以促進跨國婚姻組成之國際家庭，建立互助支援網路，協助國際家庭成員與本地社群交流互動，闡揚國際家庭實踐多元文化之經驗，推動保障外籍配偶之公民權、工作權、教育權、社會福利及其他人權之活動為目標。聚集了國際家庭的外籍媳婦、台灣先生、婆婆、小姑等家人，以及支援國際家庭的本地好友組織而成，於二〇〇六年十一月五日正式成立，致力於維護國際家庭成員之人權、推動國際家庭自助互助、增進在地人民認識國際家庭與多元文化的視野。

快樂學堂人民連線（快連線）：《快連線》是以社會變革取徑為方法的社會學習平台，由輔仁大學心理系教授夏林清召集，先後與十幾個運動組織、進步學者、文化工作者進行對話，大家在各盡其能的志願性投入中，著手進行《快連線》的社會學習空間，其基座土壤來自於台灣社會運動歷史中多數草根性 NGO 組織所累積的實踐知識，從工會自主到反歧視的社會人權，解嚴二十年後的台灣社會，在不同的運動中累積了各種發展人民力量的知識與能力，《快連線》的成立希望進一步把「理解差異、重視多元、深植民主」的運動理念透過此一共學、共享的平台讓一般社會大眾共同參與，以凝聚轉化出社會變革的運動性力道。以移動教室的條件訂出發展的原則：「全年無休、無牆無門、學無定所、流變生成」，學期制：春耕夏耘、秋收冬藏；招收個別與團體學員……，期許能在每年的春、秋鬥人民運動場合中呈現學習成果。

15 **人民火大行動聯盟（簡稱火盟）**（人民民主參政的政治運動）由過去迄今主要實踐的政治行動有：一九九五年首次民選舉總統的「工人與總統有約」；二〇〇四年總統改選，推動「百萬人投廢票」運動；二〇〇四年「直接民權代議制」立委參選行動，提倡選前先簽辭職書，做不好就下台；二〇〇七年迄今推進突破藍綠綁架的台灣政黨政治，二〇〇八年與綠黨合作推出紅／綠聯盟，參選立法委員；二〇一二年則以人民民主陣線為名，持續推動參政參選的政治運動。

體，發展著各式各樣的活動，參與這些活動成員的互動，則編織著個人與個人、個人與群體、群體與群體之間的關連性；一種社會生活方式的變化已然發生著。

群己關係、群際關係與社會生活的方式

什麼是「社會生活的方式」？它是在特定社會中，個人的成長學習、家庭生活、工作生活與公共生活所相互嵌連形成的一種整體樣態的表現。例如，在資本主義社會中，土地資本化與商品消費主導的購屋置產、旅遊休閒生活及文化活動都透過個人、家庭與群體的選擇構築了某種型態；例如工人階級家庭與資產階級家庭的休閒與休息方式是大異其趣的。

在我們實驗著如何經由人民團體[16]做為團體行動者，來參與和改變台灣社會的過程中，逐步發現社會生活內涵中的公共生活是一個得以發揮穿透性影響力的活棋；而對政治權力自主性的身體力行，則是與他人一起發展社會活動的小馬達，這些社會活動從而變化與豐富了我們的日常生活方式。此一棋局持續能動的激活性以及參與者共同發展的社群活動，則體現了社會生活新的可能性。

16 台灣人民團體分為三種：⑴ 職業團體；⑵ 社會團體；⑶ 政治團體。由發起人滿二十歲，並有三十人以上檢具申請書、章程草案及發起人名冊，向主管機關申請許可。（詳細規定請查閱台灣人民團體法）。台灣解嚴後，開放人民自由結社，因此各式各樣的人民團體得以成立，也成為團體行動者進行社會參與的重要界面。

行動研究做為一門實踐法門，怎樣促進著群己關係的演變？勒溫於一九四四年在麻省理工學院成立團體動力研究中心，讓行動研究方法和他對團體動力及社會衝突的研究互相關連。在台灣，我也於一九九二年成立了團體動力協會，只是這是一個身無分文的人民團體，而非需大量經費的研究中心。然而，在解嚴後社會運動湧動的氛圍裡，大、小團體與團體際（inter-group）的社會實做方案，倒是一個接一個進行著。日日春性工作者關懷互助協會與蘆荻社區大學，是兩個示例。用行動者能動性的視角觀之，是行動者在使用著人民團體的社會參與機會和運作機制；在台灣的民主發展脈絡裡，我們這些小而機動的人民團體沒被政黨玩弄，反而在與其他群體的互動中發展了彼此之間的「主體際社會關係場域」，這就是「社會學習」發生之處[17]。二〇一〇年設立的共學平台「快樂學堂人民連線」，就是前一階段群體互動的成果，也是再將一共學空間做為促使參與者的社會生活有所變化的設計。

簡言之，團體行動者表達自身與其社會介入的作用力，激勵著群體智能的發展；不同社會小群體推動活絡的社會活動，一方面開展了個人的社會生活場域，另一方面也要求個人在公共角色的演練上有所回應；而活動本身亦因成員的參與行動有了相互編

---

17 社會學習過程是指一個社會內部主要進展的動 ， 是 自「廣大群眾」的模糊圖像，也不是某種匿名的行動系統，而一定是得依靠特定的社會群體 斷和其他社群對話溝通的過程；而對該特定群體而言，在與其他社群對話的過程中，新的認識與社會行動能力也增加（Honneth, 1991）；當特定社群中的個體與群體實在地發生意識與情感變化的學習過程，努力工作的結果才不至於被國家機器所分化與耗損殆盡。（夏林清，2010，頁 67）

織與參照共學的作用。

當我們視人民團體為一團體行動者時，解嚴後的台灣社會恰是一社會實驗室。在一個階級分化與生活區隔分明的社會裡，不同社會群體之間的互動機會亦是被結構住的；我們所推進、彰顯的「社會學習」過程的社會活動，便是在群際互動中同時激盪著群體認識群體，並促進群體與其個人成員更加釐清彼此關係[18]。

行文中提及的示例都是由解嚴後演變迄今，改變了參與者彼此關係與社會生活內涵的一種慢政治（賴香伶，2009）的社會運動。這些社會實踐行動所激發的無數個人及許多群體的表達和互動的經驗，是一種社會土壤的翻土與培土。我與一群大學教師相互協作，引導與支持學生們，特別是碩、博生的論文生產，則朝向專業批判反思與實踐知識的耕耘。《應心季刊》行動研究專欄持續運作了十二年，就是這一協作成果的面相之一。若我們延伸閱讀一下碩博生的論文，一條知識解殖的登山谿徑業已清晰可見！

實踐者參照共學的知識解殖道途

由行動者的社會探究、實踐知識（專業實踐的知識）及社

18 花蓮小學教師鍾佩怡在她的論文中陳述：營隊結束前，我以多動會成員的身分發言：「我在這個營隊學習很多，前陣子我曾帶我媽媽去參加日日春的論壇，一位腦性麻痺的中年男人，用很緩慢的聲音說自己一出生就被送到機構安置，一直在機構裡長大，從來沒有人真正抱過他，所以『性』對他而言，就是希望有人可以抱抱他、摸摸他——他的聲音和渴望強烈震撼著我，那個畫面我一輩子也忘不了！我真的很希望我這個老師，能把抽象的知識變成活生生、有人味的故事。」（鍾佩怡，2014）

會改變此一社會行動的三角概念[19]來審視《應心季刊》行動研究專欄[20]，可析辨出三個著重的面向：「實踐現場與實踐者的生成」、「方法研發與路徑探索」和「概念工具的辨識萃取」。季刊空間有限，論文則更可如實記錄一位研究生實踐者如何使用研究所的教育資源，來深化、細化他的踐行知識；當我回顧輔大心理所我指導的論文時，三個相互為用，各有側重的視框向度跳出來：「拆解社會壓迫的返身解壓縮」、「對社會與專業化體制與知識的批判反映」和「社會運動踐行的知識路徑」。審閱這兩組資料，在我眼中所跳出來的兩組概念並非兩類，它們均可被聯繫回置到「行動者的社會探究」、「社會改變」與「實踐知識」的三角核心概念架構中，而三角形因此出現了兩層疊影：

---

19 「慢政治」一詞是筆者隨社運前輩鄭村棋、夏林清的社會變革取徑方法二十幾年來在台灣工運及各式人民草根運動中對行動者意識轉化路徑知識的指稱。在二〇〇七年火盟參與立法委員選舉時提出「慢政治——參選，是為了尋找一千個自主公民」的運動號召（王芳萍，2007）。社運觀察者司徒洪彬亦以〈第三勢力的新政治能新到哪裡去？〉一文中對主流政治以透過動員、媒體操作等快速、粗暴、直接的舊政治，並對比第三勢力中不同運動團體的實踐路徑，他表示「……這種以夏林清的社會心理學的政治操作方式是一種值得觀察的『慢政治』」（司徒洪彬，2007）；他稱的「慢政治」即是對二〇〇七年火盟與綠黨共同參選立委，火盟所彰顯的政治理念與組織方法的觀察，司徒洪彬使用「慢政治」來界定我們的運動路線，我以十七年的運動歷程回溯工委會、火盟等不同運動階段開展的實踐方法，進一步提出「慢政治」的認識理論。（賴香伶，2009）。將專業實踐、社會改變與行動研究放在一三角形三個頂點上，我由「當前人文社會科學專業（社工、教育與心理、護理、公行管理與建築都規等專業）的社會作用」，和「工作者們對其自身專業介入（干預〔intervention〕）言行之邏輯與效應的考察方法」來聚焦地放置並簡要闡述「行動研究」。

20 《應心季刊》行動研究專欄共五十九期，專欄主題有第二十三期：「行動研究：大家做，大家談」，第五十三期：「地景中的行動者」，可在 http://tc.appliedpsyj.org/modules/xoopsfaq/index.php?cat_id=3 查到。

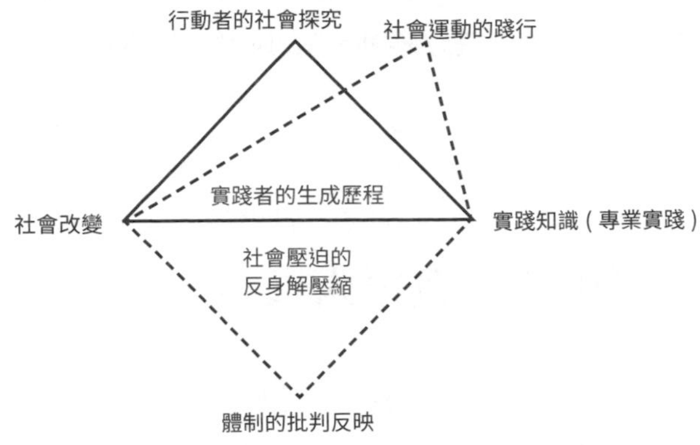

行動研究三角疊影概念架構

社會運動者具接續力的持續踐行將疊置黏合的三個三角頂端拉開，「體制的批判反映」、「行動者的社會探究」和「社會運動的踐行」同時座落於「社會改變」與「實踐知識」的立基軸線上。「實踐者的生成歷程」和行動者承載於其身心中的社會壓迫經驗得以返身而解壓縮是辯證地相交作用，從而彰顯出「成為」的過程與足以被辨識的社會實踐的作用與效應，他方知識被檢驗取捨，地方知識亦由隱晦而逐漸顯現。

何以我用「道途」二字？因為地處亞洲的我們，社會科學之專業實踐得要有穿透性與落實性的兩個要求；以心理教育專業工作為例，疏理辨識與分析判讀他山之石的歐美知識方法，並研擬地方實踐的走法與做法，才有條件逐年積累著屬於我們共有的、映射著歷史政治的框架和限制，以及承載什與社會結構性經驗刻痕的身心樣態的知識。當有工作數年到多年工作資歷的研究生們有意識地使用論文為其實踐中隱含的知識服務時，細緻的知識一片片出土！

社會田野中的家與家人

讓家中孩子常感痛苦的事，莫過於父母爭吵不休，父與母同時是夫與妻、婿與媳。父與母的角色職能，除了在家內養育子女外，同步承擔著來自外部社會對何謂好父母的職能要求；父職、母職是一頂分量不輕的大帽子，街坊鄰居、學校老師與親戚友人的關注眼光常夾帶著評價，打造了這頂父母職責的帽子。然而一對父母同時是夫妻、男女，夫妻關係其實是堪忍與不堪忍的一個空間，它可讓兩人如囚徒般鎮日對望，可似工寮，在簡單的依存休息中，勞動的疲憊得以轉化些許；更多時候，夫妻關係被操磨得如同一條寬又粗的彈性橡皮筋，它得把在高速公路上奔馳，載了家人的拼裝車上的所有家當綑紮得結實，以免稍遇顛簸便人傷物失！

在兒女眼中，夫妻關係通常是藏在父母的角色關係之下的，子女泰半要長大後，才開始理解父母做夫妻男女的辛酸苦辣。多年來，傾聽青年人對家的敘說，總是先由父母教育方式對自己的壓扭，和父母關係爭吵裂解開頭，而我則總是引領他們繞到父母這對成年男女的勞動小歷史與疲困身心的旁邊，亦同時進入男女夫妻共處的生活樣態；年輕人要準備給自己一個長長的歷程，返身進入家的經驗記憶，開始視父母為成年勞動者與男人、女人，同時將父與母放置到他們在大社會裡具體存在的社會位置去了解。

這種返身往內與往外部社會走去的歷程是同步啟動、緩步前進的，時而每走上一步竟如一歲一枯榮般地遇見變幻的鏡像與境界！這是一條「斗室星空」的回家道途，我們要視每個人的家都是一個殊異的社會小田野，不求速解，反求細實的一種理解性的情感，是「理解」滋潤著厚重的情義。

唐朝崔道融「人牛力俱盡，東方殊未明」詠嘆農人勞作之苦的詩句，在工業化與現代化進程中養家活口的工人、農人與科技金融業工作者，不也都是人牛力俱盡嗎？「斗室星空・家庭田野」的工作方法與路徑得以逐步發展，是由我們對工業化過程中的工人及其家庭的認識開始的！

一九八五年，我修完哈佛諮商與諮詢心理學程的課，回台灣於台北榮民總醫院精神科實習一年；家族治療與團體治療是實習重點。逼近一九八七年解嚴的台灣社會，久被禁制的社會動能四處湧動；「戒嚴」的解除，推動了社會底邊人群用自身的行動力去改變他們過去參與社會的方式。與此同時，產業結構的變化也因資本外移，關廠的勞資衝突浮上檯面。廠關了，不只是在工廠中工作的工人失業了，與工廠生產層層分包的外包系統（putting-out system）縮減消失，成千上萬的小外包家庭也失去了訂單。**台灣的「家」的生計之道，怎麼看也不是歐美社會的居家景緻！**

一方面在學校開著家庭理論課程，一方面帶學生在實習的田野中磨練專業方法的我，開始援用民族誌的研究策略走進社會田野中的家與工廠。

民族誌的研究方法被分類為三種：描述民族誌、應用民族誌與批判民族誌。一九八〇年代後期，我開始對台灣勞動階層家庭經驗進行調查了解，是為準備自己投入到工人教育的工作中，所以我自然而然選擇了以批判民族誌的立場為起點。批判民族誌所緊扣探問的「社會結構性限制與行動者能動性」之間的焦點，是和心理、教育與社工工作者在問題叢生的社會現象場中，力謀與當事人尋找出路的關切點十分接近；然而，家與社會的接合及交織作用處，仍不易由外部的研究者探知，由家內成員家庭經驗的敘說，始可看見「家」的勞動方式、移動軌跡及對家人的影響。

在學術單位的知識工作者常會運用人類學田野調查、口述歷史與民族誌方法，幫忙自己進入與自己生活世界有一定社會距離與心理距離的環境與人群。田野中的遭逢相遇是走近他人的了解過程。一九九三年我和一小隊學生，在台灣高雄林園石化工業區內進行田野訪問。當時，僅小我四歲的三十六歲婦女梅的工作歷史一拉開，就是一頁女性重負勞動的故事：

梅由十二歲就開始做工，到三十六歲脊椎受傷、無法負擔水泥工重度勞動的工作時，沒有片刻離開過做工的生涯，而且她同時還參加各種外包勞動。如果我們把家務勞動也列入計算中，梅在婚前的勞動生涯約為一到一．五全時工人的工作量（加上加班）；二十到三十六歲的勞動量約為二到二．五個全時工人的工作量（一個水泥工工作量，加上一個相當於全時工人工作量的家務勞動，再加上半個包工），這還沒加上女性特別負擔的生育子女的辛勞。

在梅身上，清晰看見低技術及半技術體力勞動的工作特性，以及家庭與婚姻關係對勞動力提供的強制性。食品廠女工、水泥

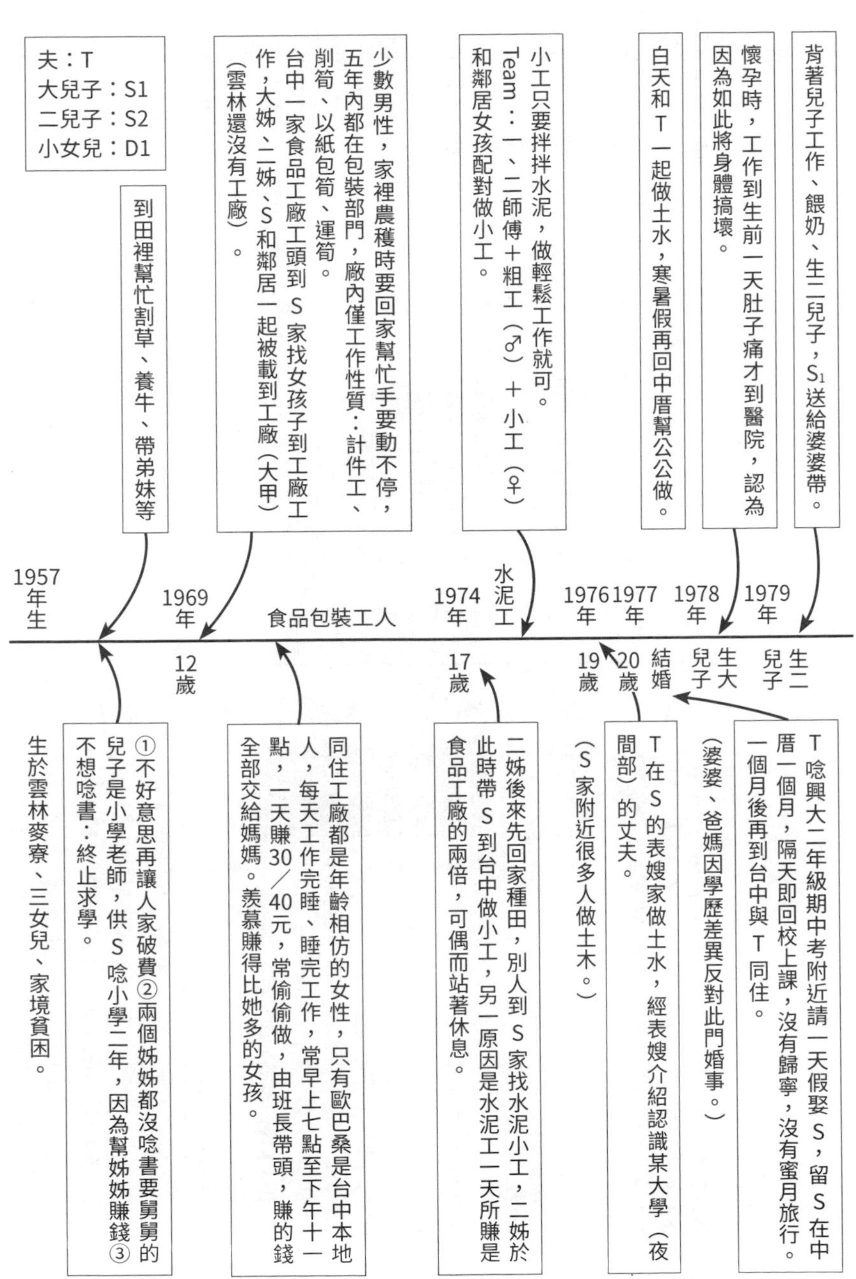

圖一：梅的生命史（蘇雅婷田野筆記，1993）

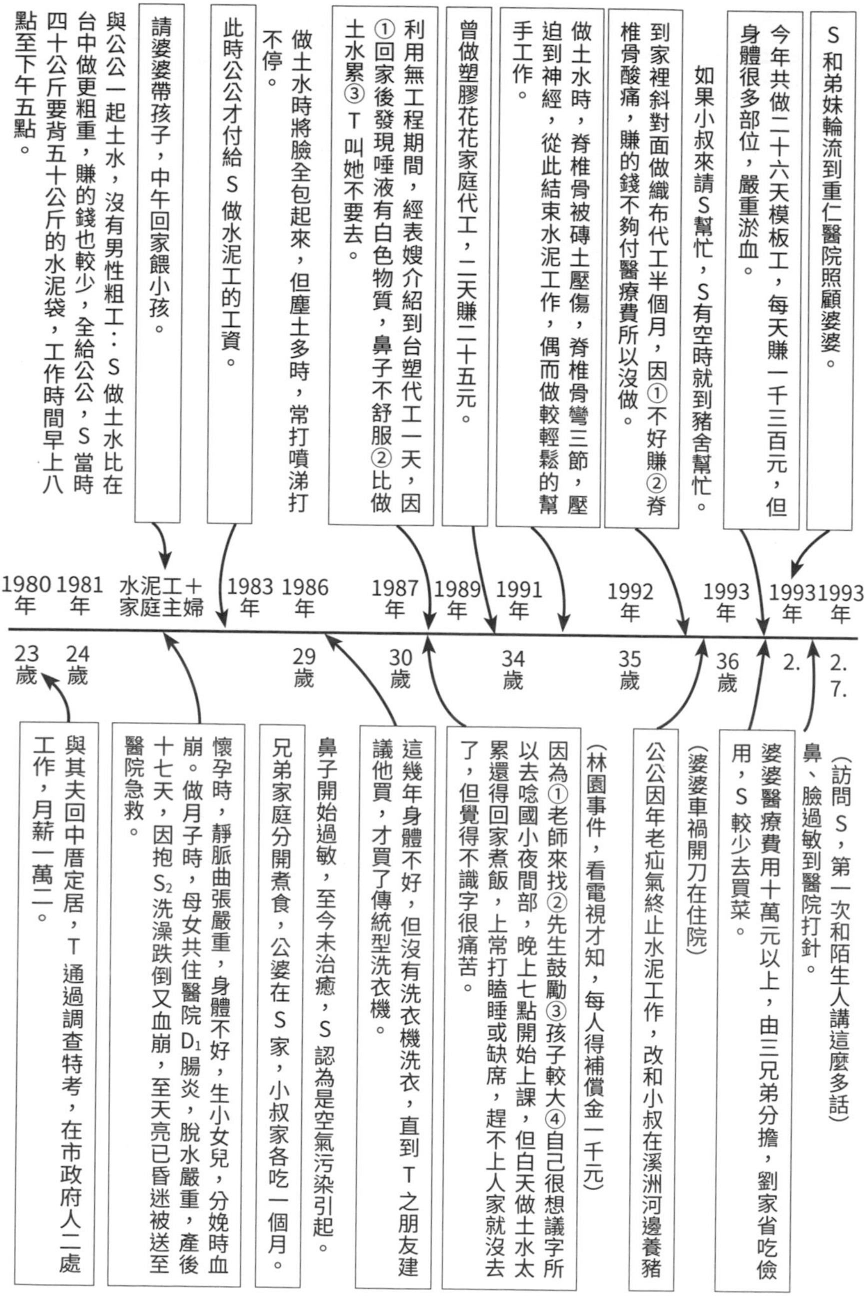

1980年（23歲）
與其夫回中厝定居，T通過調查特考，在市政府人二處工作，月薪一萬二。

1981年（24歲）

水泥工＋家庭主婦
與公公一起土水，沒有男性粗工：S做土水比在台中做更粗重，賺的錢也較少，全給公公，S當時四十公斤要背五十公斤的水泥袋，工作時間早上八點至下午五點。

請婆婆帶孩子，中午回家餵小孩。

懷孕時，靜脈曲張嚴重，身體不好，生小女兒，分娩時血崩。做月子時，母女共住醫院D_1腸炎，脫水嚴重，產後十七天，因抱S_2洗澡跌倒又血崩，至天亮已昏迷被送至醫院急救。

1983年
此時公公才付給S做水泥工的工資。

兄弟家庭分開煮食，公婆在S家，小叔家各吃一個月。

1986年（29歲）
做土水時將臉全包起來，但塵土多時，常打噴涕打不停。

鼻子開始過敏，至今未治癒，S認為是空氣污染引起。

1987年（30歲）
利用無工程期間，經表嫂介紹到台塑代工一天，因①回家後發現唾液有白色物質，鼻子不舒服②比做土水累③T叫她不要去。

這幾年身體不好，但沒有洗衣機洗衣，直到T之朋友建議他買，才買了傳統型洗衣機。

因為①老師來找②先生鼓勵③孩子較大④自己很想識字所以去唸國小夜間部，晚上七點開始上課，但白天做土水太累還得回家煮飯，上常打瞌睡或缺席，趕不上人家就沒去了，但覺得不識字很痛苦。

（林園事件，看電視才知，每人得補償金一千元）

1989年
曾做塑膠花花家庭代工，一天賺二十五元。

1991年（34歲）
做土水時，脊椎骨被磚土壓傷，脊椎骨彎三節，壓迫到神經，從此結束水泥工作，偶而做較輕鬆的幫手工作。

1992年（35歲）
到家裡斜對面做織布代工半個月，因①不好賺②脊椎骨酸痛，賺的錢不夠付醫療費所以沒做。

公公因年老疝氣終止水泥工作，改和小叔在溪洲河邊養豬

如果小叔來請S幫忙，S有空時就到豬舍幫忙。

1993年（36歲）
今年共做二十六天模板工，每天賺一千三百元，但身體很多部位，嚴重淤血。

（婆婆車禍開刀在住院）

1993年 2.
婆婆醫療費用十萬元以上，由三兄弟分擔，劉家省吃儉用，S較少去買菜。

1993年 2.7.
S和弟妹輪流到重仁醫院照顧婆婆。

（訪問S，第一次和陌生人講這麼多話）鼻、臉過敏到醫院打針。

工及外包工都是低技術勞工，而婚前賺錢為家人，婚後公公一直未付梅水泥工工資（也就是說一九七七到一九八三年期間，雲是無償地做公公的水泥小工）。勞動婦女身上這種來自婚姻關係的強制勞動景象，在梅生育血崩的苦痛經歷中更為怵目驚心。

同時，勞動婦女的生涯機會，並不見得因其丈夫的學歷較佳、生涯機會較好而有所改變。**梅丈夫的高學歷並沒有改善雲的生涯處境，反而像是代替丈夫這個「長子」在家庭中協助公公、小叔勞動**。梅的故事，反映了在勞動分工系統及婚姻家庭系統中，女性勞工均處於性別權力關係被使用的位置上。如果說男性技術工人在其生涯發展過程中，會運用政治及資產的可能資源尋求「翻身」（上升）的可能性，女性勞工難道沒有這樣的企圖及表現嗎？這個答案當然是「有的」。理解勞動婦女、婚姻家庭關係與勞動雇傭關係之間的交織作用力，幾乎是必要的入口。

活化社會關係的行動場域

活化社會關係的行動脈絡（activating the action context of social relationships）的概念是一九八九年，我在台灣一場罷工事件現場[21]經歷的一個重要領悟。

促發此一概念產生的社會現場是一九八九年台灣新埔遠東化纖工廠的罷工事件。當時，我探究的眼光聚焦在這些參與罷工的工廠女工，由流水線上乖巧女工轉變到了站上罷工線的參與位

21 《應用心理研究》第四十五期〈走在解殖的路徑中：拮抗同行的社會學習〉一文中的註十（頁 62）。

置，罷工事件中的什麼經驗促使她們發生這一變化？在那一年罷工事件的田野中萌發了這個概念，當時是用它來描述：

> 使用「活化社會關係的行動脈絡」一詞，我指涉的是抗爭歷程中，隨著事件的發展，工人、管理階層、工會以及來自其他社會群體等參與到抗爭過程中的行動者，共同建構了一個動態的社會關係網絡，此一動態的社會關係網絡是個別與集體行動者所賴以知覺及行動的脈絡。因此，如果說工會抗爭創造了一個社會實踐的場域，那麼所有參與到此一抗爭事件的個人及集體之間便存在了承載著台灣政治權力與經濟資源分配的社會關係脈絡；在遠化的案例中，我們看到隨著抗爭事件的發展，原本並未對個別工人具有特殊意義，甚至並未被意識到的社會角色的作用，以及社會關係的性質，在罷工參與過程中轉化到這群工人的意識之中，並推動他們在過程中進一步地參與行動。換言之，罷工過程中，各個社會角色之間的動態社會關係對參與罷工行動的工人發揮了中介的作用，工人初始的參與動機及行動的意義在此一社會關係的行動脈絡中轉變了。

一九八九年遠化罷工抗爭中鮮明的學習，在一九九七年台北市公娼抗爭事件中得到印證。在公娼抗爭運動中，我們實驗的形形色色的文化活動，都發生著在群體發展及與不同社會群體交流過程中，活動的參與者在共同學習的交流現場，相互共振與回溯反映，參照共振的共學場域（王芳萍，2015）。一九九九年，我創立台灣蘆荻社區大學，二〇〇〇到二〇〇九年間共舉行了十九場「家庭經驗工作坊」，到了二〇〇九年我就將之命名為「斗室星空——家的社會田野」的工作方法，這是一支和人們家庭經驗一起工作的路徑。

在斗室星空家庭經驗分享的現場，參與者心頭共振著家人關係所承擔住的社會關係作用力道的刻痕與封印，穿插於一場又一場對話交流之中的是短劇，短劇的使用在於「顯影」那些不可見卻紮實作用的「關係」，在「關係」劇碼共振的交流之中，家人關係與成員身心或歪扭打結，或漠然裂解的樣態，紛然雜陳地再現了；所再現的正是政治歷史經驗皺摺中，壓扭了人身心發展的**社會關係的構形**。正是這種**社會關係特定構形再現**的學習場域，促使我們重新理解家人與社會。這樣的對話場域就是社會學習推進的土壤，也註解了莫雷諾所言，心理社會劇實乃行動探針的好註腳。（*Who Shall Survive ?*, 1953）

在這樣共同學習的場域中，「張力」是同時往內與往外拉開的，「三面向空間」的學習視野與空間的開展，靠的是成員在參照對話與敘說分享行動中，所傳達的情感流動與認識翻轉的「張力」。三面向空間是指：「往身心內部覺察的此刻空間」、「往過去關係經驗痕跡回看的記憶空間」，與往外置放自己和他人對照參看的「社會關係構形再現的空間」。

這種三面向空間共振共學的場域創發，就是斗室星空心理教育方法的核心要點[22]。

---

22 請有興趣的讀者參閱〈走在解殖的路徑中：拮抗同行的社會學習〉一文，《應用心理研究》，第四十五期。

情緒壓縮與解壓縮

家人移動（如遷居、於他鄉工作）與勞動的經驗來回穿流於家之內外，這些經驗**經由家人的行動編織構造著家人間的關係方式**（ways of relating）**與互動的內涵**。試想一下與青壯年父母分擔孩童照顧的兩種爺爺奶奶：城市專技中產年輕夫妻邀請父母由鄉入城共居，照顧孫兒的爺爺奶奶，和工人將子女留置於鄉下老家，實質地替代著父母教養孩子的爺爺奶奶，這兩種祖孫關係所傳遞的生命經驗當然會不同。不同的家本來就自然有著殊異的經驗，對個人而言，家庭經驗是個人發展中難解的「結」，還是如竹「節」蘊藏往上長的力道？這主要取決於家人之間相互對待的**關係方式**，和家人有無機會能對彼此**處境條件的差異**有所理解。如果把家想成一匹織錦布，家人之間交錯互動所編織的關係紋理常會是疊置糾結或繼線纏繞的。然而，「家」常被視為和諧、無差異的同一體，以至於被錯置對待的經驗與被忽略的差異性，反而正是每個家庭所共有的「被壓縮與扭結」的經驗；在社會快速變動時，「家」做為一基本的社會單位，它也只能像一個容器似的，承擔起個人無法也無能理解、消化的各樣情緒。所以，在家之內、家人關係中所壓縮存放、打包擱置或掩埋藏匿著的記憶與情緒經驗的「**解壓縮**」，就創造了機會，讓人能在回觀傷痛與糾結經驗中與他人一起成長與變化。

沒錢並不可怕，更不可恥，但在資本主義社會中，貧窮卻如壓迫人的鐵閘門；瘋子不可怕，但逼迫人成瘋的內外力量是巨大難解的，家人關係中的情感與意念常打結成塊地讓雙方無路可通！貧窮壓擠扭曲著家人關係，瘋狂的混亂阻斷排除了家人間的聯繫，結的鬆解與個體生命追尋發展機會的搏鬥是同時發生的。

社會壓迫穿牆越戶的力道在家人關係中翻攪沖刷，情緒暴衝、吵嚷攻擊與冷漠疏離都是自保卻無能改變現況的呼聲；家中一人發瘋狂亂，全家崩解逃逸，是因為「家人關係」終究擔不住了！承擔不住的是什麼？是社會體制性作用力道，糾葛纏繞進入一個人身心形神之內的程度，已到了只能以「發瘋」來吶喊！

由貧窮家庭長大的淑娟（參第二章），在三十三歲時開始拆解一直包裹著的被汙名、賤斥化的家庭經驗：「恨」的情感與關係的情意結。「恨」是無出路的痛苦情緒，鎖定著一個可指稱的對象激越流瀉的一條彈道，「無出路」不代表「無解」，但在生命的那個當下與境遇中就是無路可走，只得將「恨」射向他人。強烈的情感常是家人關係承擔負荷不了的，「強烈」是一種反覆包裹自身情緒的動作，而這種動作會不斷強化特定的關係對待方式。強烈情感的表達與關係對待方式，是個人特殊的遭遇、雙方關係對待方式與社會體制性力道的綜合作用力，是人在關係中無法控制，從而反覆不已的行動方式。**我用「關係情意結」來稱呼這種塊結式的關係方式**。這種歷程像是發生在一人的心理內部或兩人與多人的關係互動中；它會是一個不斷被自己與他人包裹的動作歷程，是固定住情感、意念與行動方式的一組特定的經驗結構。我用它來標誌沉澱於家人關係中的這種後果，混雜包裹住特定的情緒經驗碎片，則似塊成結地存在於關係中。這樣的身心記憶與行動模式得怎樣才能變化呢？首先，讓壓縮的情緒與記憶的碎片先得到釋出的機會，在記憶裡的經驗如斷片飛絮似地由壓縮檔中經由回溯表達開顯出來，再來則是對家人關係與家和家人的社會處境進行回溯，在一片片記憶經驗的審視過程中，家人關係彼此的對待、對錯是非與曲直的判準會得到重構的機會，家人關係間的價值選擇與倫理立場，是在我們反思自己也關切考量著他人的特定情況下發展出來的。對我而言，家的經驗並非私密領域，任何一個斗室的困境都是共享星空中的一顆星，它們之間的相互輝映是我們要耕耘的公共性。踐行為自己與他人的發展而謀取機會的生命情志，是通過世間各種磨練的唯一解法！因為生命是需要不斷和他人一起搏鬥，始能對治自己的慣習，生命能有機會與他人相互支持與挑戰彼此，成長與發展才可能發生。

瑞芸，執意奮鬥著要理清自己與父親的瘋狂，二〇〇六年寫信給二〇〇三年過世於精神病人收容所的父親：

爸：

我在二〇〇六年寫信給你。寫給二〇〇三年三月八日凌晨，在林口工業區單人床上走人生最後一夜的你。

儘管一九九八年留在台灣守著家的變化，爲的就是不想你走的時候，沒能在你身邊以我們的回憶送你，便是默然。

最後一回見你，在與媽媽聊天中，你轉頭意識清晰地看著我說：「要跟你永別了，聽懂不懂？」我知道你是認真的，便再也沒法去看你。我拿什麼回應從小看著你，想你怎麼把自己活得這麼痛苦，最後走到收容所的存在？

小時候，看著你赤掌奮力打我時的臉，讓我儘管痛恨你與你資本累積的邏輯，對你說過：「要斷絕父女關係。」卻也看見你被階級規則擺玩的痛苦！打我的同時彷彿你是在攻擊自己的手。

這一個當時看來矛盾，在我走上和你一樣的精神反抗之路，才徹底明白其實是共同的抵抗點。我們的肉搏戰讓我至今仍滿腹反抗的怒氣。

夏老師說，這是「無所得卻可傳承的家風」。

長久以來，在這世界上強烈的孤獨感與漂泊感，在我走完精神反抗之路，要拿起自己抵抗階級的日常戰鬥時，想起這不只是我一個人的戰役，同時也是你的。突然間，好像不論去哪，我都不再是孤兒。

我的精神反抗之路，其實也是你的。你看見自己打贏了這場仗了嗎？

我沒有放棄，我沒有背叛我們的歷史。

你知道拼湊這些別人踩過去都來不及的碎片有多難嗎？

還好有張大網，有好多人幫我們拼圖。

我找到從一九八九年[23]在歷史裡做這些事情的人了。爸，我們可以繼續一起並肩作戰吧？

（張瑞芸，輔仁心理所碩士口考文本）

瑞芸說的一九八九年的台灣那一個社會現場，是瑞芸父親在場，瑞芸二十年後才尋找到的。

一九八九年台灣正值地價飆升、房價高漲的經濟大發時期，而上萬名租屋居住、憑一輩子薪水不吃不喝也買不起房的受薪階

23 指的是無住屋運動萬人夜宿忠孝東路的活動。

級與無名大眾，在八月二十六日夜宿台北市忠孝東路街道，這一抗議[24]的現場，瑞芸父親也在現場。念小學的瑞芸，於深夜見到情緒昂奮高漲、遊走於夜宿街頭上萬人群中，而後返家的父親！於飛機場工作的瑞芸的父親是有屋的，他與做小學教員的妻子合力貸款購置一台北東區公寓，再用隔板將小公寓區隔出數間，出租給都市服務業的單身女性，瑞芸一家四口則擠居於一間臥室內。清瘦的瑞芸幼小時練就矯捷如脫兔的身手，便是為了躲避父親暴怒追打而上爬跳躍於隔間的上方空間。

對這雖有屋但壓縮全家居住條件，以租金力圖累積收入的農村男人來說，家所承擔不下的鬱悶與狂躁情緒，卻在無住屋抗議運動的現場興奮激動起來！瑞芸記憶中這一天夜晚的父親，雙眼閃爍著興奮的光芒，身心在情緒淋漓宣洩的運作後返家，返家後旋即倒床入睡！瑞芸在尋找的是能與父親狂躁瘋狂共振同在的社會活動場域！

回溯返身識得家人

一九八三年初春，美國家族治療家薩提爾（Virginia Satir）應吳就君老師[25]邀約來台灣，我協助吳老師組織了兩場工作坊，並擔任場中翻譯，也開始進入對歐美家族治療理論與方法的學習；自己也於一九八〇年代末，開始在大學開授心理劇與家族治療課程。然而，在「家族治療」台灣專業化市場中逐漸走紅的九〇年代，我選擇以「家庭關係與個人發展」替換了我的課名。前述田野調查研究的認識與情感，是引領我進行專業轉化的探針。

我於是在一年接一年的課程教學中，和學生一起探究著家的社會脈絡與社會關係的作用力量，是如何影響著家人的關係方式與發展。課名的替換，代表了「課程」做為探究與學習方法的一種典範的移轉[26]，與對知識的性質和作用的觀點立場的改變，易言之，「課程」是教學設計，亦是師生共聚課堂的協同行動研究。

一般來說，心理系與社工系開家庭方面的課，通常是開家庭發展及家庭治療的課名，這都是直接挪移西方家庭理論與治療方法。這種理論與實作二分的課程設計的前提，便是理論工作者與實務工作者的專業分工。同時，實用性的家庭治療課程有一種預設：預設學生是要被訓練為某種治療取向的治療者或諮詢者。這種課程設計對剛要入門的大學生或研究生其實是不恰當的，因為學生對「家庭經驗」的理解會被窄化與簡化成抽象概念。做為一門引導學生探求專精知識與方法的課，「家庭關係與個人發展」的課名則更寬廣，這門課的基本理念是：一名剛入門的學生要有能力與方法去理解別人的家庭經驗時，他自己身上的家庭經驗需要被他回觀梳理。「家庭」做為一個基本的社會單位，它承載了

---

24 為抗議房價不合理飆漲及政府縱容財團炒作房地產，一九八九年八月二十六日「無住屋者團結組織」號召了上萬人，於全台房價最高的忠孝東路舉行夜宿行動，日後醞釀了兩個非營利組織：「崔媽媽基金會」及「專業者都市改革組織OURs」相關資料可搜尋此二組織的網站獲得。

25 薩提爾是應吳就君老師邀約而來，吳就君教授為台灣推動心理劇與家族治療的領頭人，一九八二年吳老師離開台大醫院精神科，轉任台灣師範大學衛生教育學系教職，同年她邀約了薩提爾來台開工作坊，二〇一七年吳就君老師出版《華無式家族治療：吳就君的治療心法和助人美學》，書中記錄了她的家庭治療工作方法。

26 把「課程」視為師生「共同探究」學習歷程的教學實踐行動，而不是只「傳輸」一套在歐美社會發展出來的技術與知識是更動課名的道理。

薩提爾工作坊合照，夏林清位於第二排右二。

社會如何處理人們生養經驗的核心設計；有意識型態的設計、生產勞動分工的位置，有性別經驗如何被對待……等。一個在專業道路上學習的學生，最需要的是能先對自己的家庭經驗有一個不扁平窄化的關照視域及反省的立場，長出跨越自己的有限性與了解別人經驗的能力，就能與他人一起成長和發展。

移植自歐美社會被套用於我們社會內部的各種治療模式，最大的問題就在於它們順著商品市場的勢力，在命名與問題化參與者身心經驗的同時，將在地的生命經驗內涵去脈絡化，並剝奪了參與者於在地社會關係的脈絡中，辨識具歷史文化特殊性的生命經驗的機會。

家庭做為社會的一個基本單位，社會的治理機制通常從性別、政治經濟（政治歷史、勞動分工）及教育體制與意識型態相糾合的運作，綿密地規約著「家庭」中每一個成員。在課堂中，我透過一些課程活動或方法，讓學生運用自己的家庭素材，反思家庭特定的運作機制、家庭經驗的不同面向，學生開始關注自身在家庭互動中所模塑成型的思維與情感方式，以及家人間彼此關係方式的表現樣態，同時他們開始抬眼望向家之外的社會關係，試圖辨析這些影響著父母盤起一家生計的作用力道，是如何約制了這一對成年男女！家之外的社會關係作用力來回穿梭於家人關係中，深切地模塑影響著每個家庭成員的情感方式和生命樣態。當學生們開始如此辨識著家的社會性，就啟動了一條回溯性地反映家庭經驗的道路。秀就是在回溯反映的過程中，看見了家的困窘處境，翻轉了以「病」問題化自身及家人的命運。

困窘不是有病

困窘無聲的童年——秀的家

> 媽媽五點多起床、洗衣服或買菜，爸爸六點多就開第一台機器運作，大姊八點將小孩帶過來然後去上班，哥哥八點多開　第二台機器，弟弟九點多開　第三台機器，這是每天的工作。家裡的女人支援男人的工作，所謂的假日並不隨著日曆上的紅字，而是隨著訂貨單的量多量少而定，趕貨時更是全家人一起在電視機前，邊看電視邊做到深夜；這樣的景象是常見的，我每次回家與其說是休息放假，不如說是換一種不用思考動腦的方式生活。或許這樣勞動的生活型態不是我與姊姊們想承繼

的，也或許父母本身也不期許女孩以此爲業，故我們這些女的都選擇以多唸點書來開創不同於自小的生活記憶。工作勞動、吃飯時的熱鬧（一家七口加兩個小姪女），沒有客人來家裡談生意時，全家人就一起看電視，貨物的堆疊與陳列等生活影像是這麼熟悉地拉引出一些有點模糊或習以爲常的記憶片段。

小學五年級以前，家裡日子過得很窘困，媽媽白天賣早餐，爸爸正開始白手起家，印象最深的就是睡覺——一家七口擠在兩張木板床上勉強度日。

小時候，我很不喜歡刷牙，因爲廁所很髒、很小，那是一個陰暗潮濕的地方，刷牙的時候要眼睜睜地看著蛆蟲蠕動，對於一個小孩的心靈而言，那時候的不喜歡或許夾雜著對於蛆蟲的害怕與恐懼情緒吧！曾經被大姊逼著去刷牙的那一幕，我發現我從沒忘記過。

白天上學前，我們這幾個小孩要幫忙端早餐給客人，一直到上學時間差不多了，姊姊就帶著我、我帶著弟弟一起走路去上學。假日時我們要去其他地方幫爸爸工作（將每支牙刷都沾上牙膏），常常有許多假日是全家人一起工作的時間，就像是基督徒做禮拜那樣慎重與習慣（一直到我唸專科都如此），但我知道，我們這幾個小孩子不是虔誠而是認分。假日是許多同學約著遊玩的日子，但我們不能應允邀約。如果家裡有工作，「工作是最大的，是工作養大我們的」，我們從小就被灌輸這樣的觀念；直到現在，「工作是最大」仍是家裡很重要的守則，除非有正當理由不遵從，否則罪惡感與責罰會隨之而來。唯目前拜機器所賜之福，工作上的勞動沒有像以前這麼頻繁，不然生活的枯燥乏味，有時是會壓得人喘不過氣的。

大姊的失敗婚姻

有次跟二姊在車上聊到大姊，對於大姊失敗的婚姻，我們居然都有著共通的感受與心情。我們都覺得大姊失敗的婚姻，對我們這個家的正面意義多於負面影響，它不只鬆動了父母原本一直堅持對於婚姻的傳統價值與想法（婚姻是人生的必經過程，離婚是不可以、不好的，不結婚或離婚會惹人說是非等等），也讓這個家與父母「撿回」大姊，撿回了這個家所有小孩的心。

在我大二那年，過年前夕我們家度過驚悚難忘的一夜，那一年的過年是我們家最難過的一年。在過年前夕一個夜晚，大概晚上十一點多響起一通劃破寂靜的電話，只見媽媽手發抖、眼眶紅紅、聲音哽咽地詢問對方：「在什麼醫院？情況怎樣？」我跟爸爸、哥哥察覺有事情發生了。等媽媽掛完電話，才知道大姊不在香港，而是提前回台灣，昨晚在台北自殺，就差五秒鐘，我們將失去一個家人；那一夜哥哥要父母在家裡等候，我跟哥哥連夜上台北接大姊回家。記憶中，那回家之路好長、好長，大姊情緒非常不穩定、死意堅定，不斷地想跳車自盡，我在後座用盡力氣抱住大姊，想死的人力氣奇大。哥哥將車門暗鎖防止大姊跳車，而大姊仍不放棄用頭去撞車子，一邊撞一邊哭著，要我們好好照顧她的小孩、讓她死，她眞的活不下去，也不想活了。我抱著她哭著，要她不要再撞了，大姊這樣的情緒狀態讓哥哥根本無法安心開車；後來哥哥乾脆就把車停靠邊，開車門跪在路邊，哭著求大姊讓他能好好地將她帶回家，讓他對父母有個交代，那是我生平唯一一次看到哥哥哭著求人，也是第一次深刻感受到家人的重要與對家的情感。那次回家的路眞的很長，大姊掙扎到累了，情緒也緩和下來，我跟哥哥也很疲累，整夜未闔眼卻也不敢闔眼。大姊紅著眼睛睡著了，我跟哥哥紅著眼睛，默默無語，直到回家。

大姊的自殺事件爲家裡帶來許多衝擊，全家人放下工作看護她、照料她、陪著她。她醒著時，我們努力用她未滿一歲的小孩對她的需要，以及用家人的愛與關懷當訴求，企圖喚醒她欲死的心。她睡覺時，我們小心翼翼地商量著大姊與小孩的未來，以及我們要怎麼陪、怎麼照顧她們度過這艱難的日子，而這許多商量，其實伴隨著父母發自內心的嘆息（當初他們是這麼強烈反對這樁婚姻，大姊卻執意不聽，如今落得這樣的下場……）與疼惜（再怎麼說都是自己的小孩啊……）。

當我能理解他們的嘆息與疼惜時，我發現這是父母在思考也在考驗著既存的社會文化中（嫁出去的女兒，潑出去的水、嫁雞隨雞等觀念），他們該如何撿回一個在婚姻裡受挫的女兒回到家中，而我看到父母的選擇是「做眞的，說假的」。

「眞的」就是在我們家附近買一棟房子，安置大姊與小孩的生活，然後讓弟弟過去與她們一起住，而他們也好就近照顧大姊母女，直到大姊經濟與情緒都能獨立穩定再說；「假的」就是說給親戚鄰居們聽的，什麼九七到了，香港要回歸祖國，所以他們回台灣來居住啦！還有姊夫比較忙，無法長時間住在台灣之類能化解別人疑惑的說辭。

父母能做這樣的選擇與作法，一直讓大姊很感激，至少這是她今天能在挫敗的婚姻中，再爬起來很重要的原因，也因爲父母這樣的選擇與作法，讓這個家的情感連結更凝聚。

不是每個家都能這樣做

當我看到父母能夠選擇「做眞的，說假的」方式，處理大姊的婚姻挫敗時，其實我也看到這樣的選擇是有條件的（有心還要有錢能安置她們母女三人）。並不是每個出嫁的女兒面臨婚姻破裂時，父母都有能力將女兒撿回家中細心照料，直到她再爬起來。

當我的父親以勞動方式結合商業的交易模式時，我們已不再只是一個很單純的勞動家庭。父親是勞動者，同時也是販賣者（一個擁有小資本的商人）。小時候他常常跟我們說，我們賺的就是薄利多銷，是我們自家人的勞力付出，一家七口每個人都勞動、從白天努力工作到晚上，全家人一起把貨物趕出來，從製品到加工、包裝產品、裝貨運貨，全部自己人來做；早期從來不外包，就算是現在，爸爸也只讓附近一些較老的阿婆或阿伯幫我們包裝一些貨品。

當時大約一九八〇年代，能透過自家人的勞動力（自製的前提是孩子要生得夠多），再輔以自己開創據點銷售（自銷的前提是要有市場和本錢，沒有本錢的要有辦法借到無息的本錢，譬如母親娘家的幫助），我想只要經過一些年的努力就能還本，而且還能開始累積資產；這之中還透過「跟會」形成一個周轉空間，以應付某種緊急的金錢需要，至少我看到我們家是這樣一路走過來的。我認爲這不全是幸運，而是有這些前提條件運作才能造就目前的現況。

曾經認為我的家有病

以前會覺得這個家是有問題的家，是一種病態，親子互動方式也有問題，大家脾氣都不好，講話都用吼的，不能好好講。現在我能區分這是勞動世界所帶出來的問題，而非我們家的問題。

在勞動世界中，人的耐性變低了，人的感覺要去掉，人要學習麻木，否則無法忍受單一重複動作所帶來的無聊感與窒息感，而且永遠有做不完的工作。我們談的那一套坐下來好好溝通、討論啦，這在勞動的家庭是很少有的。一天勞累下來，遇到小孩有事，脾氣就先爆發出來，那脾氣很可能是一天勞累後所攜帶下來的悶氣，常常是透過不是很嚴重的事把脾氣發洩出來，心裡才會舒服很多。

勞動世界的父母沒有時間多了解子女，以前會覺得父母不了解我們，親子關係不能像朋友是一種缺憾，現在的我並不這麼認爲。除非我們家不是這種勞動的生態，否則要以一種所謂的良好親子溝通模式來要求父母，實在是種苛責，畢竟父母在勞動後，是沒有多餘的力氣去陪伴孩子做功課的。其實，要他們來了解我也是不合理的，我自己又花了多少時間去了解父母的世界？於是我就把相互了解的期待拿掉，因爲那眞的是父母無力做到的，但我能體會到他們的關心。勞動家庭表達關心的形式是很直接的，他們只會問你吃飽沒、食衣住行的事，以前我不覺得這是他們表達愛及關心的一種方式，而當我重新去貼近他們的世界，才發現自己變得比較細膩些，能夠重新理解及解讀他們看似粗略簡單，其實卻帶著眞心的關心，這其實滿可貴的。

在一個以勞動生產爲主的家庭裡，生活就是工作，很少流露情感。當一個孩子不了解其家庭的溝通形式是勞動型態下所特有的，會很容易認定這是一個有問題的家！然後開始與自己的家有一種疏離感，紛紛想逃離，我們家的孩子也都走過這些經驗。如果沒有大姊的自殺事件，我眞的會以爲媽是不關心我們的，而大姊事件的意義是讓我們感受到父母是挺在那裡，跟我們在一起，這讓我們這群孩子在心理上紛紛回籠。

我認爲社會應該肯定不同型態的家庭，更應鼓勵孩子去貼近他的家庭經驗、去認識什麼叫作勞動世界，使他願意去說他的家庭，在說的過程中陪著他一起去看，提供多元的觀點，我想這就是給予我們這樣的孩子很大的幫忙了！家庭或許不能改變，但看待家庭觀點的移動，就是一個很大的改變！

差異顯影的社會學習

做為一支重要的社會力量，當前心理、社工與教育的人文社會科學專業明顯地處在進退維谷的處境中。當許多工作者與各樣掙扎於生活困局的人群共處一地時，專業化建制的制度移植（大學、研究所等課程與證照考試制度等設計）不明就理卻已撲天蓋地，以其專業制度化的權力或切割化約、或掩埋排除了真實，製造著假象。

「斗室星空——家的社會田野」是我們創發的一種方法與路徑，它是一種大團體（四十到一百多人均可）共聚一堂的社會學習現場，在敘說與分享家庭經驗的過程中，個人與家的生活處境的特殊性、與性別階級和文化的各種社會作用力量得以顯現出來。

在家庭經驗相互振動的過程裡，彼此的差異因對照參看而清晰浮現，卻能讓言語勾勒承載住差異的社會地景，這時我們所共處的學習現場恰似一多角多面的水晶立方體，每個人的材質光色不同，但都各立於一方，被他人凝視的同時也辨識著他人。這是當參與者經驗的皺摺在共振的波動中，解開壓縮被自己釋放出來後的一種差異顯影的社會學習空間！

「社會學習」的概念源自於霍奈特（Aexl Honneth）：

> 社會學習過程是指一個社會內部主要進展的動力，不是來自於「廣大群眾」的模糊圖像，也不是某種匿名

的行動系統，而一定是得依靠特定的社會群體不斷和其他社群對話溝通的過程；而對該特定群體而言，在與其他社群對話的過程中，新的認識與社會行動的能力也增加了。（Honneth,1991:284）

當我有機會帶領來自各種不同社會群體的成員，參與到回溯與疏理他們的家庭經驗工作時，真切經驗了霍奈特所界定的社會學習在現場湧動著。成員彼此間的歧異背景，在交流對話中彰顯出不同社會身分之階層處境和生活遭遇的條件差別；學習的流動與越界，豐厚而複雜。

生活經歷與生命經驗是以一種堆疊的皺摺，置放於身心記憶的某處。「記得」是經驗，「回憶起來」是拉起線頭回返觀看的動作，回觀反映則是重看在關係與處境脈絡中的自身與他人的梳理行動，它是一個三度空間的返身與反映行動來回的運作過程。它的起點是你「立定於此時此刻（當前）自己所存在的社會處境中，自覺地選擇要進行對家之相關經驗的探索。」此一自覺的選擇，會啟動你進入一個前面提過的回觀反映的三面向空間：「往身心內部覺察的此刻空間」、「往過去關係經驗痕跡回看的記憶空間」，與往外置放自己和他人對照參看的「社會關係構形再現的空間」。

每個人的身心之內均承載著可被辨識的經驗，往內覺察觸摸就打開了往回觀看的通道，每一分分寸寸的現在與過去，連接著那個方寸時空中的外部社會現實狀況。

你可以一個人自己進行回觀反映，但社會關係構形再現的第三個空間，則是在群體中推進才可能較為實在與豐厚。拉開我們的經驗皺摺，回觀反映的三面向空間是自己與他人的差異性，得以被觀看辨識與理解善待的共學場域。

美娟和白蘭的相遇與撞擊，明晰地註解了此種三面向的學習歷程。

二〇〇五年讀研究所，在台北日日春性工作者關懷互助協會實習的美娟，參與了扶助酒後昏迷導致小腦萎縮失能的前公娼白蘭[27]，發生了一段往內翻攪回溯、往外跨越界線的學習歷程，美娟於碩士論文[28]記錄了自己在幾個時刻往內與往外的來回撞擊。

美娟，台灣南部農工家庭長大，北上讀完大學留在台北，在做了十六年報社記者之後，轉入心理諮商研究所；美娟筆下的自己與娼妓白蘭是兩個世界的人：

> 但是為了應付新聞工作中頻繁的人際關係，這些年來我也磨出了一套快速建立關係的能力，我和對味的採訪對象可以踩在階級文化的平台上，快速交換文學、藝

27 白蘭（1963-2017），生於台東農家，是一九九七年公娼抗爭時的核心成員，無役不與的她與官姐、麗君等公娼，開創了台灣妓運。在一九九九年的緩衝兩年結束後陷入失業，白蘭長年唯一賴以維生的工作被廢掉，形同一併廢掉她的人生。她嘗試過檳榔攤、工廠等諸多工作不順，整日以酒精取暖。二〇〇五年在家中昏迷被日日春義工發現，緊急送醫。因家人無力承擔，出院後，日日春組織五十位三陪義工（陪吃、陪睡、陪說話），把白蘭接回辦公室全日照顧與復健。由於昏迷導致白蘭小腦萎縮，表達與自理能力都漸漸喪失，後來安置在社區的康復之家，由日日春承接白蘭的後半生。二〇一七年七月，白蘭因糖尿病引發敗血症、腎衰竭與酸中毒，於醫院急救無效後，如白蘭的意願，回到她過去工作了十年的公娼館——文萌樓，辭世往生，享年五十五歲。

28 蔡美娟（2007），《探尋下一段實踐路徑——書寫、反映、對話與探究》，輔仁大學心理所碩士論文。

術、電影、靈修、消費品味、生活態度、審美經驗這類雅痞的話題，快速建立一種「彼此認可」的感覺。問題是，這些能力遇上白蘭完全派不上用場。

白蘭是個徹徹底底的社會邊緣人，她缺乏可以和我溝通的文化條件，我們活在兩個不同的世界。

美娟所謂的台北都會中一名記者的生活品味方式，是這個由鄉入城的知識女性，在十六年安家定居的生活中逐步形成的：

出乎意料地，我在這個冷漠的都市安定了下來，一待十六年，還把自己陶冶成了徹徹底底的台北人，完全熟悉使用這個都會文化資源及符碼的方法，很少人還能在我身上看到我來自南台灣偏遠鄉下、在勞動家庭長大的痕跡。在台北生活的日子，表面光鮮，骨子裡則幾乎是孤島式地活著，我不得不沉入書本中，靠著各種成長團體尋求救贖，否則我就只能對著鏡子說話。即使在接觸心理治療一、兩年後，我也一直在努力地學習一種較淡漠的情緒生活，以此來壓抑我敏感衝動的性格，並支撐起存在的孤獨

美娟必須在有些時候，如看護般，擔任照料與陪伴部分身體功能已失能的白蘭；是白蘭那從事性交易的娼妓身分與身體強烈撞擊了已習慣都市中產品味生活的美娟：

我其實害怕碰觸白蘭的身體，甚至不敢多看；不是

因爲其中帶著死亡的氣味，而是因爲那裡太接近地獄。

第一次去醫院看她，我只敢拿棉花棒去滋潤她的嘴唇，幫她擦去血漬，當醫師掀開她的被單檢查她的肚皮時，我下意識別開頭想避開看到她的私處；看到阿賢幫她包得七歪八扭的紙尿布，我終究還是沒能突破我的心理障礙，伸手去幫她把尿布包好一點。

我實在沒勇氣看她的私處，我對「她」有非常多悲慘而隱晦的想像，想到她從十三歲開始的二十年從娼生涯，在其中進進出出的、我不知該用什麼字眼形容的「東西」，我實在不知道如何看「她」，更別說得用濕紙巾幫她擦拭清潔，這遠遠超過我的限度。更精準的講，是我其實不知道該如何看待娼妓的身體。我很崇敬梵谷細膩深刻地描繪窮人飽受勞動及飢餓侵蝕的身體，我也驚豔於羅特列克畫的眾多妓女像；但是面對活生生的娼妓時，我無法正視她們的身體，特別是那所謂的最私密、最隱晦的私人之處。

如此強烈地歧異性的撞擊在美娟內心翻攪，「陪伴白蘭」的實習任務卻是好一陣子的困頓；某日，身處與白蘭關係困頓中的美娟憶及了十八歲初初由鄉進城受到驚嚇的眼淚：

然而，當我面對白蘭帶給我的困頓，有一些久遠的記憶鮮明了起來。

十八歲那年大學開學前，我和另一個好朋友懷著朝聖的心情，想提早上台北玩幾天（在這之前，我們兩人只上過台北看了一次演唱會），最後一天傍晚時我們在總統府附近，看到了一個倒在街上抽搐的老流浪漢，他不斷地用前額去撞柏油路面，我們上前扶起他時，發現他的前額早就撞出密密麻麻的坑洞來了，而且部分傷口已經結痂，我想他倒在路邊應該有一段時間了，我問他要不要叫救護車送他到醫院，他猛搖頭。我望著兩旁如流水般急著通過綠燈的人潮，不禁錯愕：怎麼都沒有人想停下來幫幫我們？大家都看不出來我們需要幫助嗎？我在驚慌中抓住了一個打著領帶的中年男子問他該怎麼辦，哪裡有警察局？他指了指警察局的方向，在他優雅地離開前丟下了這樣一句話：「小姐，你們一定是南部來的吧？現在很少有像你們這麼熱心的人了。」我一路狂奔到警察局，一直等到警車把這老人載走，那個男人的話讓我像鉛塊般沉重：「台北人都這麼冷漠嗎？我在這裡待得下去嗎？如果我在這個大城市昏倒了，會有人來幫我嗎……」我流下了淚。

美娟與白蘭關係中的困頓，在某個實習的週二下午發生了轉變：

這個星期三下午，我望著白蘭，她也望著我，但這次的感覺有些不同，我覺得她比較認眞在看我，我鼓勵她到大廳看阿姨們正在幫她裝藥，她明顯抗拒。我又開始想帶她做復健了，但是復健眞的很無趣，不一會兒，我們兩人都意興闌珊。我的左肩因爲摔傷，既不能帶她

> 出去，也不能幫她按摩，所以我問她想不想聽我唸佛經，她很有興趣，但是觀世音菩薩未顯靈，我挖遍了她的家當，就是找不到我上次送給她的普門品。我靈機一動，問君竺《九個公娼的生涯故事》[29]中哪個是白蘭的故事，然後開始用台語，以第一人稱唸給白蘭聽。
>
> 「聽別人唸別人幫你寫的生命故事給你聽」應該是個很有趣的經驗，白蘭聽得異常專心，我也覺得她的反應很可愛，唸到她養過三十種動物時，她整個人興奮起來，比手畫腳，哇啦哇啦講了一長串，我點著頭重複著她的尾音，講到老鼠時，我們居然一下子對起話來了，我問她養的是哪一種，該不會是家裡的黑老鼠吧，我說我最怕老鼠了，每次看到都要尖叫，她興奮地比畫著，一時間我好像眞的聽懂了她的意思。

美娟十八歲由鄉入城唸大學，白蘭十三歲由鄉入城從娼，在兩個女人生命際遇與發展樣態的差異撞擊中，美娟實在地陪伴了白蘭一段時間，她當然更是獲益匪淺：

> 而我很慶幸自己有這樣的機會陪她走了一段路，也在看見她的過程中，看見了某個遙遠的自己——那個在城鄉的衝擊和工作的異化下，愈來愈冷、愈來愈硬的我。

29　《九個公娼的生涯故事》是日日春關懷互助協會在一九九七年公娼抗爭事件中印行的一本故事書。

勞動疊影的涵容空間

「是困窘，不是有病！」的發聲並不容易，**發聲行動**的本身已然表現了返身辨認後，拒絕被問題化的選擇。大學與研究所課堂可以是一個**翻土培苗的實驗室**，只要大學教育工作者不一昧地移植歐美知識與方法，要求自己在地方社會脈絡的內部位置裡，實驗與考察自身的知識生產與行動介入，一條在地化的知識路徑就必然發生。

我的課堂實作在數年後觸發了三枝葉脈的萌發：中小學教師返身回溯自身勞動家庭經驗的「教師勞動疊影」系列活動、社區大學家庭經驗工作坊方法的發展以及激發了碩、博學生**發生了知識典範轉向與方法研發的歷程**。「教師勞動疊影」的方法，由一九九〇年代迄今，支撐著一小群中小學教師在返身探究自身家庭經驗的同時，拉高視野繞到學生背後，走入了各式家庭景象中，教育現場的涵容力道就增加了！小學老師李文英就走在這樣一個疊影搖曳的教育實踐道途上。

「勞動疊影」也可以說是我與中小學教師推進協同行動研究的一項成果。對我而言，中小學教師早就是一名已具備教育實踐智能的行動者，但在學校例行的繁重工作中，他們要如何深化與細化對來自不同家庭孩童與青少年的理解？「勞動疊影」的方法就是推進一個雙層的歷程，教師返身往內回溯反映自己迴避與被壓縮的家庭經驗；與此同時，他們在往外與學生的互動協作中，進入學生家庭經驗，理解學生、父母的視角發生了變化。當一名教師返身回溯自身時，他自省覺察的力量可以帶給課堂空間活潑的生發氣息。

心理與教育工作者在與他人發展關係時，最重要的就是**關係涵容差異的能力**，中小學教師的教育生涯裡，各式各樣的學生與家庭如何能在例行化的學校教育機制中，長養出**辨識**與涵容差異的人文視野與情感？

李文英是一位在馬祖長大的國小女老師，唸完書回到馬祖當小學老師六年後，轉到台北一所明星小學教書；不過，她轉到台北教書是為了考研究所，考研究所則是為了不再當小學老師。李文英的「逃離」有兩重性：

> 馬祖人，
> 國小老師，
> 我努力地從這兩個身分中逃走，
> 考研究所是逃離的出口，
> 考三年、不放棄，
> 因爲我相信唯有讀書才能轉換現在的階級，
> 一個邊陲／基層弱勢位置的階級。
> 輔大的另類學習文化，
> 基層教師協會教師[30]們的另類教育實踐，
> 卻意外地讓我看見自己的逃離，
> 看見讓我和原來兩個緊緊扒在身上的身分疏離的教育。
> 這個看見，
> 啓動了一連串探究自我，
> 也探究我和社會關係的歷程，
> 我稱這個歷程爲行動研究的歷程。

透過這樣的歷程，

找回了這兩個身分，

認同了自己的階級。

所以，現在我想重新敘說我自己：

我，是一位在馬祖長大的國小老師，

關於做為一個馬祖人和做一位國小老師，都是我的選擇。

李文英原本想藉由讀研究所，跳離小學教師的身分，不再當老師了，沒料到自己在回溯家庭與教學的經驗梳理後，竟認定了教師的生涯路。讀完研究所後，李文英選擇調到台北附近山區一所只有六班的小學校，她在這裡確認了一條能回到家的教育生涯路。在山上六班小校教書的李老師，一天在教學日誌中記下：

每年年假適逢陽明山的花季，人潮蜂擁上山，也為我任教學校的家長（花農、餐廳店家）帶來商機。一位來自東南亞的新移民，也是我夜間成人識字班的學生，每年都利用花季在路邊賣海芋花。年假期間我上山看她，她開心地跟我說：「老師，今年賺好多錢，一天可以賺到四千元，因為大塞車，我就到車子旁邊去叫賣，也叫雅惠[31]去賣，她賣的比我還多！這樣賣花很不好意思耶，

30 中華民國基層教師協會（簡稱基教）：民國八十四年正式成立的學術性社團，是一群來自高中職、國中小、幼教的基層老師，以教師集體面貌出現，站在學生受教權益立場對社會發聲的教師專業組織。

31 匿名，她女兒，小學二年級。

有的人都不理你，我想雅惠也不好意思，再大一點她就不肯去賣了。」

開學後，我寫了一張卡片給雅惠，稱讚她利用假日幫忙媽媽賣花，同時分享了自己小時候一段相同的經驗：

「老師小時候也要常常利用假日幫奶奶出去賣冰、賣彈子，有一次在海邊賣冰遇上大狼狗，屁股還被狗咬兩個洞（牠的齒痕），當時覺得好痛。現在回想這些經驗都覺得好笑又有趣！」

馬祖島上賣冰的小小李文英和陽明山上賣花的雅惠相遇在一個家庭生計勞動的疊影中。小時候的李文英得做家事，要參與家庭生計叫賣的活，當然，一逮到空也玩耍得厲害；李文英瘦但精實有力的身體，曾是她考心理研究所想藉由「舞蹈治療」脫離小學教師身分的想望依憑。一個敏捷有力量的身體是哪樣的一個馬祖家庭生活場景所滋養長大的呢？

家庭勞動中敏捷有力量的身體

我們家有四個孩子，我排行老二，還有一個哥哥、兩個妹妹。從小我就喜歡跟著哥哥，崇拜他也忌妒他：崇拜很會玩耍的他，覺得他的世界比我寬廣；忌妒大人都比較喜歡他，只因爲他是男生。

他就像所有家庭裡的哥哥一樣，總嫌弟妹是個拖油瓶，所以大多數的記憶總是吃飯了、天黑了還見不著哥哥的人影，爸媽和伊大嬷[32]就急得到村公所廣播叫人、從街頭找到街尾，哥哥愛躲又能跑，總氣得媽媽抓到他以後，不但毒打一頓，還要全身衣褲剝光光罰跪在樓上的小房間裡。看到這種場面的我，總是嚇得在一旁不敢吭聲，當天一定更聽話，免得惹媽媽生氣，準是討一頓打！所以從小我就學會了「識相」、「看臉色」的生存本能，這能力讓我在家很少被打，是大人眼中的乖小孩。

雖然我最少被打，但我還是覺得媽媽對哥哥比較好，只要他不出什麼大問題，記得按三餐回家，是可以在外遊玩一整天的，媽媽忙昏了也沒法子一直盯著他。所以哥哥從小就培養了各種玩的能力：騎腳踏車、溜冰、擊紙牌、打彈珠……花樣百出，而我一樣也不會。我想不是我不會，而是根本沒有機會學！

在媽媽的觀念裡，男生天性就是好動，改不了的；而女孩子學這些東西不好，要靜一點，最好不要到處亂跑，要做事時才不會喚不到人，所以我只能和鄰居、表妹們在自家門口玩玩跳方格子、跳橡皮筋的遊戲。

「好動是孩子的天性」，男孩、女孩都一樣！我是女生，我也愛玩，然而身體的開放、自主卻在最有能量的時期被壓抑住了。身體和腦袋一樣學會聽話，長成大人希望的模樣。暗地裡我真的很羨慕、崇拜哥哥，也很忌妒哥哥。爸爸說我的脾氣從小就很壞、動不動喜歡罵人，不知道和這種不平等的感覺有沒有關。

「做家事」的嫌惡身體經驗，讓我從大人對待關係上的不平

32 福州語發音，意指：媽媽的奶奶。

等轉而開始厭惡勞動、貶抑勞動的價值。

哥哥有一身會玩的本事，我卻有一身會做家事的好本領，不過我一點也不自豪，甚至還很厭惡！

家裡開理髮店。女人剪落的頭髮，掉到地上一叢一叢的，要掃乾淨還容易；但阿兵哥的頭髮就麻煩了，又短又碎、稀稀疏疏的，飄得椅子、櫃子上到處都是，掃也掃不乾淨！

家裡還兼賣小吃，善後的碗盤也是我要清洗。洗一家人的碗是小事一樁，可是要洗阿兵哥吃過的碗盤，可就難受了，剩餘的殘渣和著菸蒂、檳榔汁，杯盤狼藉，好髒！

「倒馬桶」是我最想躲掉的一件苦差事。好幾次因爲想偷懶，使得馬桶快滿且長蛆，硬著頭皮提起重重的馬桶，一不小心翻了桶，尿液四溢，又被爬滿地的銀白色小蛆嚇得半死，哭得直嚷嚷。當然又免不了挨一頓罵，事後灑了整瓶的花露水才能蓋住滿屋子的惡臭，好噁！

我十歲時，小妹妹出生，我又多了一項家務——洗尿布，每次小妹拉屎的尿布我都想直接把它丟掉，媽說太浪費，哪有錢買那麼多布，我只好乖乖地用水管柱把一坨坨的屎沖走，再用肥皂用力搓揉，每次都得皺著鼻子完成這項任務。

其實我也很享受做完家事後，全屋上下清爽的感覺，又常得到媽媽和阿姨的讚美，挺有成就感的。只是心裡仍不平衡：爲什麼哥哥在玩，不必幫忙？妹妹、表妹因爲做不好，我就得多做？爸爸搖頭說：「一個和尚挑水喝，兩個和尚抬水喝，三個和尚沒水喝。」媽媽說：「你年紀最大，多做些有什麼關係！」我覺得爸爸說的有點道理，至少他不是罵我一個人；媽媽說的不太合理，哥哥年紀比我大啊！

戶外勞動是唯一讓我和哥哥一樣擁有往外跑的機會，身體也得以擁有較大的自由空間。

有機會跟著哥哥往外跑，是幫伊大嬸去做生意。哥哥帶著我們到阿兵哥練習射擊的靶場去撿爆過的彈頭、到海邊和營區修車廠外去拾別人丟棄的銅鐵器，然後秤斤秤兩地賣給收破銅爛鐵的人，我們會比賽看誰撿得最重；大清早或傍晚，我們從草堆裡撿伊大嬸養的老母雞所下的雞蛋，有時調皮的哥哥明知是別家雞下的蛋，還是偷拿，我們就有樣學樣，再偷偷摸摸、躡手躡腳地逃離現場，刺激又過癮！夏天天熱，我們會做綠豆冰棒、批發飲料到海邊去兜售，賣給在蓋堤防、防空洞的阿兵哥，不一會兒的功夫便賣光了，趁此機會在海邊玩玩水、挖挖沙再回家，伊大嬸都會賞些零錢給我們當酬勞。

那算是我十分愉快的一段童年回憶！

對山、對海的眷戀，也來自童年在山裡跳、海裡叫的回憶，回憶裡充滿了笑聲……

小時候家裡沒有瓦斯爐，炊煮全靠木材生火起灶，假日爸爸就常推著推車帶我們到山上去砍木柴。大孩子幫忙折粗樹枝、小小孩就四處撿些落地的細幹，大夥爬上爬下，比賽看誰撿的乾材最多，凡是長的樹枝都得折斷後以便捆綁，這時膝蓋、拳頭、手腳全都派上用場，不但吆喝聲響亮、架式也十足，我想身體的力量是這時候訓練出來的。

山上有不少的番石榴樹，滿山遍野的石榴果，爬到樹上要摘多少有多少，貪心的我們把不熟的也摘回家，埋在米缸裡，三、五天後就可以吃了。山上還有一大片菊花，菊花瓣摘回家曬乾後可以做枕頭，很香、很軟。我記得墳墓旁的菊花總是開得最大，大家都不敢摘，說是會被鬼抓，我偏不信邪，總是偷偷地側身抓它一大把，然後急急忙忙衝下山，腳步又大又急，事後還爲了自己會不會被鬼附身的問題擔心了好幾天。

在烏魚最多的夏天，最樂的事莫過於到后沃村的沃裡去「靶烏魚」[33]。一條條又肥又圓的烏魚此起彼落地從海面彈跳起來，魚多得伸手可及，抓到這條又溜了那條，一陣手忙腳亂乾脆脫了上衣，袖口、領口一綁，直接撈了起來。孩子們總不停驚聲尖叫：好多啊！快、快……，

33 靶烏魚——后沃村旁有兩座山，兩山間夾著一片沙灘，形成了一個天然的小沃口。漲潮時烏魚會隨著潮水飄游到沃口內，又因為陽光照射到兩山間，形成強烈的聚光性，所以引來大量的魚隻，此時漁民便乘船到沃口，圍起一長排的繒網；午後退潮時分，魚無法漂游到沃口外，沃口內的水深處及胸、淺處及膝，抓魚易如反掌，俗稱「靶烏魚」！

這邊這邊……那邊那邊……。大人也在一旁打氣：加油啊！抓到多少，全是你的。如果你不想抓魚，也可以在淺灘處挖蚌殼、抓螃蟹，也別有一番收穫與趣味。每次我們都玩得濕漉漉地回家，但沒有一次是空著手回家。

「玩」附帶在工作中，才得到了完全充分的合法性。當科技的文明也進入家鄉，機械取代人力在社會中的地位，我們玩的空間也相對被剝奪，變得很窄、很小。

馬祖島上家庭生計勞動的活動是小小李文英老師身心的操練，也是繽紛活潑的孩童在自然與勞動中發展的圖景。然而，師專教育與畢業後七年國小教師生涯中的規格與規範磨損了李文英！

第七年，自己的工作態度只想消極地把學校交辦的事情應付過去，對於應接不暇的事情，即使覺得厭煩，也很少去想該不該做的問題，對於學校實行的政策，更不曾花力氣去質疑是否合理——對事情，就是很沒感覺地把它做完。

有的時候「沒感覺」對自己的生存反而有利。沒感覺後，反而很少生氣了，很少讓自己的情緒像以前一樣，陷入對學校不公義事情的忿忿不平以及處理學生問題行爲的煩躁中。我開始簡化事情、簡化問題，也簡化自己的情感，日子倒也可以過得安逸舒服。只是在夜闌人靜時分，面對孤獨的自己，總不免因看見生活中沒有感動的自己，陷入莫可奈何的黯然中。

有一天，很久沒見面的伊大嬷[34]來家裡，見了面我只輕輕打聲招呼，就不再和她多說些什麼，其實這在家人看來是稀鬆平常的事，這幾年我的話的確愈來愈少了。不過看在她老人家眼裡卻很意外，因為這和她印象中小時候的我很不一樣。伊大嬷對我說：「文質妹[35]，你怎麼都不說話，這麼定[36]怎麼做老師啊？老師要常常跟學生說話啊！」

人其實最害怕的是沒有感動，就是麻木了！我覺得七年的教學經驗讓我開始漸漸變得麻木，不再笑也不常說話了！

伊大嬷她老人家的直覺是對的！

第七年結束，我終於考上研究所了，心中有說不出的喜悅，我想這至少是一個機會，重新找回感動的機會。

教書七年的李老師真正要逃離的，是在小學教育體制化環境中漸漸麻木了的自己；是儲存在身心中的兒時家庭經驗讓自己復甦了起來！再有一小群共同反省、互相激勵彼此的老師一路同行，李文英開始磨練如何在學校制度中，透過教師間彼此的對話來突破結構性的約制。山上小校「田園教學」的課程，讓李文英接續起斷裂已久的童年真實家庭生計勞動中的活潑能量，也不再

34 福州語發音，意指：媽媽的奶奶。

35 文質是我哥哥的名字，從小家人都用家鄉話這麼叫我。

36 福州語發音，意指：安靜。

被「標準」規範框限住：

我愈來愈喜歡上田園教學的課程，從一開始的抗拒、厭煩到如今的雀躍和欣喜，過程中心境的轉折，除了來自協同合作關係的轉變、課程設計的自主空間之外，還有來自對教育不同的認識，來自鄉土情誼的牽動。

在我成長的歷程中，山裡跑、海裡跳的記憶歷歷在目，但它卻和我的學習經驗幾乎是斷裂的。全國一統的課程，有一套既定認爲孩子該學的重要事物，即使那套主流課程和偏遠地區的生活情境完全不搭嘎，我們也得照讀，而且還得認眞地讀，因爲讀得好才能擁有課本中所謂「美好」生活的機會，於是努力求學的我開始認同書本中唯一的價值，腦中期待的生活圖像也有了單一的標準。這個標準讓我離自己的生活愈來愈遠，甚至想要逃離自己的生活場境，潛意識裡我告訴自己：現在的我是不夠好的。

我看見自己如何透過這樣的教育背離自己的階級、不想面對自己的出身，一心只想穿上一件叫作「中產」的外衣，幾乎成了生活唯一的目標，做了老師之後，也不自覺繼續複製著同一套生存邏輯。從這樣的看見與認識中，我開始省思課程和學生的關係，以及自己和學生的關係，因此當學校體制中，老師擁有自主設計課程的空間，有機會將貼近孩子世界的生活素材放進正規的課程中，對我而言是別具意義的！

李文英在她內在復甦活潑起來的家庭經驗空間裡，走進孩子身後的家庭田野。李老師帶著孩子說著自己媽媽一天的生活，與學生們一起用說的、用拍的進入了山上務農謀生的家庭，種植與賣著玫瑰花的媽媽、爸爸由花田中、花市裡走進了學校，孩子與老師也走入了父母務農生計的活動裡。

這就是「勞動疊影」的涵容空間所激盪出來的創發動能，李文英的課程教學是一個穿梭來回於孩子們的家庭與她自身復甦的童年生活。文英用嗅覺甦醒來勾勒她的變化：

嗅覺甦醒：聞到家鄉泥土的芬芳

師專畢業，回鄉服務，擔任教職七年，離開馬祖，自此很少再踏上從小成長的島嶼了。一來家搬了，二來打從心底不想，現在留在島上的親人只剩賣魚麵的姑姑和接掌外公浴室的四阿姨兩家了。

一年半後，我突然很想回家，在最熱鬧的農曆十五廟會活動前，我決定隻身回鄉。一走出機場，撲鼻而來的竟是一陣泥土的芬芳，令我既訝異又雀躍！我搭飛機回鄉好幾次了（包括以前在馬祖任教、寒暑假結束時），怎麼從來沒聞到過這股氣味？就這樣，一路上泥土香伴我通往唯一一條走向阿姨家的路，我不覺莞爾微笑，發現自己開始愛著這塊土地……。

這個難忘的嗅覺記憶，發生在二○○一年新春，適逢我在學校進行田園教學、完成「田野之聲」一文後。它的發生不偶然，是實踐的結果——實踐讓我的嗅覺甦醒，人一旦認同了，連嗅覺、味覺、感覺……都跟著起了變化。

結語：差異顯影水晶體中的家人情義

視家為一具社會性與歷史性的生活田野，是一種在地耕耘的方法取徑與實踐路徑，它可以是工作者的田野之旅，它可以發生在一對一、小團體與大團體的對話現場，也可以在一個人返身回觀的梳理過程中開展。視每個人的家為一社會小田野，視父母、家人與自己都是家內與家外多種社會關係作用力量交織的身心載具，同時認受我們的生命發展是彼此息息相關的！「家人關係」是看不見、摸不著，卻實實在在地承擔著社會關係穿梭進出家庭的作用力道；這些力道經由家人間相互對待的方式，發生了或磨擦相傷、或溫潤滋養的後果。透過視家為社會田野的視角，才看得見「家人關係」實為社會關係作用力量的載體。

我們如此努力去謀求一條發展的路徑，旨在促使家人關係所承擔的重負，得以轉成大家共同學習的資糧；當我在你的經驗中看見我之內的、我的家人時，參與對話的張力就在共振中發生了。在富有內外張力的參與現場，我們辨識社會性差異就存在我父我母身上，辨識了階級、性別與文化的社會作用力道；見證了彼此，要求自己與他人得長出涵容住傷痕印記的胸懷，情感張力鼓漲不已！「張力」現場，潤澤了路遙知馬力的長程實踐！

視家為一豐富社會性小田野的工作方法，讓家人關係中所承載的家內與家外各種差異得以顯現，「家」要被想像成一方差異顯影的多角多面且不規則、非方正形狀的水晶立方體。這種意象可以協助我們理解「家」的經驗所具有地方性（locality）與社會脈絡的崁屬性（nestedness），家的經驗其實蘊含了社會重構的創造力量。那麼，縱使工業勞動的滄桑和網絡勞動的折磨仍未減緩它們帶給人們的壓迫與扭曲，但若「家」所具有的社會文化與政治歷史的複雜性能在共享交流的社會活動中流通，它所帶動的能量或可鬆開板結化的土塊，滋潤我們的心智，而且這種柔軟與豐厚訊息的傳導滲透性是不會受時空地域限制的！

【跋】

星空田野遙相嵌連：記本書的共同作者群

夏林清

本書的共同作者有六位台灣作者與多位大陸作者。民國一〇〇年為了教學的方便，曾於導航基金會出版《斗室星空：家的社會田野》一書，那一版《斗室星空》中收錄的故事均藉由家人工作勞動的形影，突顯出勞動家庭經驗中父母家人的身心構形；四年前，決定不再出版此書，因而原版的《斗室星空》一書就此絕版。三年前心靈工坊總編輯王桂花來邀書稿，我想二合一吧！於是把家的政治歷史經驗與工作勞動的經驗組織在一本書中；本書的所有共同作者都曾經在他們生命的某個階段做過我的學生，書中的文章都是他們在課堂內與外，與我對話，亦與其他共學的夥伴們相互參照，從而逐步返身提取，由憶念中轉出的文字。若是在台灣輔仁大學的課堂中的返身書寫，就是在「家人關係與個人發展」和「敘說與實踐～行動研究」二門課中開展的敘說，若是在大陸則都是以「斗室星空：家的社會田野」為名進行的工作坊中發生的故事。

王淑娟和江怡臨是由《斗室星空》第一版中留下來的故事，王淑娟的家庭是台灣五〇、六〇年代窮困、強勞動與子女眾多的歷史紀實，憤恨情感的轉化亦是家庭經驗中甚難轉化的深重情緒，所以即便對年青世代而言，二十個小孩簡直是不可思議之事，我仍選擇保留了此篇。怡臨記憶中的父母吵架是七〇、八〇年代台灣勞動夫妻普遍的常態，不是夫妻不相愛，只是勞動疲憊與收支的壓力讓人不得不錙銖必較！怡臨的故事能於二〇〇九年的北京，牽引出了雪瑩的拆解與重購的行動力量，她迄今仍不斷推進家與家鄉的行動實驗！

火石是兩岸學術交流後，第一名來到輔大心理系跟我學習的學生，他稱七〇年代的的青壯年為在歷史上邋鞦韆的一代人，我對大陸三代，乃至四代人家庭生活所承載的、雖斷裂但仍能接續的歷史感，是因著火石這一代人為我奠立了理解的基礎，特別是二〇〇〇年初的那幾年，我和北京師範大學「農民之子」學生社團由相識到相熟的過程，引領了我逐步體悟了大陸社會劇烈變化中的家庭經驗。與宋霞（小宋）的輔仁大學心理系師生緣亦是緣起於「農民之子」社團。宋霞、安娜小張與梧桐葉落是八〇後與九〇頭由鄉入城的大陸青年人，怡臨亦是由台灣東海岸移居台北，經驗了城鄉差距，但相對而言，大陸改革開放四十年中社會變革之速度與城鄉二元化的張力（施之於人身上則是幾乎無法拒絕與抵抗、拉扯著人們流動與勞動社會力道），絕對比台灣強大得多。倘若大陸無數家庭的三代人都於過去二、三十年中承載著二元結構對立、拉扯，那麼台灣不少家庭的另一個經驗特色，就是統獨政治意識形態在家人關係裡施加的對立。這是何以我將李丹鳳與鄭麗貞的故事置於第五、六章的道理，麗貞長丹鳳一輩，於家外恩師結緣於護校，丹鳳則於家庭內深刻承受了芋仔與番薯的裂解衝突。

本書最後兩章以涵容了日俄戰爭、日治經歷與一九四九年國民政府遷台的歷史刻痕的兩個台灣家庭作為結束。我做如此安排的意圖顯而易見，台灣諸多的家庭都內內外外承擔與回應著歷史進程中的社會政治力道，但亦於日常生活各樣矛盾中，經歷著衝突與融合的家人關係！

整本書的方向就在於視家為一社會歷史的田野，體會勞動謀生的社會性，長養出歷史感，免於被政權操控之意識形態障住耳目；尊重家人關係的負重性，拉長時間看懂家人，懂得對待與涵容。人來自各種形貌樣態的不同家庭，家庭關係裂解、分離失聯與衝突的痛苦處處存在，但經驗的碎片可發生重構之力，情義的觸動有接續之功，家的存在不求華麗，亦不問整全表象，問的是星空田野中我們彼此之間遙相嵌連的人間情義！

Master 077

家是個張力場：歷史視野下的家庭關係轉化

Home Vortex : Family Transformations from a Historical Perspective

夏林清——著

王淑娟、江怡臨、朱瑩琪、李丹鳳、范文千、鄭麗貞——共同著作

出版者—心靈工坊文化事業股份有限公司
發行人—王浩威　總編輯—徐嘉俊
特約編輯—苗天蕙　執行編輯—趙士尊
封面設計—羅文岑　內頁排版—李宜芝
通訊地址—10684台北市大安區信義路四段53巷8號2樓
郵政劃撥—19546215　戶名—心靈工坊文化事業股份有限公司
電話—02）2702-9186　傳真—02）2702-9286
Email—service@psygarden.com.tw　網址—www.psygarden.com.tw

製版・印刷—彩峰造藝股份有限公司
總經銷—大和書報圖書股份有限公司
電話—02）8990-2588　傳真—02）2990-1658
通訊地址—248新北市新莊區五工五路二號
初版一刷—2020年11月　初版三刷—2021年11月
ISBN—978-986-357-195-7　定價—550元

國家圖書館出版品預行編目資料

家是個張力場：歷史視野下的家庭關係轉化/夏林清著. -- 初版. -- 臺北市：心靈工坊文化事業股份有限公司, 2020.11
　面；　公分

ISBN 978-986-357-195-7(平裝)

1.家庭關係 2.親子關係

544.1　　109017654

心靈工坊 PsyGarden 書香家族 讀友卡

感謝您購買心靈工坊的叢書，爲了加強對您的服務，請您詳填本卡，
直接投入郵筒（免貼郵票）或傳眞，我們會珍視您的意見，
並提供您最新的活動訊息，共同以書會友，追求身心靈的創意與成長。

書系編號－MA077　　書名－家是個張力場

姓名　　是否已加入書香家族？ □是 □現在加入

電話（公司）　　（住家）　　手機

E-mail　　生日　　年　　月　　日

地址 □□□

服務機構／就讀學校　　職稱

您的性別—□1.女 □2.男 □3.其他

婚姻狀況—□1.未婚 □2.已婚 □3.離婚 □4.不婚 □5.同志 □6.喪偶 □7.分居

請問您如何得知這本書？

□1.書店 □2.報章雜誌 □3.廣播電視 □4.親友推介 □5.心靈工坊書訊
□6.廣告DM □7.心靈工坊網站 □8.其他網路媒體 □9.其他

您購買本書的方式？

□1.書店 □2.劃撥郵購 □3.團體訂購 □4.網路訂購 □5.其他

您對本書的意見？

封面設計	□ 1.須再改進	□ 2.尚可	□ 3.滿意	□ 4.非常滿意
版面編排	□ 1.須再改進	□ 2.尚可	□ 3.滿意	□ 4.非常滿意
內容	□ 1.須再改進	□ 2.尚可	□ 3.滿意	□ 4.非常滿意
文筆／翻譯	□ 1.須再改進	□ 2.尚可	□ 3.滿意	□ 4.非常滿意
價格	□ 1.須再改進	□ 2.尚可	□ 3.滿意	□ 4.非常滿意

您對我們有何建議？

□ 本人＿＿＿＿＿＿（請簽名）同意提供真實姓名/E-mail/地址/電話/年齡/等資料，以作為心靈工坊聯絡/寄貨/加入會員/行銷/會員折扣/等用途，詳細內容請參閱：http://shop.psygarden.com.tw/member_register.asp。

廣告回信
台北郵局登記證
台北廣字第1143號
免貼郵票

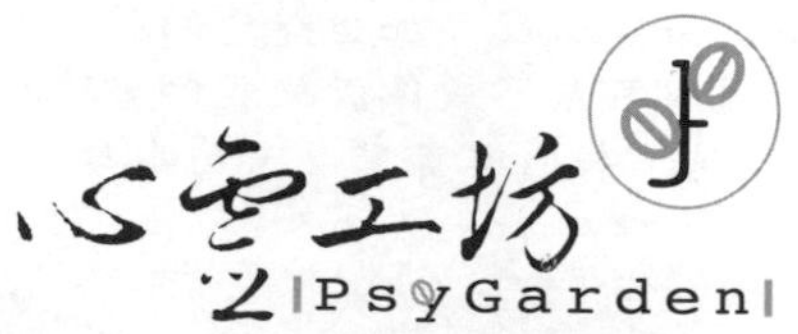

台北市106信義路四段53巷8號2樓

讀者服務組　收

（對折線）

加入心靈工坊書香家族會員
共享知識的盛宴，成長的喜悅

請寄回這張回函卡（免貼郵票），
您就成為心靈工坊的書香家族會員，您將可以——

⊙隨時收到新書出版和活動訊息

⊙獲得各項回饋和優惠方案